津田学園高等学校

〈収録内容〉

■ 2024年度入試の問題・解答解説・解答用紙・「合否の鍵はこの問題だ!!」、2024年度入試受験用の「出題傾向の分析と合格への対策」は、弊社HP の商品ページにて公開いたします。
■ 平成30年度は、弊社ホームページで公開しております。
本ページの下方に掲載しておりますQRコードよりアクセスし、データをダウンロードしてご利用ください。

2024 年度 ……………………………… 2024 年10 月 弊社 HP にて公開予定
※著作権上の都合により、掲載できない内容が生じることがあります。

2023 年度 ……………………………… 一般（数・英・理・社・国）
※国語の大問二は、問題に使用された作品の著作権者が二次使用の許可を出していないため、問題を掲載しておりません。

2022 年度 ……………………………… 一般（数・英・理・社・国）
※国語の大問一は、問題に使用された作品の著作権者が二次使用の許可を出していないため、問題を掲載しておりません。

2021 年度 ……………………………… 一般（数・英・理・社・国）

2020 年度 ……………………………… 一般（数・英・理・社・国）

2019 年度 ……………………………… 一般（数・英・理・社・国）

平成 30 年度 ……………………………… 一般（数・英・理・社）

解答用紙データ配信ページへスマホでアクセス! ⇒

※データのダウンロードは 2024 年 3 月末日まで。
※データへのアクセスには、右記のパスワードの入力が必要となります。 ⇒ 398726

〈合格最低点〉

※学校からの合格最低点の発表はありません。

本書の特長

実戦力がつく入試過去問題集

▶ 問題 …………… 実際の入試問題を見やすく再編集。
▶ 解答用紙 …… 実戦対応仕様で収録。
▶ 解答解説 …… 詳しくわかりやすい解説には、難易度の目安がわかる「基本・重要・やや難」の分類マーク（下記参照）。各科末尾には合格へと導く「ワンポイントアドバイス」を配置。採点に便利な配点つき。

入試に役立つ分類マーク

基本 確実な得点源！
受験生の90%以上が正解できるような基礎的、かつ平易な問題。
何度もくり返して学習し、ケアレスミスも防げるようにしておこう。

重要 受験生なら何としても正解したい！
入試では典型的な問題で、長年にわたり、多くの学校でよく出題される問題。
各単元の内容理解を深めるのにも役立てよう。

やや難 これが解ければ合格に近づく！
受験生にとっては、かなり手ごたえのある問題。
合格者の正解率が低い場合もあるので、あきらめずにじっくりと取り組んでみよう。

合格への対策、実力錬成のための内容が充実

▶ 各科目の出題傾向の分析、合否を分けた問題の確認で、入試対策を強化！
▶ その他、学校紹介、過去問の効果的な使い方など、学習意欲を高める要素が満載！

解答用紙ダウンロード 解答用紙はプリントアウトしてご利用いただけます。弊社ＨＰの商品詳細ページよりダウンロードしてください。トビラのＱＲコードからアクセス可。

UD FONT 見やすく読みまちがえにくいユニバーサルデザインフォントを採用しています。

津田学園高等学校

▶交通　三重交通バス「津田学園」または「野田５丁目南」下車，徒歩３分　スクールバス

〒511-0904　桑名市野田 5-3-12
☎ 0594-31-6311
https://www.tsudagakuen.ac.jp/koukou/

沿　革

1987（昭和62）年開校。幼稚園，小学校，中学校，各種スポーツクラブが設置されたキャンパスでは，さまざまな年代の児童，生徒が学ぶ。

徳育を重視し，日本古来の道徳や礼節を尊重するほか，海外語学研修や留学生受け入れなどを通して国際性を身につけた人材を育成している。

教育課程

【アクティブラーニング】

アクティブラーニングとは，探究・思考のプロセスを重視し，生徒が主体的・能動的に授業に参加する学習方法。本校では，そのアクティブラーニングを積極的に授業に取り入れている。授業毎に目標を明示し，グループワークなどで生徒同士の学びの活動を取り入れ，発表や振り返りを行うことで一人一人が主体的・能動的に取り組めるようにしている。アクティブラーニングを取り入れた授業を通して，これからの社会で求められるコミュニケーション力や問題解決力を身につけていく。

【教育ＩＣＴ】

本校では全国的にもいち早く，すべての教室に固定式電子黒板を設置し，デジタル教材やPC端末と連動したＩＣＴ教育が行われている。また並行してWi-Fi環境も整備され，オンライン教育にも対応した最先端のＩＣＴ機器の利用が可能となっている。全生徒が1人1台Chromebookを持ち，音声・動画・インターネットなどを活用した深い学びが実現している。

【グローバル・マインド育成】

グローバリゼーションの時代を生き抜くためには，語学力はもちろん幅広い視野を持ち，多種多様な価値観を認め，互いに理解できるコミュニケーション能力が求められる。それらの力を身に付けるために，本校ではセブ島語学研修・オンライン留学・イングリッシュキャンプ・オンライン英会話等多彩なプログラムを展開している。これらの学びが視野を広げ，世界で活躍する人材を育成する。

【道徳教育】

津田学園では，教育の大きな柱の一つとして「偉人に学ぶ」をテーマとする「道徳教育」を展開している。偉人と呼ばれる人々がどのような信念に基づき，どのように行動し困難を乗り越え社会貢献してきたのか。こうした学びを通して，道徳的価値を体現し，自分自身の進むべき道を切り拓くための確固たる「心の柱」を養う。さらに，日本の伝統・文化や歴史を尊重し，世界の人々との共生を図る姿勢なども養成し，将来，地域社会に貢献し，世界の平和と人類の幸福に寄与できる人材を育てる。

●特別選抜コース

週36時間の授業時数は県内有数であり，少人数制の強みを最大限に生かし，一人一人の学力伸長に重点をおいた教育を行う。授業は大学受験に直結しており，進学課外や予備校講師による特別講座も展開し，万全の受験体制となっている。担任による個人面談も定期的に行うなど，親身な進路指導により一人一人の生徒を支える。旧帝大をはじめとする難関国公立大学や難関私立大学，医学部や薬学部など難易度の高い学部への進学を目指す。

●特別進学コース

週34時間の授業時数は県内トップクラスであり，１年次から３年後の大学受験を見据えたカリキュラムとなっている。基礎学力の定着を図りながら大学受験に対応できる応用力を養い，国公立大学や難関

私立大学への合格を目指す。「第一志望は譲れない」という覚悟で，進学に特化したきめ細やかな教育を行い，一人一人の学習意欲にしっかりと応えていく。また，特別進学コースでは，高いレベルで部活動との両立が可能であり，毎年，部活動を頑張った生徒も国公立大学に合格している。

●総合進学コース

週32時間の授業時数は，県立高校の標準的な授業時数より２時間多く，一人一人の目標に合うカリキュラム構成で四年制大学への進学を目指す。自らの目標に合わせ，何が必要か見極め，可能性を引き出す指導を心掛けている。授業終了後は進学課外をはじめ，部活動にも集中できる環境が整っている。また，自分が興味のある資格を取得できる授業が選択可能で，さまざまな資格取得をサポートする。基礎学力をしっかりと身につけながら，部活動を両立させ，新しい自分の可能性を発見していく。

部活動

●体育系　硬式野球，柔道，剣道，テニス，バレーボール(女子)，水泳，陸上競技，バスケットボール，サッカー，ボウリング，ゴルフ，馬術，空手道，卓球，ソフトテニス，スキー，ダンス

●文化系　吹奏楽，美術，華道，茶道，書道，サイバースペース，文芸，ＥＳＳ

年間行事

４月／新入生オリエンテーション
５月／遠足
７月／クラスマッチ
８月／オンライン留学，海外語学研修，卒業生と語る会
９月／文化祭
10月／体育祭，大学見学ツアー
11月／修学旅行(台湾)，芸術鑑賞
12月／クラスマッチ
２月／国公立二次・私大一般対策講座
３月／クラスマッチ，卒業生と語る会

進路状況

●主な進学先

〈国公立大学〉(令和５年度現在)

東京大，東北大，大阪大，名古屋大，九州大，名古屋市立大，横浜市立大，和歌山大，鳥取大，岐阜薬科大，東京芸術大，三重大，名古屋工業大，豊橋技術科学大，富山大，都留文科大，富山県立大，静岡大，静岡県立大，尾道市立大，北見工業大，下関市立大，高知県立大，横浜国立大，愛知教育大，三重県立看護大，愛媛大，山口大，信州大，高知大

〈私立大学〉(過去５年間)

青山学院大，明治大，立教大，東京理科大，東京農業大，東洋大，専修大，日本大，拓殖大，国士舘大，帝京大，星薬科大，国際医療福祉大，日本医科大，関東学院大，神奈川大，東海大，関西大，同志社大，立命館大，京都産業大，近畿大，龍谷大，佛教大，京都女子大，武庫川女子大，摂南大，大阪産業大，大阪学院大，大阪商業大，大阪体育大，追手門大，甲南大，花園大，金沢工業大，長浜バイオ大，創価大，神戸国際大，南山大，愛知大，愛知淑徳大，中京大，名城大，名古屋外国語大，名古屋学芸大，愛知学院大，愛知工業大，金城学院大，椙山女学園大，名古屋女子大，藤田医科大，四日市看護医療大，鈴鹿医療科学大，桜花学園大，岐阜聖徳学園大，愛知東邦大，愛知産業大，愛知学泉大，名古屋学院大，名古屋経済大，名古屋商科大，名古屋文理大，名古屋芸術大，名古屋造形大，星城大，大同大，至学館大，中部大，中部学院大，東海学園大，同朋大，日本福祉大，修文大，皇學館大

◎2023年度入試状況◎

	学校推薦・特待奨学生・自己推薦・一般
募　集　数	320
応 募 者 数	1830
受 験 者 数	1808
合 格 者 数	1574

過去問の効果的な使い方

① **はじめに**　入学試験対策に的を絞った学習をする場合に効果的に活用したいのが「過去問」です。なぜならば，志望校別の出題傾向や出題構成，出題数などを知ることによって学習計画が立てやすくなるからです。入学試験に合格するという目的を達成するためには，各教科ともに「何を」「いつまでに」やるかを決めて計画的に学習することが必要です。目標を定めて効率よく学習を進めるために過去問を大いに活用してください。また，塾に通われていたり，家庭教師のもとで学習されていたりする場合は，それぞれのカリキュラムによって，どの段階で，どのように過去問を活用するのかが異なるので，その先生方の指示にしたがって「過去問」を活用してください。

② **目的**　過去問学習の目的は，言うまでもなく，志望校に合格することです。どのような分野の問題が出題されているか，どのレベルか，出題の数は多めか，といった概要をまず把握し，それを基に学習計画を立ててください。また，近年の出題傾向を把握することによって，入学試験に対する自分なりの感触をつかむこともできます。

過去問に取り組むことで，実際の試験をイメージすることもできます。制限時間内にどの程度までできるか，今の段階でどのくらいの得点を得られるかということも確かめられます。それによって必要な学習量も見えてきますし，過去問に取り組む体験は試験当日の緊張を和らげることにも役立つでしょう。

③ **開始時期**　過去問への取り組みは，全分野の学習に目安のつく時期，つまり，9月以降に始めるのが一般的です。しかし，全体的な傾向をつかみたい場合や，学習進度が早くて，夏前におおよその学習を終えている場合には，7月，8月頃から始めてもかまいません。もちろん，受験間際に模擬テストのつもりでやってみるのもよいでしょう。ただ，どの時期に行うにせよ，取り組むときには，集中的に徹底して取り組むようにしましょう。

④ **活用法**　各年度の入試問題を全問マスターしようと思う必要はありません。できる限り多くの問題にあたって自信をつけることは必要ですが，重要なのは，志望校に合格するためには，どの問題が解けなければいけないのかを知ることです。問題を制限時間内にやってみる。解答で答え合わせをしてみる。間違えたりできなかったりしたところについては，解説をじっくり読んでみる。そうすることによって，本校の入試問題に取り組むことが今の自分にとって適当かどうかが，はっきりします。出題傾向を研究し，合否のポイントとなる重要な部分を見極めて，入学試験に必要な力を効率よく身につけてください。

数学

各都道府県の公立高校の入学試験問題は，中学数学のすべての分野から幅広く出題されます。内容的にも，基本的・典型的なものから思考力・応用力を必要とするものまでバランスよく構成されています。私立・国立高校では，中学数学のすべての分野から出題されることには変わりはありませんが，出題形式，難易度などに差があり，また，年度によっての出題分野の偏りもあります。公立高校を含め，ほとんどの学校で，前半は広い範囲からの基本的な小問群，後半はあるテーマに沿っての数問の小問を集めた大問という形での出題となっています。

まずは，単年度の問題を制限時間内にやってみてください。その後で，解答の答え合わせ，解説での研究に時間をかけて取り組んでください。前半の小問群，後半の大問の一部を合わせて50%以上の正解が得られそうなら多年度のものにも順次挑戦してみるとよいでしょう。

英語

英語の志望校対策としては，まず志望校の出題形式をしっかり把握しておくことが重要です。英語の問題は，大きく分けて，リスニング，発音・アクセント，文法，読解，英作文の5種類に分けられます。リスニング問題の有無(出題されるならば，どのような形式で出題されるか)，発音・アクセント問題の形式，文法問題の形式(語句補充，語句整序，正誤問題など)，英作文の有無(出題されるならば，和文英訳か，条件作文か，自由作文か）など，細かく具体的につかみましょう。読解問題では，物語文，エッセイ，論理的な文章，会話文などのジャンルのほかに，文章の長さも知っておきましょう。また，読解問題でも，文法を問う問題が多いか，内容を問う問題が多く出題されるか，といった傾向をおさえておくことも重要です。志望校で出題される問題の形式に慣れておけば，本番ですんなり問題に対応することができますし，読解問題で出題される文章の内容や量をつかんでおけば，読解問題対策の勉強として，どのような読解問題を多くこなせばよいかの指針になります。

最後に，英語の入試問題では，なんと言っても読解問題でどれだけ得点できるかが最大のポイントとなります。初めて見る長い文章をすらすらと読み解くのはたいへんなことですが，そのような力を身につけるには，リスニングも含めて，総合的に英語に慣れていくことが必要です。「急がば回れ」ということわざの通り，志望校対策を進める一方で，英語という言語の基本的な学習を地道に続けることも忘れないでください。

国語

国語は，出題文の種類，解答形式をまず確認しましょう。論理的な文章と文学的な文章のどちらが中心となっているか，あるいは，どちらも同じ比重で出題されているか，韻文(和歌・短歌・俳句・詩・漢詩)は出題されているか，独立問題として古文の出題はあるか，といった，文章の種類を確認し，学習の方向性を決めましょう。また，解答形式は，記号選択のみか，記述解答はどの程度あるか，記述は書き抜き程度か，要約や説明はあるか，といった点を確認し，記述力重視の傾向にある場合は，文章力に磨きをかけることを意識するとよいでしょう。さらに，知識問題はどの程度出題されているか，語句(ことわざ・慣用句など)，文法，文学史など，特に出題頻度の高い分野はないか，といったことを確認しましょう。出題頻度の高い分野については，集中的に学習することが必要です。読解問題の出題傾向については，脱語補充問題が多い，書き抜きで解答する言い換えの問題が多い，自分の言葉で説明する問題が多い，選択肢がよく練られている，といった傾向を把握したうえで，これらを意識して取り組むと解答力を高めることができます。「漢字」「語句・文法」「文学史」「現代文の読解問題」「古文」「韻文」と，出題ジャンルを分類して取り組むとよいでしょう。毎年出題されているジャンルがあるとわかった場合は，必ず正解できる力をつけられるよう意識して取り組み，得点力を高めましょう。

数学

出題傾向の分析と合格への対策

●出題傾向と内容

出題数は大問4題，小問数にして25題で，昨年と同様であった。

本年度の出題内容は，1が数・式の計算，連立方程式，2次方程式，式の値，平均，確率，平面図形などの小問集合問題，2が平面図形の計量，3が図形と関数・グラフの融合問題，4が平面図形の計量であった。

本年度も平面図形，関数・グラフに関する問題が出題されている。全体としては，基礎的な内容を中心とした標準レベルまでの問題で構成されている。

学習のポイント

過去問の類題が出題されることが多いので，関数や図形の基礎知識をきちんと身につけた上で，それらを活用することを考えよう。

●2024年度の予想と対策

問題数・レベル・出題傾向ともに大きくは変化しないと予想する。基礎学力の充実に力を入れ，標準レベルの問題はどの単元のものでも解けるようにしておく必要がある。

例年出題されている，場合の数や確率，平面図形，図形と関数・グラフの融合問題については強化しておく必要がある。特に，直線や放物線の式の求め方，相似を利用した線分の長さ・線分比・面積比の求め方などは様々な問題に取り組み，経験値を十分に蓄えてほしい。

合格に必要なのは基本的な内容をきちんと理解しているかどうかである。教科書にある公式を覚え，それを使えるようにすることがまずすべきことであり，それができたら，基礎～標準レベルの問題を数多くこなしていこう。

▼年度別出題内容分類表 ……

出題内容			2019年	2020年	2021年	2022年	2023年
数と式		数の性質	○	○	○	○	○
		数・式の計算	○	○	○	○	○
		因数分解		○			
		平方根	○	○	○	○	○
方程式・不等式		一次方程式	○	○	○	○	○
		二次方程式	○		○	○	○
		不等式					
		方程式・不等式の応用	○	○		○	○
関数		一次関数	○	○	○	○	○
		二乗に比例する関数	○	○	○	○	○
		比例関数	○			○	○
		関数とグラフ	○	○	○	○	○
		グラフの作成					
図形	平面図形	角度					○
		合同・相似	○	○	○	○	○
		三平方の定理	○	○			
		円の性質	○	○		○	○
	空間図形	合同・相似					
		三平方の定理					
		切断					
	計量	長さ	○	○	○	○	○
		面積	○	○	○	○	○
		体積	○		○		
		証明		○			
		作図					
		動点			○		
統計		場合の数	○			○	
		確率		○	○	○	○
		統計・標本調査	○	○			○
融合問題		図形と関数・グラフ	○	○	○	○	○
		図形と確率					
		関数・グラフと確率	○				
		その他					
その他			○				

英語

出題傾向の分析と合格への対策

●出題傾向と内容

本年度は語句選択補充問題，語句補充問題，語句整序問題，会話文，長文読解問題の計5題が出題された。出題形式やレベルは昨年度とほとんど変わりがない。

文法問題3題は標準レベルだが，中学で学習する重要文法事項が幅広く出題されている。慣用句も出題されており，文法力だけでなく語彙力も要求される。

会話文・長文読解問題は，長さレベル共に標準である。また，内容理解を問う問題なので丁寧に読み進めることで正確に設問に答えることができる。

全体的に中学で学習する内容を正確に理解しておくことで対応できる問題となっている。

✔学習のポイント

中学で学習する全文法事項を丁寧に復習し正確に覚えるようにしよう。標準レベルの読解問題に積極的に取り組もう。

●2024年度の予想と対策

来年度も若干の変更があってもほぼ同じ難易度・出題形式・出題数であると思われる。ただし，本年度は出題のなかった形式の問題や言い換えの問題が復活する可能性があるので，幅広い表現力を身につけておくとよいだろう。

読解問題は短い文章から始めて少しずつ長い文章を読む練習をしていきたい。論説文，物語文，説明文などいろいろなジャンルのものを読んで慣れていくとよい。

文法問題は教科書レベルの基本的な文法を繰り返し復習しておこう。

▼年度別出題内容分類表 ……

	出題内容	2019年	2020年	2021年	2022年	2023年
話し方・聞き方	単語の発音					
	アクセント					
	くぎり・強勢・抑揚					
	聞き取り・書き取り					
語い	単語・熟語・慣用句					○
	同意語・反意語					
	同音異義語					
読解	英文和訳(記述・選択)	○			○	○
	内容吟味	○	○	○	○	○
	要旨把握					○
	語句解釈	○				
	語句補充・選択	○	○	○	○	○
	段落・文整序					
	指示語	○	○			○
	会話文	○		○	○	○
文法・作文	和文英訳					
	語句補充・選択	○	○	○	○	○
	語句整序	○	○	○	○	○
	正誤問題					
	言い換え・書き換え		○	○	○	
	英問英答					
	自由・条件英作文					
文法事項	間接疑問文		○		○	○
	進行形					○
	助動詞		○	○		○
	付加疑問文					
	感嘆文					
	不定詞	○	○	○	○	○
	分詞・動名詞	○	○	○		○
	比較	○	○	○	○	○
	受動態	○	○			○
	現在完了	○	○	○	○	○
	前置詞	○	○	○		
	接続詞		○	○	○	○
	関係代名詞	○			○	○

理科

出題傾向の分析と合格への対策

●出題傾向と内容

問題数は大問が4～6題，小問が30題程度であった。試験時間は45分で時間的には十分余裕のある試験である。問題は標準的なレベルの問題が中心である。

物理，化学，生物，地学の各分野から特定の分野に偏らないように，バランスよく出題されている。出題形式は，記号選択式が多いが，語句，化学式，文記述，図示など，さまざまである。

標準的な内容の問題が出題されており，基礎学力の定着度を試す良問である。多くは，実験や観察を素材に考える問題や，図表を読み取って考える問題である。

✔学習のポイント

教科書の要点をしっかりと理解し，多くの問題を解いて考え方に慣れよう

●2024年度の予想と対策

どの分野も，用語の丸暗記ではなく，しっかりとした理解が問われる。覚えるだけでなく，問題練習が大切である。

各分野から均等に出題されるので，苦手分野をつくらないようにしたい。

難易度は，教科書の内容中心なので，標準レベルの問題集で練習を重ねたい。計算問題も出題されるので，問題集で演習しておくように。また，実験や観察を題材にした出題が多いので，実験操作の意味などをしっかりと理解しておくようにしたい。

また，論述式の解答もあるので，要点を短い文章でまとめる練習もしておきたい。

▼年度別出題内容分類表 ……

	出題内容	2019年	2020年	2021年	2022年	2023年
第一分野	物質とその変化				○	
	気体の発生とその性質		○	○	○	
	光と音の性質		○			
	熱と温度					
	力・圧力		○		○	○
	化学変化と質量	○				○
	原子と分子	○				○
	電流と電圧				○	
	電力と熱					
	溶液とその性質	○				
	電気分解とイオン		○			
	酸とアルカリ・中和			○		
	仕事	○				
	磁界とその変化	○				
	運動とエネルギー	○		○		
	その他			○	○	
第二分野	植物の種類とその生活					
	動物の種類とその生活					
	植物の体のしくみ			○	○	
	動物の体のしくみ					
	ヒトの体のしくみ		○			○
	生殖と遺伝	○				
	生物の類縁関係と進化					
	生物どうしのつながり					
	地球と太陽系	○	○		○	
	天気の変化					
	地層と岩石			○		
	大地の動き・地震					○
	その他					

津田学園高等学校

社会

出題傾向の分析と 合格への対策

●出題傾向と内容

本年度も大問が6題で小問数は40問弱，分野別では各分野均等の大問2題ずつと例年通りの内容である。出題レベルは基本的なものが中心ではあるが一部難解なものもあるので注意を要する。解答形式では記号選択が7割で残りが語句記入，記述問題は今年もみられない。

地理は世界の人口動態と，アフリカと南アメリカの地形や気候，ブラジルの特徴やアルゼンチンの言語などで，日本地理からの出題はみられない。歴史は藤原氏に関する出来事をまとめた表からの政治や文化史と室町～江戸の政治史を中心としたもの。公民は国会を中心とする政治のしくみと家計や価格などからの出題である。

学習のポイント

地理：諸地域の特色を理解しよう。
歴史：各時代の特色を理解しよう。
公民：政治・経済に関心をもとう。

●2024年度の予想と対策

地理的分野では，まず教科書の基本事項や重要語句をしっかり覚え，その上で地域の特色や，気候などのブラフや各種資料も読み取れるようにしておきたい。

歴史的分野では，年表を使って歴史の流れを把握し，各時代の特色を理解しよう。主要な事項は漢字で書けるようにしておこう。

公民的分野では，主に憲法や政治・経済のしくみや国際関係などについての内容を理解した上で，日ごろからテレビやインターネットなどで国内外の報道や時事問題にも関心を高め，考察しておきたい。

▼年度別出題内容分類表……

出題内容			2019年	2020年	2021年	2022年	2023年
地理的分野	（日本）	地形図					
		地形・気候・人口	○			○	
		諸地域の特色	○			○	
		産業		○	○	○	
		交通・貿易					
	（世界）	人々の生活と環境		○	○	○	○
		地形・気候・人口	○	○	○	○	○
		諸地域の特色	○	○	○	○	○
		産業					
		交通・貿易	○				
	地理総合			○			
歴史的分野	（日本史）	各時代の特色	○	○	○		
		政治・外交史	○	○	○	○	○
		社会・経済史	○	○	○	○	○
		文化史	○	○	○	○	○
		日本史総合					
	（世界史）	政治・社会・経済史			○	○	
		文化史			○		
		世界史総合					
	日本史と世界史の関連				○	○	○
	歴史総合						
公民的分野	家族と社会生活		○	○	○	○	○
	経済生活		○				○
	日本経済		○	○			
	憲法（日本）				○	○	○
	政治のしくみ		○	○	○	○	○
	国際経済		○				
	国際政治						
	その他		○	○	○		
	公民総合						
各分野総合問題							

津田学園高等学校

国語

出題傾向の分析と合格への対策

●出題傾向と内容

本年度は，現代文2題(論説文・小説)と文法などの知識1題の構成であった。

論説文では，漢字の読み書きのほか，接続語，脱語補充や文脈把握の問題が出された。

小説では，文脈や人物の心情を的確に把握することが求められた。

四年前まで出題されていた古文の独立問題は今年は出題されず，知識問題の中で歴史的仮名遣いと書き下し文が出題された。

解答形式は，記号選択式のほか，本文中の語句の抜き出しや自由記述の問題も出された。

学習のポイント

漢字や文法，古典知識の問題の対策には練習量が必要。早めに着手し，日々の練習を積み重ねよう！

●2024年度の予想と対策

本年度と同様に，現代文2題と知識1題の構成で，大問の中に漢字の読み書き，語句の意味，文法などが含まれた出題形式が予想される。

現代文は，論説文・小説が1題ずつ出題される頻度が高い。よって，文脈をしっかり把握し，筆者の主張や主人公の心情を的確にとらえる力を養うことが大切である。解答は記述式もあるので，抜き出す字数や誤字に気をつけたい。

古文・漢文については，古語の意味や歴史的仮名遣い，返り点の問題が出題される可能性が高いので，基本事項を確認しておく必要がある。かつて出題されていた古文の独立問題が復活する可能性はあるので，文脈を把握し，内容を正確に読み取る力を養おう。また，古文の中に和歌や俳句が含まれたり，文学史の知識が問われたりすることもある。韻文や文学史の基礎的な知識も身につけておきたい。

▼年度別出題内容分類表 ……

出題内容			2019年	2020年	2021年	2022年	2023年
内容の分類	読解	主題・表題	○	○	○	○	○
		大意・要旨	○	○	○	○	○
		情景・心情	○	○	○	○	○
		内容吟味	○	○	○	○	○
		文脈把握	○	○	○	○	○
		段落・文章構成					
		指示語の問題			○		
		接続語の問題	○	○	○	○	○
		脱文・脱語補充	○	○	○	○	○
	漢字・語句	漢字の読み書き	○	○	○	○	○
		筆順・画数・部首					
		語句の意味	○	○	○	○	○
		同義語・対義語				○	
		熟語					
		ことわざ・慣用句				○	○
	表現	短文作成					
		作文(自由・課題)					
		その他					
	文法	文と文節	○	○	○	○	○
		品詞・用法	○	○	○		○
		仮名遣い	○	○	○	○	○
		敬語・その他	○				○
	古文の口語訳						○
	表現技法						
	文学史						
問題文の種類	散文	論説文・説明文	○	○	○	○	○
		記録文・報告文					
		小説・物語・伝記	○	○	○	○	○
		随筆・紀行・日記					
	韻文	詩					
		和歌(短歌)					
		俳句・川柳					
	古文						○
	漢文・漢詩						○

津田学園高等学校

2023年度　合否の鍵はこの問題だ!!

数　学　4

円の半径と接線が接点で垂直に交わることやそこから合同な三角形を使って問題を解くことができるかがポイントとなる。

(1)　円の半径と接線は接点で垂直に交わるので，∠OBP＝90度　　よって，∠OBA＝90－70＝20(度)　△OABはOB＝OAの二等辺三角形だから∠OAB＝∠OBA＝20度　　従って，∠AOB＝180－20×2＝140(度)

(2)　円Oの直径をR(cm)とすると，円Oの円周の長さはπR(cm)，点Eを含む$\overset{\frown}{AB}$の長さは$R\times\pi\times\frac{140}{360}=\frac{7}{18}\pi R$(cm)　　よって，(点Eを含む$\overset{\frown}{AB}$の長さ)：(円Oの円周の長さ)＝$\frac{7}{18}\pi R:\pi R=7:18$

(3)　△OACと△OECにおいて，∠OAC＝∠OEC＝90度，OA＝OE，OC＝OCより，直角三角形で斜辺と他の1辺がそれぞれ等しいので，△OAC≡△OEC　　合同な図形の対応する辺は等しいので，AC＝EC　　同様に，△OBD≡△OEDより，BD＝ED，△OAP≡△OBPより，PA＝PB＝10(cm)　　よって，△CPDの周囲の長さはPC＋CD＋DP＝PC＋CE＋ED＋DP＝PC＋CA＋BD＋DP＝PA＋BP＝10＋10＝20(cm)

英　語　4

全体的に基本的な英単語や英文が使われているので，読解問題が最も差がつきやすい問題であった。また，記述の問題や内容一致の問題もあるため，解答に時間がかかってしまった受験生も多かったと考えられる。長文読解に取り組むときには以下の点に注意をして取り組みたい。

①　必ず事前に設問に目を通し，何が問われているのかを把握する。
　　特に，(4)の内容一致の問題は3つの選択肢を事前に目を通し，和訳しておこう。

②　段落ごとに読み進める。

③　その段落に問題となる部分があれば，その場で読んで解く。

以上のように読み進めれば，すばやく問題を処理できるだろう。
上記の読み方を徹底して，すばやく問題を処理する練習をしておきたい。

また，読むときにはきちんと日本語に訳しながら読むことが大切である。そのためには，教科書に出てくる例文はぜひ暗唱できるまで繰り返したい。そして，問題集や過去問を用いて練習を積むことが大切である。

理 科 2

本年の2は，銅やマグネシウムの酸化と還元についての問題であった。基本的な化学反応式を書く設問が2つあり，ふだんからきちんと書く習慣をつけていた受験生には有利だっただろう。

実験1では，銅と酸素を結び付けて酸化銅をつくっている。(3)でM_2は，まだピンチコックを開く前である。フラスコの中で何が起こっていようが，密封されたままの状態では質量の合計は変わらない($M_1=M_2$)。これが質量保存の法則である。(4)でM_3は，元の温度まで冷やしたあと，ピンチコックを開けている。フラスコ内の酸素は減っているので，ピンチコックを開けると外からフラスコへ空気が入ってきて重くなる($M_1<M_3$)。

(6)は，表1をよく見なければならない。酸化銅と炭素を混ぜて加熱すれば二酸化炭素が発生するが，表1の試験管2の結果を見ると，少しの時間は火が燃えており、気体は二酸化炭素ばかりではないことがわかる。よって，実験装置を組み立てたときから試験管1に入っていた空気が，はじめに追い出されて試験管2に入ったと考えることができる。

(7)は，マグネシウムが二酸化炭素の中でも燃えるという内容である。炭素よりもマグネシウムの方が，より酸素と結びつきやすい。

社 会 3 (5)

本校の問題は基本的なものが中心ではあるが選択肢や正誤判断に関しては微妙なものも多いので受験生も苦労するのではないかと思われる。そうした例として次の問題を挙げてみよう。

設問は豊臣秀吉の政策の説明としてふさわしいものをア～エの中から一つ選べというもの。選択肢のアは「キリスト教を保護することで南蛮貿易を活発に行った」というもの。秀吉とキリスト教の関係というとまずは師である信長の政策を考える必要がある。統一事業を展開する中で延暦寺や一向宗と激しく対立した信長はこれを徹底的に弾圧，一方彼らと対立するイエズス会とは友好関係を維持し布教活動を支援するとともに南蛮貿易に大きな関心を示した。秀吉も当初は布教を黙認していたが九州を制圧した時点で方針を撤回，バテレン追放令を出して禁教に踏み出した。宣教師が神社仏閣を破壊しているといった理由のようだが，やはり国内統一とキリスト教の関係を危惧したものであろう。しかし，南蛮貿易は推進したため宣教師の追放も不徹底なものに終わってしまった。選択肢のイは「1600年に15万の大軍で朝鮮を攻めたが首都は占領できなかった」というもの。秀吉の朝鮮侵略は九州平定の2年ほど前から計画されていたといわれる。理由は諸大名の野心を海外に向け彼らの統制を強化するためとかいろいろ言われるが今一つ明らかではない。1592年の第1回(文禄の役)では首都・漢城(ソウル)を始め平壌(ピョンヤン)など半島の大半を占領した。選択肢のウは「倭寇の取り締まりを行い海上の支配を強めた」というもの。倭寇というと室町時代の勘合貿易を思い浮かべた受験生も多かったはずである。倭寇に苦しんだ明は足利義満にその取り締まりを求めて貿易を始めたので，これ以降は消えてしまったと考えていないだろうか。倭寇というように初期には日本人の海賊集団が多かったが，16世紀以降は明の衰えと共に中国人を中心とする活動が活発化していった。やがて明の海禁(鎖国)政策の緩和と秀吉の海賊禁止令の発令によってようやく沈静化に至ることになる。最後の選択肢エは「1597年の出兵を文禄の役という」というもの。もちろん文禄の役は1592年の出兵で，1597年の2回目の出兵は慶長の役である。講和交渉の破綻から出兵はしたものの結局秀吉の死によって軍は引き揚げることとなったわけである。

いずれにしても選択肢といっても決して侮れない内容である。一つ一つの文をていねいに読み込んでいかないと思わぬミスに結びつきかねない。落ち着いて慎重に判断することが何よりも大切となるだろう。

国　語　三　問一　③，問四，問五　(2)

★　合否を分けるポイント(この設問がなぜ合否を分けるのか？)

読解問題が多い中で,敬語や書下し文，古典語などの知識問題も確実に得点する必要がある。

問一　③

★　この「解答」では合格できない！

(×)　イ

→「お～になる」は尊敬語,「お～する」は謙譲語。

★　こう書けば合格だ！

(○)　ア

→「お～になる」と「お～する」の違いに注意。「たかしさんがお話しになる」は尊敬語。「たかしさんが先生にお話しする」ならば謙譲語。

問四

★　この「解答」では合格できない！

(×)　者有り従ひ学ぶ

→「一・二点」の読み方に注意。

★　こう書けば合格だ！

(○)　従ひ学ぶ者有り

→「一・二点」は,「二」のついた字(「有」)をとばして上から読んでいき,「一」のついた字(「者」)まで読んだら「二」のついた字(「有」)に返って読む。

問五　(2)

★　この「解答」では合格できない！

(×)　エ

→古典語には，現代語とは違う意味をもつものがある。

★　こう書けば合格だ！

(○)　ア

→古典語の形容詞「かなし」には，いとおしい・かわいい，などの意味があり，動詞「かなしうす」には，かわいがる，という意味がある。

MEMO

大切なことはメモしておこうネ！

ダウンロードコンテンツのご利用方法

※弊社 HP 内の各書籍ページより，解答用紙などのデータダウンロードが可能です。

※巻頭「収録内容」ページの下部 QR コードを読み取ると，書籍ページにアクセスが出来ます。（ Step 4 からスタート）

Step 1 東京学参 HP（https://www.gakusan.co.jp/）にアクセス

Step 2 下へスクロール『フリーワード検索』に書籍名を入力

Step 3 検索結果から購入された書籍の表紙画像をクリックし，書籍ページにアクセス

Step 4 書籍ページ内の表紙画像下にある『ダウンロードページ』をクリックし，ダウンロードページにアクセス

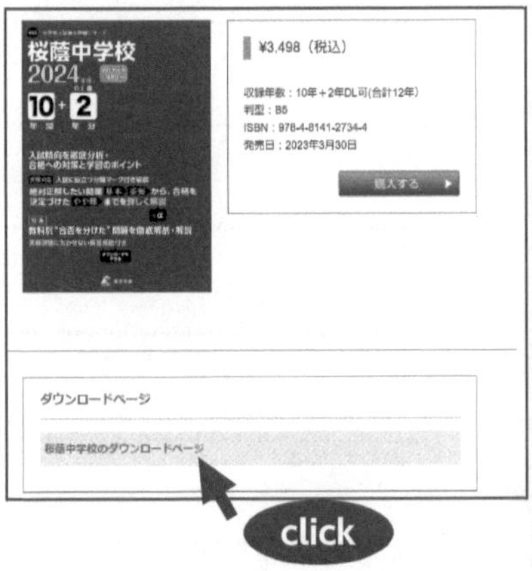

Step 5 巻頭「収録内容」ページの下部に記載されているパスワードを入力し，『送信』をクリック

解答用紙・+αデータ配信ページへスマホでアクセス！ ⇒

＊データのダウンロードは 2024 年 3 月末日まで。
＊データへのアクセスには，右記のパスワードの入力が必要となります。 ⇒ ●●●●●●

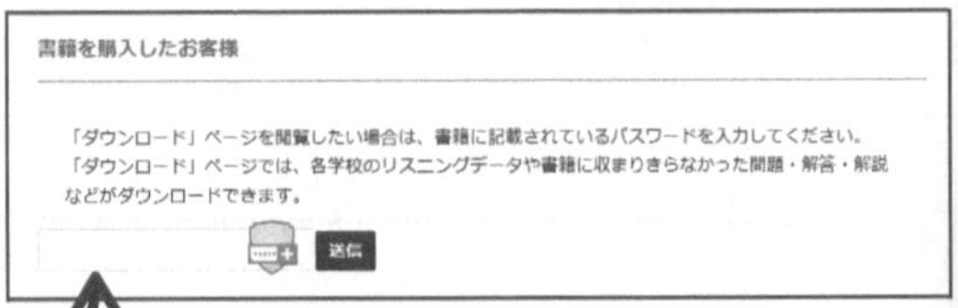

Step 6 使用したいコンテンツをクリック

※ PC ではマウス操作で保存が可能です。

2023年度

★★★★★★★★★★★★★★★★★★★★★★★★

入　試　問　題

2023年度

津田学園高等学校入試問題

【数　学】（45分）　　<満点：50点>

1　次の(1)～(14)の □ にあてはまるものを答えなさい。

(1)　$-2\times3-16\div(-2)=$ □ である。

(2)　$4(a+2b)-3(2a-b)=$ □ である。

(3)　$(x^2+4)(x+2)(x-2)=$ □ である。

(4)　5人の生徒が受けた数学のテストで，そのうちの3人の平均点は60点，残りの2人の平均点は70点であるとき，全員の平均点は □ 点である。

(5)　方程式 $\frac{3x-3}{2}-\frac{2x-3}{3}=2$ の解は，$x=$ □ である。

(6)　連立方程式 $\begin{cases} ax-by=4 \\ bx-ay=7 \end{cases}$ の解が $(x,\ y)=(2,\ 1)$ のとき，$(a,\ b)=$ □ である。

(7)　異なる2つの正の整数がある。その差は35で，大きい方の数を小さい方の数で割ると商が4で余りが2になるとき，小さい方の数は □ である。

(8)　関数 $y=-\frac{6}{x}$ について，x と y の値が整数になる組合せは全部で □ 個である。

(9)　$x=1+\sqrt{2}+\sqrt{3}$，$y=1-\sqrt{2}+\sqrt{3}$ のとき，x^2-y の値は □ である。

(10)　2次方程式 $(x+2)^2-2(x+2)-48=0$ の解は $x=$ □ である。

(11)　半径12cm，弧の長さ 2π cmのおうぎ形の中心角は □ 度である。ただし，円周率を π とする。

(12)　91を割ると7余り，149を割ると23余る正の整数は □ である。

(13)　3^{12} を計算したときの一の位の数は □ である。

(14)　6つの面に1，2，3，4，4，4の数字が書いてあるサイコロが1個ある。このサイコロを2回ふったとき，出た目の数の和が6になる確率は □ である。

2　右の図のような，AD//BC，AD＝6cm，BC＝9cmの台形ABCDがある。辺AB，CD上に，それぞれ点E，Fをとり，AE：EB＝DF：FC＝3：2とする。ACとEFの交点をP，ACとBDの交点をQとするとき，次の各問いに答えなさい。

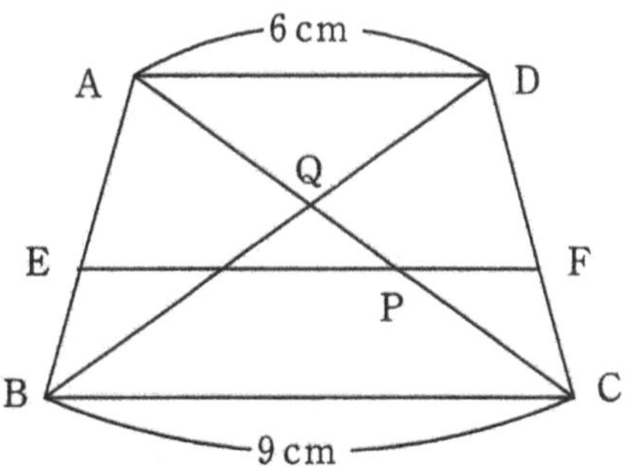

(1)　線分EPの長さを求めなさい。

(2)　線分EFの長さを求めなさい。

(3)　台形AEFDの面積は台形ABCDの面積の何倍か求めなさい

3　右の図のように，原点Oを頂点とする放物線 $y=\frac{1}{2}x^2$ と直線 l が２点A，Bで交わっている。点C，Dはそれぞれ直線 l と x 軸，y 軸との交点である。Aの x 座標が－２，Dの y 座標が３のとき，次の各問いに答えなさい。

⑴　点Aの y 座標を求めなさい。

⑵　直線 l の方程式を求めなさい。

⑶　点Cの座標を求めなさい。

⑷　点Bの座標を求めなさい。

⑸　線分CAと線分ABの長さの比を求めなさい。

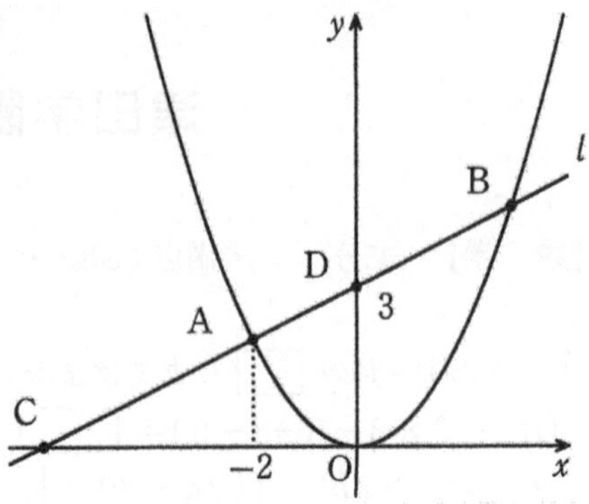

4　右の図のように，PX，PY，CDは，それぞれ点A，B，Eで円Oに接している。∠ABP＝70°，PA＝10㎝であるとき，次の各問いに答えなさい。

⑴　∠AOBの大きさを求めなさい。

⑵　Eを含む弧ABと円周の長さの比を求めなさい。

⑶　△CPDの周囲の長さを求めなさい。

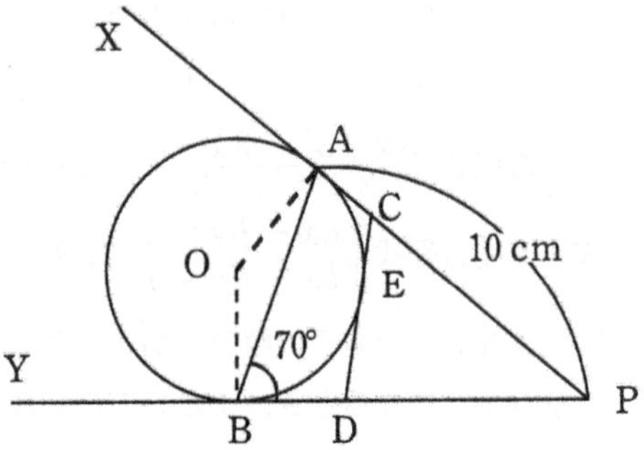

【英　語】（45分）　＜満点：50点＞

1　次の(1)～(5)の（　）内に入る語として，最も適切なものをア～エの中から１つ選び，記号で答えなさい。

(1)　We（ア are / イ were / ウ is / エ am）watching a movie at that time.

(2)　I'll call you（ア before / イ after / ウ between / エ with）7 p.m. and 8 p.m.

(3)　My brother plays the guitar（ア good / イ very / ウ well / エ best）.

(4)　（ア When / イ What / ウ How / エ Whose）is in the box?

(5)　（ア It / イ This / ウ Those / エ One）is sunny today.

2　次の(1)～(4)の文が日本語に合うように，（　）内に入る語を答えなさい。

(1)　その手紙は５月27日に書かれました。

The letter was（　　　）on May 27.

(2)　私は妹よりも早く起きました。

I got up（　　　）than my sister.

(3)　テニスをしている女の子はユキです。

The girl（　　　）tennis is Yuki.

(4)　リエは１時に昼食を食べていませんでした。

Rie was not（　　　）lunch at one.

3　次の(1)～(6)の各文を日本語の意味に合うように正しい語順に並べ替え，（　）内で２番目と５番目にくる語をそれぞれ記号で答えなさい。ただし，文頭にくる語も小文字で示してある。

(1)　私は彼女が何が欲しいのか知っています。

（ア she / イ I / ウ wants / エ know / オ what）.

(2)　私は沖縄に３回行ったことがある。

（ア times / イ three / ウ have / エ I / オ Okinawa / カ been / キ to）.

(3)　私はあなたの手紙を受け取って嬉しいです。

（ア to / イ glad / ウ I / エ receive / オ am / カ letter / キ your）.

(4)　博物館への道を教えてくださいませんか。

（ア me / イ way / ウ the / エ to / オ could / カ tell / キ you）the museum?

(5)　その素敵な車はアメリカで作られました。

The（ア car / イ made / ウ nice / エ was / オ America / カ in）.

(6)　これは彼女が昨日買ったかばんです。

This（ア the / イ which / ウ she / エ bought / オ is / カ bag）yesterday.

4　中学生のハナ（Hana）さんは，大人のスマートフォン（Smartphone）の使い方について思っていることを英語でスピーチしています。これを読んで，あとの問いに答えなさい。

We junior high school students often learn the way to use smartphones from our teachers and parents.　When I started using a smartphone last month, I agreed to follow my parents' rule. I can't use a smartphone in my room.

Are adults careful about the way to use their smartphones?

Last weekend, I went to a restaurant to have lunch with my family. When we were having our meal, we heard the sound from my father's smartphone and he answered it. It was someone at his company. ①(he / talking / finished / after), my mother argued with him about ②it. She felt that he didn't respect us, the meal, and our feelings. After this experience I started to think that smartphones can be the cause of bad table manners. I found an interesting survey. About 40% of people say that answering the phone during meals is not OK.

Let's think about ③the scenes around us. Some adults use their smartphones when they are driving. This is not a problem of manners. It is a problem of safety. I also found that today many parents use smartphones to take care of their children. I have a two-year-old sister. She's already good at using a smartphone, and she watches videos and plays games on it.

〔注〕 adult 大人　careful 気を付けて　respect 尊敬する　survey 調査　argued 主張した

(1) 下線部①の意味が通るように，(　) 内を並び替えなさい。ただし，文頭に来る語も小文字にしてある。

(2) 下線部②の内容を英語で表す際に空欄に入る適切な表現を本文中から４語で抜き出して答えなさい。

answering (　　)(　　)(　　)(　　)

(3) 下線部③の具体例を２つ日本語で答えなさい。

(4) スピーチの内容として正しいものを次のア～ウから１つ選び，記号で答えなさい。

ア Hana's father was very busy and he couldn't answer the phone at the restaurant.

イ Hana's mother took away her husband's smartphone to show she was angry.

ウ Hana thinks using smartphone is dangerous when people are driving.

5 中学生のケンタ（Kenta）とブライソン先生（Mr. Bryson）が，辞書を見ながら英単語の覚え方について話しています。これを読んで，あとの問いに答えなさい。

Kenta　　　: I'm not good at ①learn English words. Please tell me how to learn English words.

Mr. Bryson : [　②　] try to learn English words?

Kenta　　　: When I find a difficult English word, I usually look it up in an English-Japanese dictionary and write the Japanese meaning in my notebook.

Mr. Bryson : All right. Then have you used this before? Here you are.

Kenta　　　: No, I haven't. It's all written in English, and I can't find any Japanese. This is not the same as mine!

Mr. Bryson : In your English-Japanese dictionary, you can find Japanese expressions when you look up an English word. But ③(a dictionary / tells / this / you / is / that) the meaning of an English word in English.

Kenta　　　: I see, but it looks very difficult.

Mr. Bryson : Don't worry! For example, find the word "student" in it.

Kenta　　　: Sure. Wait a minute...here it is. ④It says "a person who is studying at school." Yes, this is easy to understand.

〔注〕 look ~ up　~を調べる　English-Japanese dictionary　英和辞典　meaning　意味
expression　表現

(1) 下線部①の動詞を適切な形に直しなさい。

(2) ② に適するものを次のア～エから１つ選び，記号で答えなさい。

ア　How do you usually

イ　Where do you often

ウ　How many times do you usually

エ　Why do you often

(3) 下線部③の意味が通るように，(　) 内を並び替えなさい。

(4) 下線部④の日本語訳として最も適切なものを次のア～エから１つ選び，記号で答えなさい。

ア　そう言われている　　イ　そう書いてある

ウ　そう言われていた　　エ　そう書かれていた

(5) "nurse" という単語をブライソン先生の辞書で調べると，次のように記されています。空欄に入る適切な表現を答えなさい。

a person who (　　　) (　　　) of people in a hospital

【理　科】（45分）　＜満点：50点＞

1　次の動物の栄養吸収を記した文と唾液《だえき》がデンプンを分解するはたらきを調べた実験について，あとの(1)～(6)の問いに答えなさい。

動物は食べることで栄養分を取り入れている。栄養分は主に，炭水化物や脂肪，タンパク質などの有機物である。これらは，エネルギー源として(a)細胞呼吸に使われる。また，タンパク質は体をつくる材料としても使われる。食物に含まれている炭水化物や脂肪，タンパク質などの栄養分は，大きな分子でできていることが多く，そのままでは吸収できない。そのため，(b)体のはたらきによって，これらの栄養分を分解して吸収されやすい状態に変えている。唾液《だえき》中にはデンプンを分解するはたらきを持つ物質（以降物質Eと呼ぶ）が含まれることが知られている。太郎さんは以下の実験を行い，デンプンは唾液《だえき》によってどのような物質に分解されるのかを調査した。ヨウ素溶液はデンプンを含む液体に加えると青紫色に変化する（この反応をヨウ素デンプン反応と呼ぶ）ことから，デンプンの検出に用いられ，ベネジクト溶液は麦芽糖やブドウ糖を含む液体に加えて加熱すると赤褐色の沈殿が生じることから，糖の検出に用いられる。

〔実験〕　手順1　デンプンを水に溶かしたデンプン溶液と水のみを入れた試験管Aと，デンプン溶液と水で薄めた唾液《だえき》を入れた試験管Bを用意した。また，ヨウ素デンプン反応によるデンプンの検出とベネジクト溶液による糖の検出が正しくできているかを確認するため，デンプン溶液と水の代わりに麦芽糖溶液と水のみを入れた試験管Cも用意した。

手順2　A，B，Cの試験管を穏やかによく振って混ぜた後，約40℃の湯の中で10分間保温した。

手順3　その試験管の温度が室温に戻ったことを確認して，A，B，Cそれぞれから少量を別の試験管（A′，B′，C′）にとり，ヨウ素溶液を加えて色の変化を見た。

手順4　A，B，Cの試験管に残った試料に，それぞれベネジクト溶液を少量加え，軽く振りながら加熱し，変化を観察した。

手順1～手順4は次のページ

〔結果〕

表1　各試験管にヨウ素溶液を加えたときとベネジクト溶液を加えて加熱したときの様子

	ヨウ素溶液を加えたときの様子	ベネジクト溶液を加えて加熱したときの様子
試験管A	ヨウ素デンプン反応がみられた。	変化なし。
試験管B	ヨウ素デンプン反応がみられなかった。	赤褐色の沈殿がみられた。
試験管C	ヨウ素デンプン反応がみられなかった。	赤褐色の沈殿がみられた。

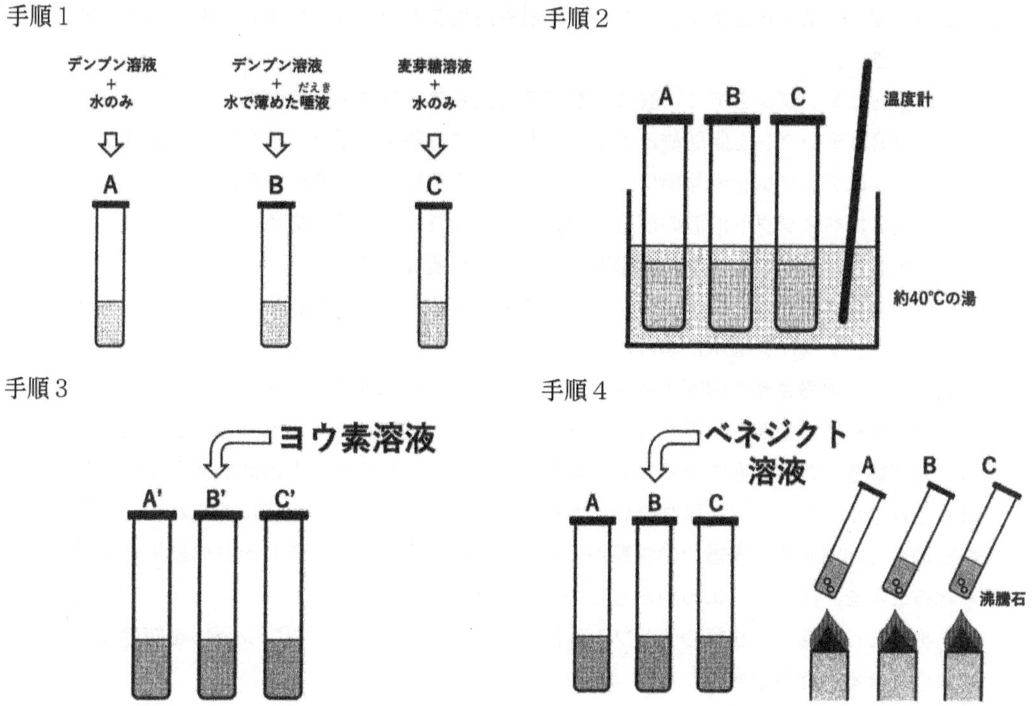

(1) 図1は下線部(a)に関するものである。Xにあてはまる語句を漢字で答えなさい。

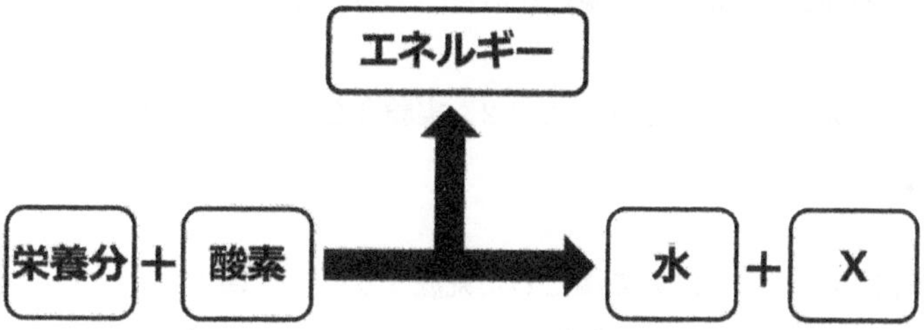

図1 ヒトの細胞呼吸

(2) 下線部(b)のはたらきを何というか。漢字で答えなさい。

(3) 太郎さんが参考にした実験の手順書には，5gのデンプンと495gの水を使ってデンプン溶液をつくると書いてあった。しかし，太郎さんはデンプンを1.5gしか用意することができなかった。何gの水を使えば，参考にした手順書と同じ質量パーセント濃度のデンプン溶液をつくれるか答えなさい。ただし，溶液をつくる際に用いたデンプンは全て水に溶けるものとする。

(4) デンプン溶液と水のみを入れた試験管Aを用意した理由として，最も適当なものを次のア～ウの中から1つ選び，記号で答えなさい。

ア 水はデンプンを分解するはたらきがあることから，唾液《だえき》によってデンプンが分解されたかどうかを比べるため。

イ 溶媒である水自体がデンプンに及ぼす影響を確認し，物質Eのはたらきを調べやすくするため。

ウ 唾液《だえき》を薄めた溶液を試験管2本分用意できなかったため。

(5) この実験の結果から言えることとして，最も適当なものを次のア～オの中から１つ選び，記号で答えなさい。

ア　物質Ｅはデンプンをアミノ酸に分解するはたらきを持つ可能性がある。

イ　物質Ｅはデンプンを脂肪酸とモノグリセリドに分解するはたらきを持つ可能性がある。

ウ　物質Ｅはデンプンを麦芽糖に分解するはたらきを持つ可能性がある。

エ　物質Ｅはベネジクト溶液の反応を妨げる性質を持つ可能性がある。

オ　物質Ｅはデンプンにはなにも影響を与えない可能性がある。

(6) 太郎さんの結果が本当に正しいかどうかを確認するために，同級生の次郎さんは再度同様の実験を行った。デンプンは水に溶けにくいことから，デンプン溶液を作成する際は，デンプンを水に加えたあと沸騰させて溶解する必要がある。太郎さんは加熱したあと，十分に室温まで冷やして実験を進めていたが，次郎さんは沸騰した状態で実験を進めてしまった。この結果，Ａ，Ｂどちらの試験管においてもヨウ素デンプン反応がみられ，ペネジクト溶液を加えて加熱しても変化はみられなかった。一方，試験管Ｃにおいては，ヨウ素デンプン反応はみられず，ベネジクト溶液を加えて加熱すると赤褐色の沈殿が生じた。太郎さん次郎さんそれぞれの結果を比較して考えられることを，次のア～エの中から１つ選び，記号で答えなさい。

ア　物質Ｅは沸騰した状態のデンプン溶液に加えると，ヨウ素デンプン反応を妨げる性質を持つようになる可能性がある。

イ　沸騰した状態で試料を加えても結果には影響を与えない。

ウ　ベネジクト溶液を入れる前に試料を加熱すると正しく糖を検出できない。

エ　物質Ｅは水が沸騰するような高温になると，そのはたらきが失われる可能性がある。

2　銅の粉末を用いて次のように実験１，実験２，実験３を行った。あとの(1)～(8)の問いに答えなさい。

［実験１］

手順１－１　図１のように，酸素で満たした丸底フラスコ内に銅の粉末を入れて密閉し，容器も含めた全体の質量を測定した。この時の質量をM_1とする。

手順１－２　密閉したままガスバーナーで十分加熱したところ，銅の粉末の一部は黒色の物質に変化した。

手順１－３　フラスコを常温まで冷ましてから，ピンチコックを開けた。

手順１－４　再びピンチコックを閉じた。

図１

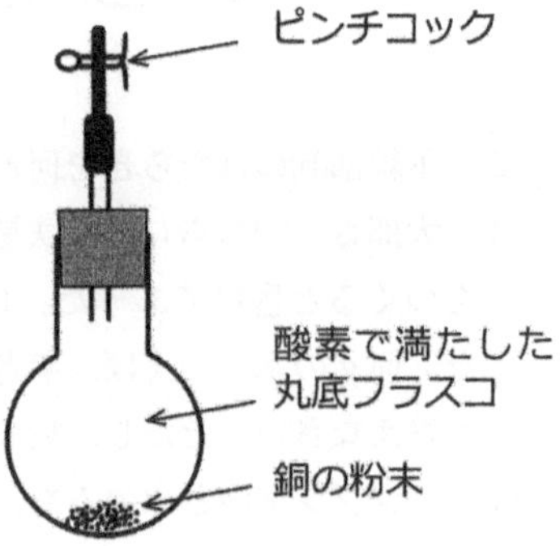

［実験２］

手順２－１　実験１で生成された黒色の物質に炭素の粉末をよく混ぜ，次のページの図２のように試験管１に入れて加熱した。

手順２－２　加熱直後からガラス管を通して出てきた気体を試験管２，３，４に順に集めた。試験管２が最初に集めた気体で，試験管４が最後に集めた気体である。

手順2－3　試験管2，3，4を用いて，表1の操作をそれぞれ行い，結果を得た。

手順2－4　加熱した試験管1に残った物質を取り出し，金属製の薬さじでこすると，赤色の光る物質があった。

図2

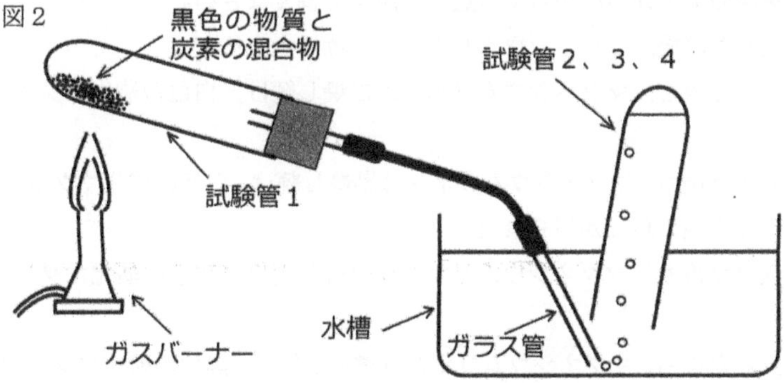

表1 試験管2、3、4の操作と実験結果

	操作	結果
試験管2	火のついた線香を入れた。	少し時間が経ってから線香の火が消えた。
試験管3	火のついた線香を入れた。	すぐに線香の火が消えた。
試験管4	石灰水を入れてよく振った。	白く濁った。

〔実験3〕

手順3－1　［実験2］で起こった化学変化によって生じる気体と同じ気体を集め，集気びんを満たした。

手順3－2　燃焼中のマグネシウムリボンを集気びんの中に入れ，様子を観察した。このとき，マグネシウムリボンには，まだ燃焼していない部分が十分残っていたものとする。

(1)［実験1］で使用する酸素を発生させるための実験として適切なものを次のア～エの中からすべて選び，記号で答えなさい。

ア　発泡入浴剤に約60℃の湯を入れる。　　イ　風呂がま洗浄剤に約60℃ の湯を入れる。

ウ　卵の殻に食酢を入れる。　　　　　　　エ　ダイコンおろしにオキシドールを入れる。

(2)［実験1］で，フラスコ内で起こった化学変化を化学反応式で書きなさい。

(3) 手順1－2の加熱後に，容器も含めた全体の質量をM_2とすると，M_1とM_2の関係はどのようになるか。適切なものを次のア～ウの中から1つ選び，記号で答えなさい。

ア　$M_1 < M_2$　　イ　$M_1 = M_2$　　ウ　$M_1 > M_2$

(4) 手順1－4で再びピンチコックを閉じた後，容器も含めた全体の質量をM_3とすると，M_1とM_3の関係はどのようになるか。適切なものを次のア～ウの中から1つ選び，記号で答えなさい。

ア　$M_1 < M_3$　　イ　$M_1 = M_3$　　ウ　$M_1 > M_3$

(5) 手順2－1の加熱を終える前に，行わなければならない操作は何か。簡潔に説明しなさい。

(6) 次の文は，試験管2に集めた気体について説明したものである。空欄を埋め文を完成させなさい。

加熱直後に出てきた気体には，(　　　　　　)が多く含まれていた。

(7) ［実験２］で黒色の物質と炭素から気体が発生し，赤色の物質ができたときの化学変化を，化学反応式で書きなさい。

(8) ［実験３］で，燃焼中のマグネシウムリボンを集気びんに入れた後の様子を説明したものとして最も適切なものを次のア～オの中から１つ選び，記号で答えなさい。

ア　集気びんに入れた直後，マグネシウムリボンの燃焼は止まった。

イ　集気びんに入れた後も，マグネシウムリボンは燃焼し続け，白色の酸化マグネシウムだけができた。

ウ　集気びんに入れた後も，マグネシウムリボンは燃焼し続け，白色の酸化マグネシウムが生じ，集気びんの中には黒色の斑点が見られた。

エ　集気びんに入れた後も，マグネシウムリボンは燃焼し続け，黒色の酸化マグネシウムだけができた。

オ　集気びんに入れた後も，マグネシウムリボンは燃焼し続け，黒色の酸化マグネシウムが生じ，集気びんの中には白色の斑点が見られた。

3　ある地震が発生したとき，震度５弱以上になると予測されれば緊急地震速報が発信される。緊急地震速報は，各地に備えられた地震計によってはじめに小さなゆれを観測し，気象庁に情報を送り(a)<u>大きなゆれ</u>がはじまることをその数秒から数十秒前に発表する。図１はそのしくみを表したものである。あとの(1)～(4)の問いに答えなさい。

図１

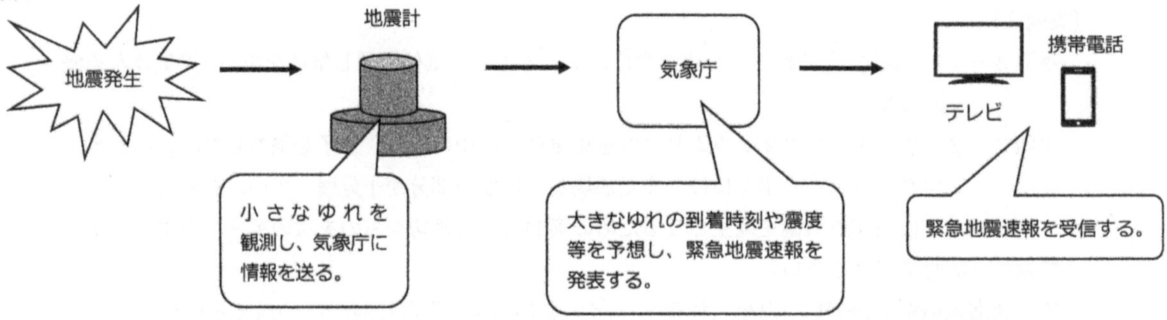

気象庁ホームページより作成

(1) 下線部(a)について，小さなゆれに続いてはじまる大きなゆれを何というか，漢字で答えなさい。

(2) 地震のしくみについて述べた次の文章が正しくなるように，①のア～ウ，②と③のア～イのうちからそれぞれ１つずつ選び，記号で答えなさい。

震源から伝わる波にはＰ波とＳ波がある。震源では①（ア．Ｐ波とＳ波が同時に　　イ．Ｐ波よりＳ波が先に　　ウ．Ｓ波よりＰ波が先に）伝わりはじめる。波が伝わる速さは，②（ア．Ｐ波　　イ．Ｓ波）の方が速いため，地震計でははじめに小さなゆれが観測される。震源からの距離が長いほど，初期微動継続時間は，③（ア．長く　　イ．短く）なる。

(3) 震源が浅い地震が，次のページの図２の地点Ａで６時24分35秒に発生したと仮定する。地点Ｂ～Ｅは地震のゆれを観測した地点である。図２は上方向を真北として，震央である地点Ａと地点Ｂ～Ｅの位置関係を示している。ただし，１目盛りは12kmであり，地震の波は地表も地下も一定の速さで伝わったものとする。あとの表は地震のゆれを観測した地点Ｂ～Ｅの地震発生時刻についてまとめたものである。あとの①～②の問いに答えなさい。

図２

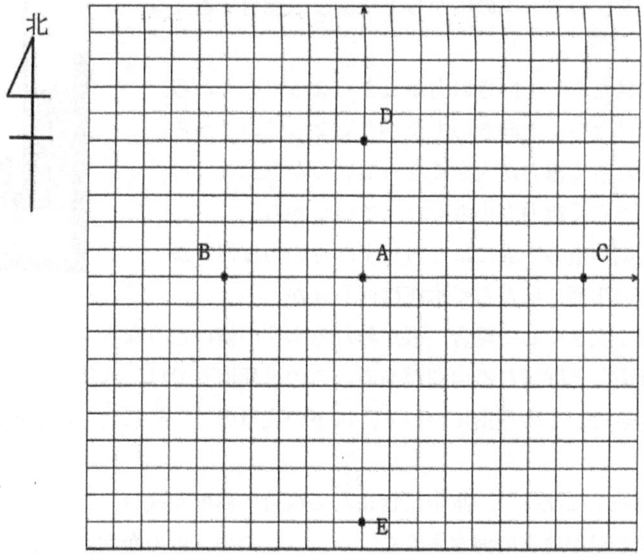

表

地点	地震発生時刻
B	6 時 24 分 45 秒
C	6 時 24 分 51 秒
D	6 時 24 分 45 秒
E	6 時 24 分 53 秒

① 図２で示した地点Ａを震央とした地震の小さなゆれを伝える波の速さは何km／s か。

② 図２の地点Ｅで，地震発生から６秒後に緊急地震速報を受信した。この地点では，大きなゆれがくるのは受信から何秒後か。ただし，大きなゆれを伝える波の速さは，3.6km／s とする。

⑷ 地震が起こることによって，大地の変化が生じることがある。その例として，断層がある。断層は，力のはたらく向きによって，正断層，逆断層，横ずれ断層に分けられる。図３は逆断層を表したものである。力がどの向きにはたらくか，図３に矢印を２か所書き込みなさい。

図３

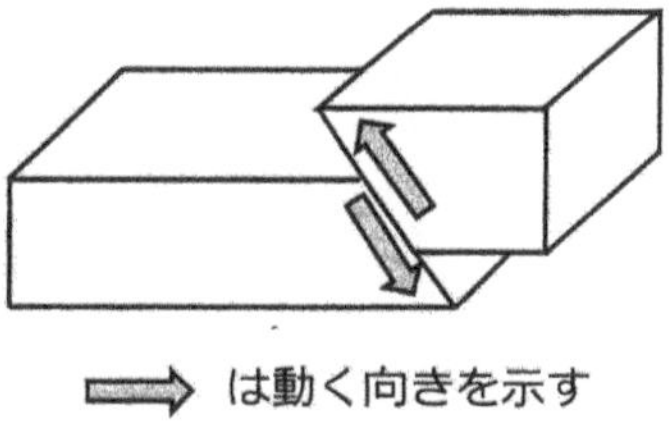

4 次のページの図１のように，円筒の底に鉄のおもりをのせた板を押し当て，水が入らないように水中に沈めた。この円筒を静かに引き上げ，板が離れるときの水深をはかった。底面積50cm^{2}の円筒を用いて，質量500ｇのおもりで実験したところ，水深10cmのところで板が離れた。板の厚さと重さは無視できるものとし，また100ｇにかかる重力が１Ｎとして，あとの⑴～⑹の問いに答えなさい。

図１

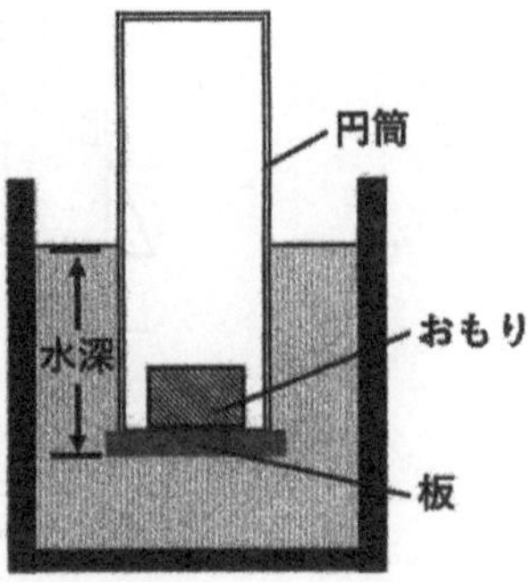

⑴　このおもりにはたらく重力は何Ｎか。

⑵　水深の値を小さくしていくと円筒から板が離れる理由として最も適切なものを次のア～エの中から１つ選び，記号で答えなさい。

ア　板の下面にはたらく上向きの力が大きくなっていくから。
イ　板の下面にはたらく上向きの力が小さくなっていくから。
ウ　おもりにはたらく重力が大きくなっていくから。
エ　おもりにはたらく重力が小さくなっていくから。

⑶　板が離れる瞬間の板の下面にはたらく上向きの力は何Ｎか。

⑷　⑶における板の下面にはたらく水圧は何Ｐａか。

⑸　おもりの質量を大きくした場合，板が離れる水深の値はどうなるか答えなさい。

⑹　中東には「死海」と呼ばれる塩湖がある。この「死海」では，人体が沈むことなく浮き続けるという現象が起きる。この理由について，以下の文章の（　）に当てはまる最も適切な語句を答えなさい。

　死海は通常の海水に比べて，水中に含まれる塩分の濃度が高い。このことにより，死海の湖水の体積当たりの質量が通常の海水よりも（　　　）ため，浮力が大きくなり，人体が浮き続ける現象がおきる。

【社　会】（45分）　＜満点：50点＞

1　以下の文章を読み，あとの各問いにそれぞれ答えなさい。

世界の人口は2000年前にはおよそ２億5000万人と言われ，時代が進むにつれて増え続けてきました。18世紀のイギリスで始まった（　a　）の頃から増加の速度は速まり，特に二十世紀後半は（　b　）と呼ばれる急速な人口増加となりました。現在，世界には約（　c　）の人々が生活しています。

国や地域の男女別・年齢別の人口構成を表したグラフを(d)人口ピラミッドと言います。(e)先進国では総人口に占める65歳以上の割合が高い高齢社会となっており，平均寿命も長くなっています。一方，発展途上国では総人口に占める15歳未満の割合が高く，年齢が高いほど全体に占める割合が低くなっています。

(1)　空欄(a)と(b)に当てはまる語句をそれぞれ漢字４字で答えなさい。

(2)　空欄(c)に入る人数として最も近いものを以下の**ア**～**オ**の中から一つ選び，記号で答えなさい。

ア　30億人　　**イ**　40億人　　**ウ**　50億人　　**エ**　60億人　　**オ**　70億人

(3)　下線部(d)に関して，以下のグラフを見て，各問いにそれぞれ答えなさい。

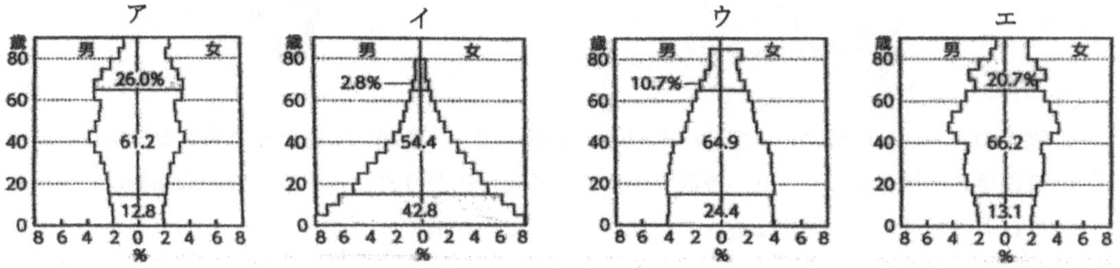

A　上の人口ピラミッドは日本・ドイツ・アルゼンチン・エチオピアのどれかである。エチオピアの人口ピラミッドはどれか，上のグラフ**ア**～**エ**の中から一つ選び，記号で答えなさい。

B　（ウ）の人口ピラミッドについて説明した文章として，ふさわしいものを以下の**ア**～**エ**の中から一つ選び，記号で答えなさい。

ア　この人口ピラミッドは『つりがね型』と呼ばれ，徐々に人口が増えている国がこのグラフとなる。

イ　この人口ピラミッドは『富士山型』と呼ばれ，人口が一気に増えている国がこのグラフとなる。

ウ　この人口ピラミッドは『つぼ型』と呼ばれ，徐々に人口が増えている国がこのグラフとなる。

エ　この人口ピラミッドは『つぼ型』と呼ばれ，徐々に人口が減っている国がこのグラフとなる。

(4)　下線部(e)に関連する文章として，**あやまっているもの**を以下の**ア**～**エ**の中から一つ選び，記号で答えなさい。

ア　先進国は医療が発展しているため，平均寿命が長く，結果として高齢社会を招きやすくなっている。

イ　先進国では教育費にかかる割合が高く，経済的に子どもを多く産むことができない社会となっている。

ウ　発展途上国は若年層の人口増加が著しく，食糧難に陥る国も少なくない。

エ　発展途上国は若年層の人口増加が著しく，都心部に人が集まりやすいため，産業の空洞化が起きやすい。

2　以下の図を見て，あとの各問いにそれぞれ答えなさい。(図１：アフリカ大陸　／　図２：南アメリカ大陸)

【図１】

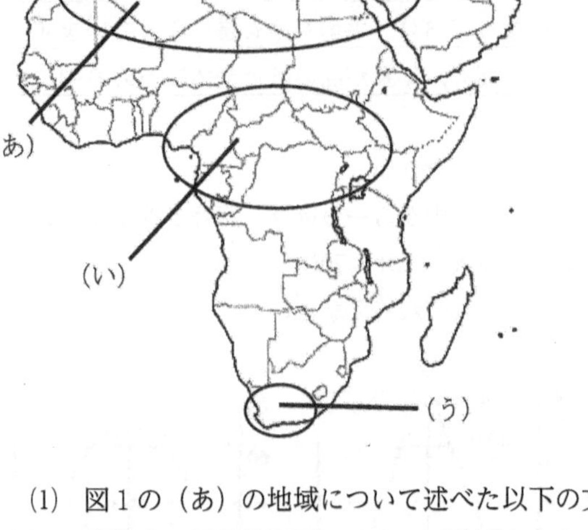

【図２】

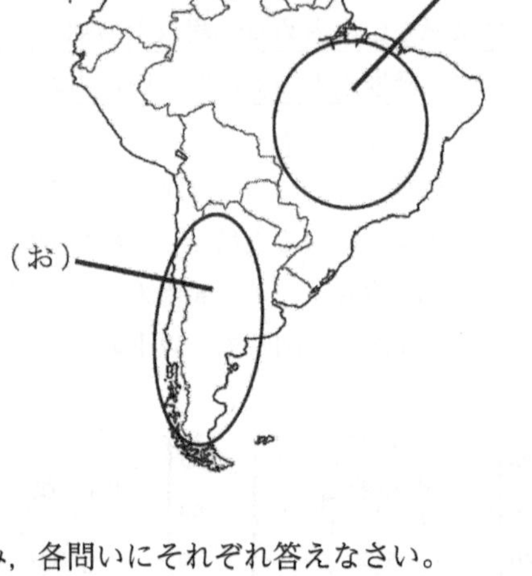

⑴　図１の（あ）の地域について述べた以下の文章を読み，各問いにそれぞれ答えなさい。

高緯度の回帰線周辺にはサハラ砂漠やナミブ砂漠が広がります。サハラ砂漠の南側は(　a　)と呼ばれる地域で，砂漠化が進んでいます。またこの地域では主に（　b　）の栽培が盛んに行われています。

A　空欄（a）に当てはまる語句をカタカナ３字で答えなさい。

B　空欄（b）に当てはまる語句としてふさわしいものを以下の**ア**～**エ**の中から一つ選び，記号で答えなさい。

ア　ぶどう　　**イ**　コーヒー　　**ウ**　なつめやし　　**エ**　カカオ

⑵　図１の（い）の地域について，この地域の気候区分を以下の**ア**～**エ**の中から一つ選び，記号で答えなさい。

ア　地中海性気候　　**イ**　熱帯雨林気候　　**ウ**　温暖湿潤気候　　**エ**　西岸海洋性気候

⑶　図１の（う）の場所の雨温図としてふさわしいものを以下の**ア**～**エ**の中から一つ選び，記号で答えなさい。

ア　　　イ　　　ウ　　　エ

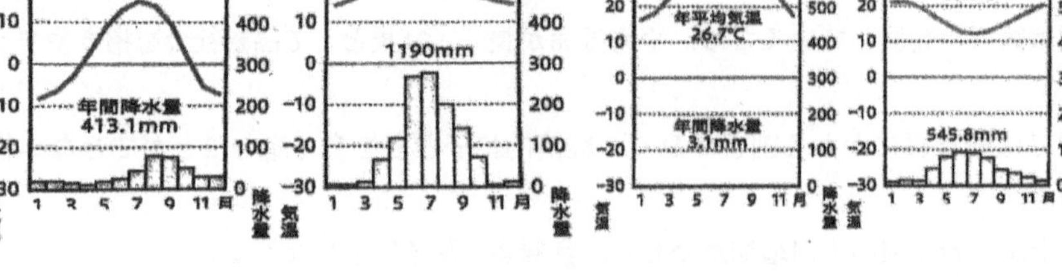

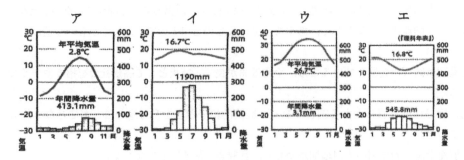

(4) 図2の（え）の国に関する文章として，**あやまっているもの**を以下の**ア**～**エ**の中から一つ選び，記号で答えなさい。

ア　この国はBRICSの一つに挙げられ，工業が発展している国である。

イ　この国で最も話されている言語はポルトガル語である。

ウ　この国の森林面積は年々増え続けている。

エ　この国の北部では世界最大の流域面積を誇るアマゾン川が流れている。

(5) 図2の（お）の地域で主に話されている言語は何か，以下の**ア**～**オ**の中から一つ選び，記号で答えなさい。

ア　スペイン語　　**イ**　英語　　**ウ**　オランダ語　　**エ**　ポルトガル語　　**オ**　フランス語

3　以下の文章を読み，あとの各問いに答えなさい。

室町幕府の権威が低下し，全国各地に戦国大名が台頭した時代を戦国時代といいます。戦国大名の中でも，尾張の一大名であった織田信長は，武力による全国統一を目指していました。信長は1560年に東海地方を支配していた今川義元と戦って勝利し，(a)1575年には大量の鉄砲を使って武田勝頼との戦いに勝利しました。これ以降，(b)鉄砲は戦いの主要な武器となりました。また，信長は戦いだけではなく，(c)経済政策も行い，商工業を発展させた人物でもあります。織田信長が全国統一を果たせずに亡くなった後，信長に仕えていた(d)豊臣秀吉が全国統一を実現しました。秀吉は信長の意思を引き継ぎつつも，国内に対する政策と(e)海外に対する政策をとり，全国支配の基礎を固めていきました。豊臣秀吉の死後，次に全国支配を行ったのは徳川家康です。家康が開いた江戸幕府は，(f)全国の大名を統治する制度を整え，幕府の安定化を図りました。

(1) 下線部(a)に関して，この戦いの名前と戦いが起きた場所（右図）として正しい組み合わせを以下の**ア**～**エ**の中から一つ選び，記号で答えなさい。

ア　名前―桶狭間の戦い　場所―A

イ　名前―桶狭間の戦い　場所―B

ウ　名前―長篠の戦い　　場所―A

エ　名前―長篠の戦い　　場所―B

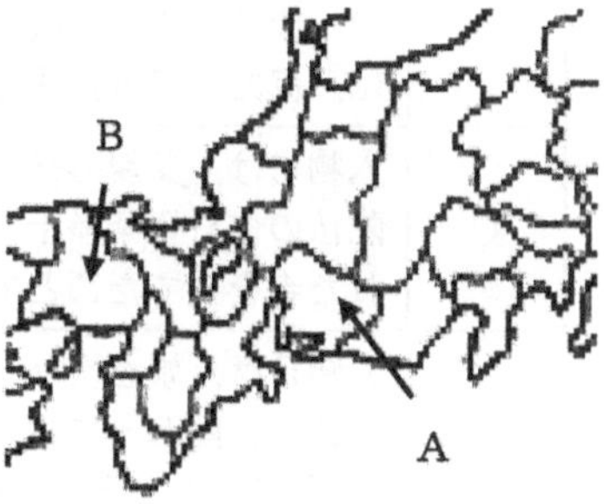

(2) 下線部(b)に関して，日本に鉄砲が伝わった背景を説明する以下の文章を読み，空欄に当てはまる島の名前を答えなさい。

1543年，鹿児島県の［　　　］に漂着したポルトガル人が鉄砲を日本に伝えた。

(3) 下線部(c)に関して，信長が行った経済政策を説明する以下の文章を読み，この政策を何というか答えよ。

【　この政策で座をなくして，市場での税を免除して商工業を活発にさせた　】

(4) 下線部(d)に関して，秀吉の説明文として，**あやまっているもの**を以下の**ア**～**エ**の中から一つ選び，記号で答えなさい。

ア　明智光秀をたおして信長の後継者になり，全国支配の拠点として大阪城を築いた。

イ　朝廷から摂政に任命され，政治に積極的に関わった。

ウ　百姓が刀や槍などの，武器を持つことを禁止した。

エ　田畑の広さや収穫量を調べ，石という単位を使った。

(5) 下線部(e)に関して，秀吉の政策の説明文として，ふさわしいものを以下の**ア**～**エ**の中から一つ選び，記号で答えなさい。

ア 秀吉は，キリスト教を保護することで南蛮貿易を活発におこなった。

イ 1600年に15万人の大軍を率いて朝鮮に攻めていったが首都は占領できなかった。

ウ 秀吉は倭寇の取り締まりを行い，海上の支配を強めた。

エ 1597年に朝鮮に出兵した出来事を文禄の役という。

(6) 下線部(f)に関して，江戸幕府の説明文として，**あやまっているもの**を以下の**ア**～**エ**の中から一つ選び，記号で答えなさい。

ア 幕府が直接支配する直轄地を幕領という。

イ 将軍から１万石以上の領地を与えられた武士のことを大名という。

ウ 幕府は武家諸法度を定め，築城や結婚などに制限を設けた。

エ ２代目将軍の時代に参勤交代の制度が定まり，大名は江戸と領地を行き来することになった。

4 **以下の文章A～Dは，藤原氏に関係する出来事について説明したものである。あとの各問いに答えなさい。**

A	**人物A**は，前九年・後三年の役の後に，奥州の支配をまかされました。その後三代にわたって権力を握っていましたが，**人物A**の孫が亡くなった後，この一族は源頼朝に滅ぼされました。
B	聖徳太子の死後，蘇我氏が力を強めていきました。蘇我氏はこの時，聖徳太子の子とその一族をほろぼすなど，天皇家をおびやかすくらいの勢力でした。中大兄皇子と**人物B**は，協力して蘇我氏をたおし，政治改革を行いました。
C	**人物C**は，父親の後を継いで，３代の天皇の補佐を行いました。また，**人物C**は，阿弥陀仏の住む極楽浄土をこの世に再現しようとして，京都に10円硬貨のデザインにも使われた寺を建てたことで有名です。
D	**人物D**は，娘を次々と天皇家に嫁がせ，娘が生んだ子が天皇になると，その後見人として政治に関わって権力を握りました。**人物D**がよんだ「この世をば我が世とぞ思ふ 望月の 欠けたることも なしと思へば」という和歌は，絶大な権力を握っていたことが分かる和歌です。

(1) 文章A～Dを，時代が古い順番で並び替えた時，２番目に来るのはどれか，記号で答えなさい。

(2) 人物Aが建てたものとしてふさわしいものを以下の**ア**～**エ**の中から一つ選び，記号で答えなさい。

ア 興福寺　　　**イ** 平等院鳳凰堂

ウ 中尊寺金色堂　　**エ** 法成寺

(3) 人物Aの一族の本拠地としてふさわしいものを右の地図中**ア**～**エ**の中から一つ選び，記号で答えなさい。

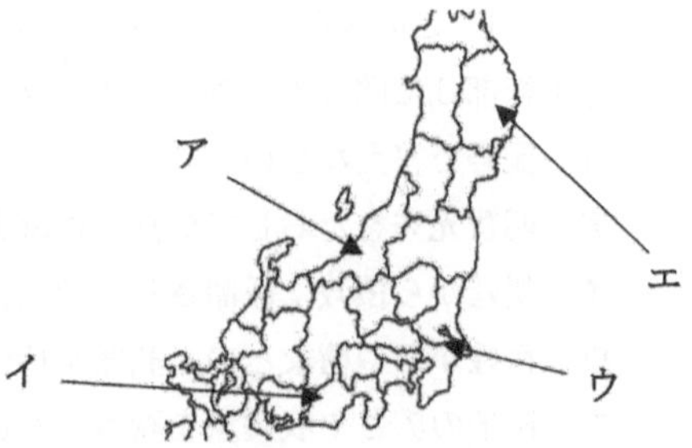

(4) 中大兄皇子と人物Bが行った政治改革を何と言うか，答えなさい。

(5) 人物Cは，天皇の補佐を行っていた。天皇が成人した後に，天皇の政治を補佐する官職を答えなさい。

(6) 人物Dは，自分の娘の家庭教師として紫式部をつけた。この紫式部が書いた物語として，ふさわしいものを以下のア～エの中から一つ選び，記号で答えなさい。

ア　源氏物語　　イ　伊勢物語　　ウ　枕草子　　エ　竹取物語

(7) 下の史料は，藤原氏によって大宰府に追いやられた人物が，雷神となって藤原氏に仕返しに来たという伝説を描いたものである。この人物は誰か，ふさわしいもの以下のア～エの中から一つ選び，記号で答えなさい。

ア　源義経　　イ　平清盛　　ウ　坂上田村麻呂　　エ　菅原道真

5　**以下の文章を読み，あとの各問いに答えなさい。**

国会が決めた法律や予算に基づいて，実際に国の仕事を行うことを（　a　）と言います。（　a　）の仕事全体を指揮・監督するのが(b)内閣で，内閣総理大臣と(c)国務大臣で構成されます。ほとんどの国務大臣は各省の長として仕事を分担します。各省の大臣は省内を監督し，各省を代表して新しい政策や法律案を準備します。内閣の様々な重要方針は議長である内閣総理大臣とすべての大臣が出席する（　d　）で決定します。

内閣総理大臣は国会議員の中から国会で指名され，国務大臣の過半数は国会議員から選ばれます。さらに憲法では(e)衆議院と参議院の両院は内閣の仕事について調査を行えること，内閣はその仕事について，国会に対して連帯して責任を負うことなどが定められています。このように(f)国会の信任に基づいて内閣が作られ，内閣が国会に対して責任を負う仕組みが採られています。

(1) 空欄(a)と(d)に当てはまる語句の組み合わせとしてふさわしいものを以下のア～エの中から一つ選び，記号で答えなさい。

ア （a）— 行政 （d）— 閣議　　　イ （a）— 立法 （d）— 閣議

ウ （a）— 行政 （d）— 臨時国会　　エ （a）— 立法 （d）— 臨時国会

(2)　下線部(b)について，内閣の主な仕事の一つに天皇が国の機関として行う儀礼的な行為への助言と承認をすることが挙げられる。この天皇の行為を何というか，答えなさい。

(3)　下線部(c)について，以下の文章A・Bの内容にふさわしい省庁名を以下のア～エの中からそれぞれ一つずつ選び，記号で答えなさい。

A　公務員制度，選挙の管理，地方財政の運営など国民の生活の基礎に関わるところを担う。

B　教育の振興，生涯学習の推進，スポーツ・文化の振興などの事務を担う。

ア　文部科学省　　**イ**　厚生労働省　　**ウ**　総務省　　**エ**　経済産業省

(4)　下線部(e)について，衆議院と参議院について述べた以下の文章のうち，**あやまっているもの**を以下の**ア**～**エ**の中から一つ選び，記号で答えなさい。

ア　衆議院の議員定数は465人で，被選挙権は満25歳以上である。

イ　参議院の任期は６年となり，３年ごとに半数を改選する。

ウ　両院とも，内閣の仕事について審査を行うことができる国政調査権を有する。

エ　両院とも内閣不信任案の議決が可能である。

(5)　下線部(f)について，この仕組みを何というか，漢字５字で答えなさい。

6　以下の文章を読み，あとの各問いに答えなさい。

私達のお金の使い方は，価格によって大きな影響を受けます。例えば商品の価値が高くなると，私達の消費者はより多くのお金を支払わなければならないので，買う量を減らそうとします。これに対し，その商品を生産する企業は価格が高くなればその分，利益が増えるので，作る量を増やそうとします。(a)このように価格は浪費者が買う量を決め，生産者が作る量を決めるための目安となります。

個人や同居している家族のことを経済活動の単位として(b)家計といい，家計に入る収入を所得といいます。また所得にはいくつかの種類があります。その種類には会社などで働いて得る給与（給与所得）などがあります。日本では給与所得が中心の家計が最も多くなっています。

私達が商品を購入するときは一般的に現金で支払います。しかし，最近は代金を後払いで決済するクレジットカードが普及しているほか，スマートフォンを用いた決済も広がりはじめ，現金を使う場面はだんだんと少なくなってきています。これらの(c)現金を使わない支払いは今後，さらなる進展が予想されています。

(1)　下線部(a)に関して，以下の各問いにそれぞれ答えなさい。

A　右図の点Sのように需要量と供給量が一致する価格を何というか，答えなさい。

B　右図の価格帯Rについて述べた以下の文章のうち，ふさわしいものを以下の**ア**～**エ**の中から一つ選び，記号で答えなさい。

ア　この価格帯は需要に対して，供給が多い。

イ　この価格帯のものは売れ残る可

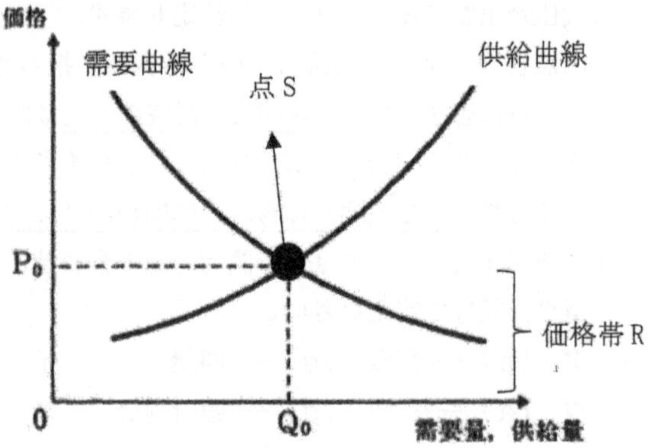

能性が高い。

ウ　この価格帯のものは価格が高くなっていく傾向にある。

エ　この価格帯の時は自然と供給量は減っていく。

(2)　下線部(b)に関して，右図は家計に占める支出の割合に関する表である。この表から読み取れることとしてふさわしいものを以下の**ア**～**エ**の中から一つ選び，記号で答えなさい。

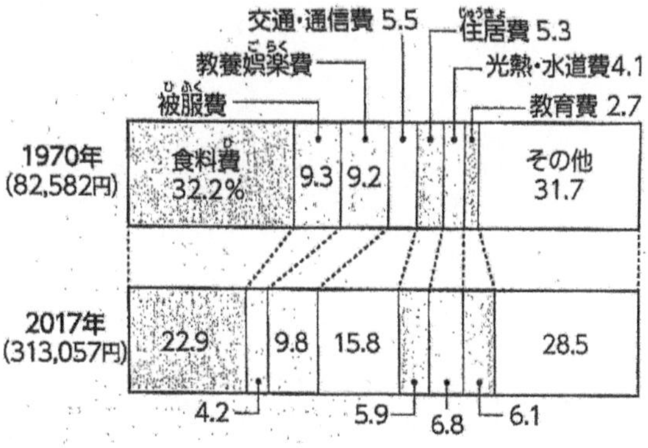

ア　1970年よりも2017年の方が被服費の支出割合は多い。

イ　家計に占める支出の合計額は1970年の方がはるかに多い。

ウ　2017年よりも1970年の方が住居費の支出割合は多い。

エ　食料費の支出額は1970年よりも2017年の方が多い。

(3)　下線部(c)に関して，以下の各問いにそれぞれ答えなさい。

A　このような決済方法を何というか，解答欄に合うようにカタカナ７字で答えなさい。

B　下線部(c)に関する文章として**あやまっているもの**を以下の**ア**～**エ**の中から一つ選び，記号で答えなさい。

ア　現金を使わずに支払いをすることで，スムーズに決済を行うことができる。

イ　クレジットカードは自分の返済限度を超えた金額をつかってしまう可能性もある。

ウ　クレジットカードの紛失や情報流出による被害も少なくない。

エ　日本のクレジットカード所持率は世界第３位となっている。

C　2022年９月現在，クレジットカードは何歳から作成することができるか，答えなさい。

（『土佐日記』による。）

（注1）土佐守……土佐国（現高知県）の長官。
（注2）任果ての年……任期の四年を終えた年。

（1）傍線部①「えもいはずをかしげなるを」を現代かなづかいに改めなさい。

（2）傍線部②「かなしうしけるが、」の意味として最も適当な物を次のア～エから一つ選び、その記号を書きなさい。

ア　かわいがっていたが、　　イ　趣深く感じていたが、
ウ　苦手としていたが、　　エ　悲しませていたが、

イ　哲学とは、科学と全く別のものであり、科学では常識とされることまでも問い直すものである。

ウ　哲学は、科学では問わないような細かい部分に着目し、より深く物事を考える学問である。

エ　科学において前提とするものを問い直したり思考実験したりして一般化を目指すことが哲学である。

オ　科学では現実性を重視するが、哲学は現実と非現実との差を重視する探究である。

二　※問題に使用された作品の著作権者が二次使用の許可を出していないため、問題を掲載しておりません。

三　次の問一～問五に答えなさい。

問一　次の①～③の文の傍線部分に用いられている敬語の種類として最も適当なものをあとのア～ウからそれぞれ一つずつ選び、その記号を書きなさい。

①　この本を差し上げましょう。

②　先生がいらっしゃる。

③　たかしさんがお話しになる。

ア　尊敬語　　イ　謙譲語　　ウ　丁寧語

問二　次の①、②の文の傍線部分と同じ用法・はたらきの言葉として最も適当なものをあとのア～ウからそれぞれ一つずつ選び、その記号を書きなさい。

①　チーズは牛乳からできている。

ア　これは古くから続いている習慣だ。

イ　人気商品だからすぐに品切れになる。

ウ　天然の素材から作られている。

②　文句ばかり言っていないで、さっさと始めなさい。

ア　先程頼まれた作業は今、はじめたばかりです。

イ　恐れ入りますが、千円ばかり貸してくれませんか。

ウ　テレビばかり見ていると、目が悪くなる、

問三　次の①、②の文の傍線部分が慣用句となるように□に入る言葉として最も適当なものをあとのア～エからそれぞれ一つずつ選び、その記号を書きなさい。

①　あんなことをして、親に合わせる□がない。

ア　目　　イ　顔　　ウ　膝　　エ　口

②　「異常なし」という結果に、□をなで下ろす。

ア　腕　　イ　腹　　ウ　胸　　エ　腰

問四　次の漢文を書き下し文にしなさい。

有二リ　従ヒ　学ブ　者一。

問五　次の文章を読んで、後の各問いに答えなさい。

今は昔《今となっては昔のことだが》、貫之が(注1)土佐守になりて、下りてありけるほどに、(注2)任果ての年、七つ八つばかりの子の、①えもいはずをかしげなるを《言いようもなく美しい子を》、限りなく②かなしうしけるが、とかくわづらひて、失せにければ《いろいろと病気になって、無くなってしまったので》、（後略）

③「色の相対性」と呼ばれる現象や、照明状況に順応しているかどうかで同じ事物が異なった色に見える④「順応現象」、一つの事物がそれを取り囲む事物の色との対比によって異なる色に見えるという⑤「同時対比の現象」などを紹介しているそうです。これらの現象はどれも、物理的には同じ刺激が与えられているはずであるにもかかわらず、その他のさまざまな条件によって、異なった色が見えるという現象です。【 B 】

村田によると、キュッパースは、このような現象を根拠にして、「色は事物の性質ではなく感覚にすぎない」ということを当然の前提としています。これに対して村田は、色の現れ方が条件によって異なることは、色が事物の性質でないことを示すには不十分であると論じます。【 Ⅲ 】そこには、色というものが条件によって異なる現れ方をするような事物の性質であると考える余地が残されているからです。色というものがそれを知覚する私たちにとってどのような現れ方をしているかということに照らして考えれば、色をたんなる感覚とはせずに、あくまでも事物の性質として捉えるこのような考え方の方が尤《もっと》もであるようにも思えます。【 C 】

以上で示した例はほんの一例にすぎませんが、この限りでは、哲学は科学が前提として問い直さないような「常識」をも問い直すという点に違いがあるという回答には一定の尤もらしさがあるように思われます。

（金杉武司『哲学するってどんなこと？』より一部改めた）

問一　傍線部a「カンサツ」、b「カクウ」のカタカナをそれぞれ漢字で書き、c「誤解」、d「呈」の漢字の読み方をそれぞれひらがなで書きなさい。

問二　【Ⅰ】【Ⅱ】【Ⅲ】に当てはまる接続詞として最も適当なものを次のア～オからそれぞれ一つずつ選び、その記号を書きなさい。

ア　しかし　　イ　つまり　　ウ　あるいは
エ　たとえば　　オ　なぜなら

問三　傍線部①「浸透」の本文中における意味として最も適当なものを次のア～エから一つ選び、その記号を書きなさい。

ア　自然と広まること
イ　積極的に広め隅々まで行き渡ること
ウ　しっかりついて離れないこと
エ　多くの人に用いられること

問四　傍線部②「この前提」とはどのような前提か。解答用紙の「・・・ということ。」に続くように、本文中の言葉を用いて四十五字以内で説明しなさい。

問五　次の一文が入る箇所として最も適当なものを、文中の【A】～【C】から一つ選び、その記号を答えなさい。

このように村田は、色が事物の性質ではなく感覚にすぎないという「常識」の問い直しを行っています。

問六　傍線部③「色の相対性」、④「順応現象」、⑤「同時対比の現象」は共通してどのような現象であるのかを、本文中の言葉を用いて四十五字以上五十五字以内で書きなさい。

問七　この文章の説明として最も適当なものを次のア～オから一つ選び、その記号を書きなさい。

ア　哲学とは、科学と領域が重なる部分はあるが、科学では前提とするものを問い直すことである。

【国　語】（四五分）　〈満点：五〇点〉

一　次の文章を読んで後の問一～問七に答えなさい。

　まず伝統的にはつぎのような回答が提示されてきました。「科学は現実世界のaカンサツや実験に基づく探究だが、哲学は思考（たとえば思考実験）に基づく探究だという点に違いがある」というものです。現実世界のカンサツや実験に基づく探究のことを「経験的な探究」、ないしラテン語を用いて「ア・ポステリオスな探究」と呼びます。他方、そのような現実世界のカンサツや実験に基づかない探究のことを「非経験的な探究」、ないし「ア・プリオリな探究」と呼びます。哲学の一つの方法である思考実験は、非現実的なbカクウの状況について頭の中で考えるというものでした。したがって、右の回答は伝統的に、そのような思考を探究の方法とする哲学の探究は経験的な探究がいっさい関わらない非経験的な探究だとするものとして理解されてきました。たしかに、思考実験を中心とする思考は哲学にとって不可欠なものであり、その限りでは右の回答に誤りはありません。【　Ⅰ　】哲学の探究は経験的な探究がいっさい関わらない非経験的な探究だというその解釈には、哲学の実像に対するc誤解があります。なぜなら、哲学も日常や科学の経験的探究から何の影響も受けないわけではないからです。たとえば、哲学の説明対象である浅い常識は、人々が日常の中で現実世界を経験して得た共通理解が人々の中に深く①浸透したものです。この日常の中での現実世界の経験は、科学的な探究ではありませんが、それもまた経験的な探究の一つです。哲学の探究プログラムの周縁部は、科学の経験的な探究プログラムと領域が重なっているのです。これはつまり、哲学と科学は連続的なものとして理解されるべきだということです。

（中略）

　それでは、哲学と科学は何が異なるのでしょうか。考えられるもう一つの回答は、「哲学は科学が前提として問い直さないような『常識』をも問い直すという点に違いがある」というものです。たとえば、物理学ではしばしば、時間を空間に類するものとして理解し、その前提の下でさまざまな研究を行いますが、そのように物理学の前提となっている「常識」の問い直しが哲学において行われているということを示すものとして理解できるでしょう。また、色彩現象を科学的に研究する色彩科学や、色の知覚について科学的に研究する色彩心理学や認知科学では、多くの科学者たちが「色は事物の性質ではなく、事物からの物理的刺激の結果として脳内で生じる感覚にすぎない」ということを当然の前提としてさまざまな研究を行っています。これに対して、②この前提は本当に正しいのかという問い直しが哲学では行われています。【　Ⅱ　】現代の日本の哲学者である村田純一は、その著書『色彩の哲学』の中で、著名な色彩科学者であるH・キュッパースが「色が事物の性質ではなく感覚にすぎない」と前提していることに疑問をd呈しています。【　A　】

　村田によると、まずキュッパースは、色彩が事物の性質ではないというその前提を証拠づけるものとして以下のようなさまざまな現象を紹介しています。たとえば、無色のセロハン紙をクシャクシャにして、それを偏光板の上に置き、その上にもう一枚の偏光板を置くと、セロハン紙の上には輝く多様な色彩が現れるそうです。さらに、その上の偏光板を回転させると、その色彩は変化するということです。キュッパースは、その他にも、どのような照明を当てるかによって色の見え方が変わる

MEMO

大切なことはメモしておこうネ！

2023年度

解　答　と　解　説

《2023年度の配点は解答欄に掲載してあります。》

＜数学解答＞《学校からの正答の発表はありません。》

1　(1)　2　(2)　$-2a+11b$　(3)　x^4-16　(4)　64(点)　(5)　($x=$)3
(6)　$(a,\ b)=(5,\ 6)$　(7)　11　(8)　8(個)　(9)　$4\sqrt{2}+4\sqrt{6}$
(10)　($x=$)6，-8　(11)　30(度)　(12)　42　(13)　1　(14)　$\dfrac{7}{36}$

2　(1)　$\dfrac{27}{5}$(cm)　(2)　$\dfrac{39}{5}$(cm)　(3)　$\dfrac{69}{125}$(倍)

3　(1)　2　(2)　($y=$)$\dfrac{1}{2}x+3$　(3)　C$(-6,\ 0)$　(4)　B$\left(3,\ \dfrac{9}{2}\right)$
(5)　(CA：AB＝)4：5

4　(1)　140(度)　(2)　7：18　(3)　20(cm)

○推定配点○
各2点×25　計50点

＜数学解説＞

1　(数・式の計算，平均，1次方程式，連立方程式，数の性質，反比例，式の値，2次方程式，おうぎ形の中心角，確率)

(1)　$-2\times3-16\div(-2)=-6+8=2$

(2)　$4(a+2b)=4a+8b$，$-3(2a-b)=-6a+3b$なので，$4(a+2b)-3(2a-b)=4a+8b-6a+3b=-2a+11b$

(3)　$(x+2)(x-2)=x^2-2^2=x^2-4$であるから，$(x^2+4)(x+2)(x-2)=(x^2+4)(x^2-4)=(x^2)^2-4^2=x^4-16$

(4)　3人の平均点が60点なので，その3人の合計点は$60\times3=180$(点)　同様に，平均点が70点の2人の合計点は$70\times2=140$(点)　よって，5人全員の合計点は$180+140=320$(点)となるので，5人の平均点は$320\div5=64$(点)

(5)　$\dfrac{3x-3}{2}-\dfrac{2x-3}{3}=2$の両辺を6倍すると，$3(3x-3)-2(2x-3)=12$　$9x-9-4x+6=12$　$5x=15$　$x=3$

基本　(6)　$ax-by=4$に$(x,\ y)=(2,\ 1)$を代入すると，$2a-b=4$…①　$bx-ay=7$に$(x,\ y)=(2,\ 1)$を代入すると，$2b-a=7$　$-a+2b=7$…②　①＋②×2より，$3b=18$　$b=6$　①に$b=6$を代入すると，$2a-6=4$　$2a=10$　$a=5$　よって，$(a,\ b)=(5,\ 6)$

重要　(7)　大きい方の整数をx，小さいほうの整数をyとする。その差が35なので，$x-y=35$…①
大きい方の整数を小さい方の整数で割ると商が4で余りが2になるので，$x=4y+2$…②　②を①に代入すると，$(4y+2)-y=35$　$4y+2-y=35$　$3y=33$　$y=11$　よって，小さい方の整数は11

重要　(8)　$(x,\ y)=(1,\ -6)$，$(2,\ -3)$，$(3,\ -2)$，$(6,\ -1)$，$(-1,\ 6)$，$(-2,\ 3)$，$(-3,\ 2)$，$(-6,\ 1)$の8個である。

重要 (9) $x^2-y^2=(x+y)(x-y)=(1+\sqrt{2}+\sqrt{3}+1-\sqrt{2}+\sqrt{3})(1+\sqrt{2}+\sqrt{3}-1+\sqrt{2}-\sqrt{3})=(2+2\sqrt{3})\times 2\sqrt{2}=4\sqrt{2}+4\sqrt{6}$

基本 (10) $x+2=\mathrm{A}$とおくと，$(x+2)^2-2(x+2)-48=0$　$\mathrm{A}^2-2\mathrm{A}-48=0$　$(\mathrm{A}-8)(\mathrm{A}+6)=0$　$\mathrm{A}=x+2$を戻して，$(x+2-8)(x+2+6)=0$　$(x-6)(x+8)=0$　$x=6,\ -8$

基本 (11) 弧の長さは直径×π×$\dfrac{中心角}{360}$で求められるので，求める中心角をx(度)とすると，$24\times\pi\times\dfrac{x}{360}=2\pi$　$\dfrac{x}{15}=2$　$x=30$(度)

重要 (12) 求める正の整数をxとすると，91をxで割ると7余るので，$91-7=84$はxで割り切れる。よって，xは84の約数である。同様に，$149-23=126$はxで割り切れるので，xは126の約数である。84と126をそれぞれ素因数分解すると，$84=2^2\times3\times7$，$126=2\times3^2\times7$なので，84と126の最大公約数は$2\times3\times7=42$となり，$x=42$である。また，1，2，3，$2\times3=6$，7，$2\times7=14$，$3\times7=21$も84と126の公約数ではあるが，91や149を割ったときの余りが割る数より大きくなるので，問題に適さない。

重要 (13) $3^1=3$，$3^2=9$，$3^3=27$，$3^4=81$，$3^5=243$，…となるので，一の位は3，9，7，1の4つの数が繰り返される。$12\div4=3$なので，3^{12}は3，9，7，1がちょうど3回繰り返されたところなので，3^{12}の一の位は1

(14) サイコロを2回ふったときの出る目の数の組み合わせは$6\times6=36$(通り)　出た目の数の和が6になるのは，(2，4)，(2，4)，(2，4)，(3，3)，(4，2)，(4，2)，(4，2)の7通りなので，求める確率は$\dfrac{7}{36}$

重要 2 (平面図形の相似，面積の計量)

(1) AD//BC，AE：EB＝DF：FC＝3：2より，AD//EF//BCである。△ABCと△AEPにおいて，∠BAC＝∠EAP，∠ABC＝∠AEPより，2組の角がそれぞれ等しいので，△ABC∽△AEP
相似な図形の対応する辺の比は等しいので，AB：AE＝BC：EP　(3＋2)：3＝9：EP　5：3＝9：EP　5EP＝27　EP＝$\dfrac{27}{5}$(cm)

(2) (1)と同様に，△CAD∽△CPFなので，CD：CF＝AD：PF　(2＋3)：2＝6：PF　5：2＝6：PF　5PF＝12　PF＝$\dfrac{12}{5}$(cm)　よって，EF＝EP＋PF＝$\dfrac{27}{5}+\dfrac{12}{5}=\dfrac{39}{5}$(cm)

(3) AE：EB＝DF：FC＝3：2より，台形AEFDと台形ABCDの高さの比は3：(3＋2)＝3：5
よって，台形AEFDと台形ABCDの高さをそれぞれ$3h$(cm)，$5h$(cm)とおくと，台形AEFD＝$\dfrac{1}{2}\times\left(6+\dfrac{39}{5}\right)\times3h=\dfrac{1}{2}\times\dfrac{69}{5}\times3h=\dfrac{207}{10}h$(cm^2)，台形ABCD＝$\dfrac{1}{2}\times(6+9)\times5h=\dfrac{75}{2}h$(cm^2)
したがって，台形AEFD：台形ABCD＝$\dfrac{207}{10}h:\dfrac{75}{2}h=69:125$なので，台形AEFDの面積は台形ABCDの面積の$\dfrac{69}{125}$倍。

3 (2次関数，図形と関数・グラフの融合問題)

(1) $y=\dfrac{1}{2}x^2$に$x=-2$を代入すると，$y=\dfrac{1}{2}\times(-2)^2=\dfrac{1}{2}\times4=2$　よって，点Aのy座標は2

基本 (2) 直線ℓの切片Dの座標は3だから，直線ℓの方程式を$y=ax+3$とおいて，A$(-2,\ 2)$を代入すると，$2=-2a+3$　$2a=1$　$a=\dfrac{1}{2}$　よって，直線ℓの方程式は$y=\dfrac{1}{2}x+3$

基本 (3) 点Cはx軸上にあるので，y座標は0であるから，$y=\dfrac{1}{2}x+3$に$y=0$を代入すると，$0=\dfrac{1}{2}x+3$　$\dfrac{1}{2}x=-3$　$x=-6$　よって，C$(-6,\ 0)$

基本 (4) $y=\dfrac{1}{2}x^2$と$y=\dfrac{1}{2}x+3$を連立方程式として解くと，$\dfrac{1}{2}x^2=\dfrac{1}{2}x+3$　$x^2=x+6$　$x^2-x-6=$

0　$(x-3)(x+2)=0$　$x=3,\ -2$　よって，点Bのx座標は3であるから，$y=\frac{1}{2}x^2$に$x=3$を代入すると，$y=\frac{1}{2}\times 3^2=\frac{1}{2}\times 9=\frac{9}{2}$となり，$\mathrm{B}\left(3,\ \frac{9}{2}\right)$

重要　(5)　線分CAのx座標の差は$(-2)-(-6)=-2+6=4$，線分ABのx座標の差は$3-(-2)=3+2=5$　よって，CA：AB＝4：5　また，同様にy座標の差を使っても求めることができる。線分CAのy座標の差は$2-0=2$，線分ABのy座標の差は$\frac{9}{2}-2=\frac{9}{2}-\frac{4}{2}=\frac{5}{2}$　よって，CA：AB＝2：$\frac{5}{2}$＝4：5

4　(円と接線，合同)

基本　(1)　円の半径と接線は接点で垂直に交わるので，∠OBP＝90度　よって，∠OBA＝90－70＝20(度)　△OABはOB＝OAの二等辺三角形だから∠OAB＝∠OBA＝20度　従って，∠AOB＝180－20×2＝180－40＝140(度)

重要　(2)　円Oの直径をR(cm)とすると，円Oの円周の長さはπR(cm)，点Eを含む弧ABの長さは$\mathrm{R}\times\pi\times\frac{140}{360}=\frac{7}{18}\pi\mathrm{R}$(cm)　よって，(点Eを含む弧ABの長さ)：(円Oの円周の長さ)＝$\frac{7}{18}\pi\mathrm{R}$：$\pi\mathrm{R}$＝7：18

やや難　(3)　△OACと△OECにおいて，∠OAC＝∠OEC＝90度，OA＝OE，OC＝OCより，直角三角形で斜辺と他の1辺がそれぞれ等しいので，△OAC≡△OEC　合同な図形の対応する辺は等しいので，AC＝EC　同様に，△OBD≡△OEDより，BD＝ED，△OAP≡△OBPより，PA＝PB＝10(cm)　よって，△CPDの周囲の長さはPC＋CD＋DP＝PC＋CE＋ED＋DP＝PC＋CA＋BD＋DP＝PA＋BP＝10＋10＝20(cm)

★ワンポイントアドバイス★

教科書レベルの基礎的な問題を確実に解答できるようにしておくことが大切である。

＜英語解答＞《学校からの正答の発表はありません。》

1　(1)　イ　(2)　ウ　(3)　ウ　(4)　イ　(5)　ア

2　(1)　written　(2)　earlier　(3)　playing　(4)　eating[having]

3　(1)　(2番目，5番目)　エ，ウ　(2)　(2番目，5番目)　ウ，オ
　(3)　(2番目，5番目)　オ，エ　(4)　(2番目，5番目)　キ，ウ
　(5)　(2番目，5番目)　ア，カ　(6)　(2番目，5番目)　ア，エ

4　(1)　After he finished talking　(2)　someone at his company　(3)　運転中にスマートフォンを使う・子どもの世話をするためにスマートフォンを使う　(4)　ウ

5　(1)　learning　(2)　ア　(3)　this is a dictionary that tells you　(4)　イ
　(5)　takes care

○推定配点○

各2点×25　計50点

＜英語解説＞

基本 1 **(語句選択問題：進行形，接続詞，単語)**

(1) at that time 「その時」とあるので，過去進行形<be動詞 + –ing>の文になる。

(2) between A and B 「AとBの間に」

(3) playを修飾する場合，well 「上手に」を用いる。

(4) <What is＋場所？> 「何が～にありますか」

(5) 天候を表す場合は，itを用いる。

基本 2 **(語句補充問題：受動態，比較，分詞，進行形)**

(1) <be動詞＋過去分詞>で受動態の文になる。writeの過去分詞はwrittenである。

(2) 「早く」earlyの比較級はearlierとなる。

(3) playing tennis は前の名詞を修飾する分詞の形容詞的用法である。

(4) 過去進行形は<be動詞 + –ing>となる。

重要 3 **(語句整序問題：間接疑問文，現在完了，不定詞，助動詞，受動態，関係代名詞)**

(1) I know what she wants(.) 間接疑問文は<what＋主語＋動詞>の語順になる。

(2) I have been to Okinawa three times(.) have been to ~「～に行ったことがある」

(3) I am glad to receive your letter(.) be glad to ~「～して嬉しい」

(4) Could you tell me the way to (the museum.) tell me the way to ~「～までの道を教える」

(5) (The) nice car was made in America(.) 受動態の文は<be動詞＋過去分詞>の形になる。

(6) (This) is the bag which she bought (yesterday.) which she bought yesterday は前の名詞を修飾する目的格の関係代名詞である。

重要 4 **(長文読解・説明文：語句整序[動名詞]，指示語，要旨把握，内容吟味)**

(大意) 私たち中学生は，先生や保護者からスマートフォンの使い方を学ぶ。スマートフォンを使い始めたとき，私は両親の規則に従うことに同意した。自分の部屋でスマホが使えない。

大人はスマートフォンの使い方に気をつけているか？

家族とランチをするためにレストランに行った。食事をしていると，父のスマートフォンから音が鳴り，父がそれに答えた。①彼が話し終えた後，私の母は②それについて彼と議論した。彼女は彼が私たちや食事，私たちの気持ちを尊重していないと感じた。私はスマートフォンが悪いテーブルマナーの原因であると考え始めた。興味深い調査を見つけた。約40％の人が，食事中に電話に出るのはよくないと言っている。

③私たちの周りのシーンについて考えてみよう。一部の大人は，運転中にスマートフォンを使用する。これはマナーの問題ではなく，安全性の問題だ。また，多くの親がスマートフォンを使って子供の世話をすることもわかった。私には 2歳の妹がいる。彼女はすでにスマートフォンを使うのが得意で，ビデオを見たり，スマートフォンでゲームをしたりする。

(1) After he finished talking, ~ finish ~ing 「～し終える」

(2) it は父が会社の人からの電話に出たことを指している。

(3) この後に書かれている「運転中にスマートフォンを使うこと」と「多くの親が子供の世話にスマートフォンを使うこと」を指している。

(4) 運転中にスマートフォンを使うことはマナーの問題ではなく，安全性の問題だと言っている。

5 （会話文：語形変化[動名詞]，語句補充，語句整序[関係代名詞]，英文和訳，要旨把握）

（大意） ケンタ：ぼくは英単語を①覚えるのが得意ではありません。英単語の覚え方を教えてください。

ブライソン先生：②どうやって英単語を覚えようとしているのかな？

ケンタ：難しい英単語を見つけたら，英和辞典で調べて，ノートに日本語の意味を書きます。

ブライソン先生：わかりました。それでは以前これを使ったことがあるかな？

ケンタ：いいえ。全て英語で書かれていますね。全く日本語が見当たりません。ぼくのものと同じではありません！

ブライソン先生：君の英和辞典には，日本語の表現が見つかるよね。でも，これは，英語で英単語の意味を③君に教えてくれる辞書なんだ。

ケンタ：わかりました。でも難しそうですね。

ブライソン先生：心配しないで！　たとえば，“student”という単語を見つけてください。

ケンタ：わかりました。ちょっと待ってください。これです。「学校で学習する人」と書いてあります。そうですね。これは理解しやすいです。

(1) be good at ~ing 「～するのが得意だ」

(2) この後で，ケンタの英単語の学習方法が書かれているので，「どうやって」の how を用いた文が適切である。

(3) (But) this is a dictionary that tells you (the meaning of an English word in English.) that 以下は前の名詞を修飾する主格の関係代名詞を用いた文である。

(4) <say + “引用”> 「～と書いてある」

(5) 看護師の意味は「病院で人々を世話する人」となる。「～の世話をする」take care of ~

★ワンポイントアドバイス★

文法問題の割合が比較的高くなっている。教科書にのっている英文や単語は何度も繰り返して身につけたい。

＜理科解答＞《学校からの正答の発表はありません。》

1 (1) 二酸化炭素　(2) 消化　(3) 148.5g　(4) イ　(5) ウ　(6) エ

2 (1) イ，エ　(2) $2Cu+O_2 \rightarrow 2CuO$　(3) イ　(4) ア　(5) ガラス管の先を水槽の水から抜く。　(6) 試験管の中にあった空気　(7) $2CuO+C \rightarrow 2Cu+CO_2$　(8) ウ

3 (1) 主要動　(2) ① ア　② ア　③ ア　(3) ① 6.0km/s　② 24秒　(4) 右図

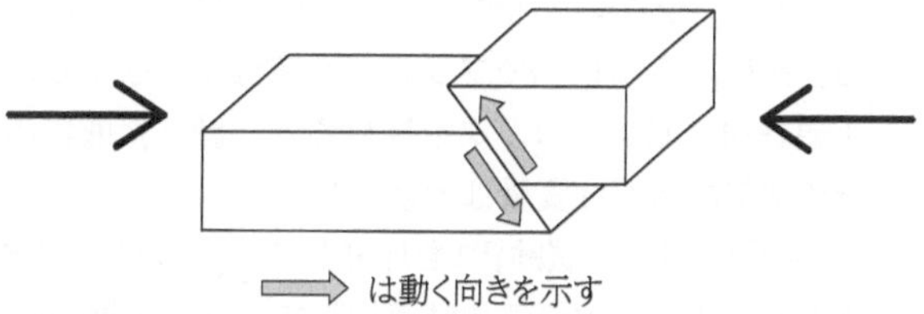

4 (1) 5N　(2) イ

(3)　5N　(4)　1000Pa　(5)　深くなる　(6)　大きい
○推定配点○
3　(1)・(2)　各1点×4　他　各2点×23　計50点

＜理科解説＞

1　(ヒトのからだ－デンプンの消化)

基本　(1)　細胞の呼吸では，酸素を使って栄養分を分解し，生活活動のエネルギーを取り出して，二酸化炭素と水を放出する。

(2)　デンプンやタンパク質のような大きい分子を，ブドウ糖やアミノ酸のような小さい分子に変ええて吸収しやすくするはたらきを消化という。

(3)　デンプンと水の質量の比が同じであれば濃度も同じになるので，5：495＝1.5：xより，水の量はx＝148.5(g)となる。あるいは，質量パーセント濃度は5÷(5＋495)×100＝1(％)だから，太郎さんのつくる水溶液の質量は，y×0.01＝1.5より，y＝150(g)となり，そのうちデンプンの1.5gを除けば，水の質量は150－1.5＝148.5(g)となる。

(4)　試験管Bでデンプンがなくなり糖ができたと確認できたとしても，それだけでは，だ液のはたらきかどうかは証明できない。単に放置するだけでも分解されるかもしれない。そこで，だ液がない試験管Aで，デンプンがそのままで糖ができないことを確認すれば，デンプンが分解されたのが確かにだ液のはたらきだと証明できる。

(5)　この実験で，デンプンは，だ液中の物質E(酵素)によって，ベネジクト液に反応する物質に変わったことが確かめられた。ベネジクト液に反応する物質には，麦芽糖やブドウ糖などの糖があるので，この実験で麦芽糖ができた可能性はあるが，ブドウ糖ができた可能性もある。実際には，麦芽糖ができている。

(6)　ア　誤り。次郎さんのBではヨウ素デンプン反応が見られたので，反応を妨げていない。
イ　誤り。太郎さんと次郎さんでは，Bの結果が異なっているので，影響を与えている。　ウ　誤り。次郎さんのBではデンプンが残っており，糖ができていない。　エ　正しい。高温では物質E(酵素)の性質が変化してしまい，はたらきが失われた。

2　(酸化・還元－銅やマグネシウムの酸化)

(1)　イの風呂釜洗浄剤には，過炭酸ナトリウムが含まれている。この物質は，酸素系漂白剤にも使われている成分であり，酸素が発生する。エでは，植物や動物の組織には過酸化水素を分解する酵素が含まれているものがあり，酸素が発生する。なお，アとウでは二酸化炭素が発生する。

重要　(2)　実験1では，銅Cuと酸素O_2が結び付いて酸化銅CuOになる。化学式を並べると，$Cu+O_2 \rightarrow CuO$となるが，これでは左辺と右辺のOの数が合わない。そこで，CuとCuOの係数を2にすると，左辺と右辺のOの数もCuの数も合うので，化学反応式は完成する。

(3)　手順1－2の加熱後ならば，ピンチコックはまだ開けていないので，フラスコは密閉されたままの状態である。よって，中で化学変化が起こっていても，全体の質量は変わらない。

(4)　手順1－2では，加熱によって銅と酸素が結び付いたため，フラスコ内の酸素は減少している。次に，手順1－3でフラスコを常温まで冷やしたので，中の気体は膨張していない。そして，手順1－4でピンチコックを開けると，減った酸素の分だけ，外から空気が入ってくる。よって，その空気の分だけ質量は大きくなる。

重要　(5)　手順2－1では試験管1を加熱しているので，試験管1の中の気体は膨張している。そのまま加熱をやめると，中の気体は収縮して，ガラス管から水槽の水が逆流してしまう。熱いガラスに冷たい水が触れると，ガラスが急激に冷やされて割れる恐れがある。そのため，まずガラス管の先を水槽の水から抜いて，それからガスバーナーの火を消す。

(6)　実験2では，酸化銅と炭素を混ぜて加熱するので，炭素Cが酸化銅CuOから酸素を奪って，二酸化炭素CO_2が発生するはずである。しかし，試験管2では線香の火が少しの時間燃えており，二酸化炭素だけが集まったわけではない。これは，試験管1の中に最初から入っていた空気がまず出てきたのだと考えられる。試験管3や4では，出てくるのは二酸化炭素だけになっている。

(7)　実験2では，酸化銅CuOと炭素Cから，銅Cuと二酸化炭素CO_2ができる。化学式を並べると，$CuO+C \rightarrow Cu+CO_2$となるが，これでは左辺と右辺のOの数が合わない。そこで，CuOとCuの係数を2にすると，左辺と右辺のOの数，Cuの数，Cの数がそれぞれ合うので，化学反応式は完成する。

やや難　(8)　実験2で生じる気体と同じ気体は二酸化炭素である。二酸化炭素の中に，燃焼中のマグネシウムリボンを入れると，マグネシウムMgが二酸化炭素CO_2の中の酸素を奪い取って燃焼を続け，白色の酸化マグネシウムMgOができる。そのため，二酸化炭素は還元されて，炭素Cの黒い粉が残る。化学反応式で書くと，$2Mg+CO_2 \rightarrow 2MgO+C$となる。

3　(地震－地震波と緊急地震速報)

(1)　地震のとき，はじめの小さな揺れを初期微動，次に起こる大きな揺れを主要動という。

(2)　初期微動を起こす波がP波，主要動を起こす波がS波である。P波とS波は，震源を同時に出発するが，P波の方が速くS波の方が遅い。その時間差が初期微動継続時間である。そのため，震源から遠いほど，初期微動継続時間は長い。

(3)　①　図のABの長さは5目盛りなので，その距離は12×5＝60(km)である。震源のAで6時24分35秒に発生した地震のP波が，Bには6時24分45秒に到達しているので，10秒間かかっている。よって，P波の速さは，60÷10＝6.0(km/秒)である。　②　図のAEの長さは9目盛りなので，その距離は12×9＝108(km)である。S波の速さは3.6km/秒だから，地震発生から到着までにかかる時間は108÷3.6＝30(秒間)である。一方，地震発生から緊急地震速報までの時間は6秒間である。よって，緊急地震速報から主要動が起こるまでの時間は，30－6＝24(秒間)である。

(4)　図3は，断層面の上側のブロックがずり上がっている逆断層である。これは，両側から圧縮の力がかかったときに生じる。

4　(力のはたらき－水による圧力)

(1)　質量100gの物体にはたらく重力が1Nだから，質量500gのおもりにかかる重力は5Nである。

(2)　おもりにはたらく重力は，どこにあっても変わらない。板には下から水による圧力(水圧)がはたらいており，その力がおもりを支えている。水圧は水深に比例するので，水深が小さくなっていくと，水圧も小さくなり，おもりを支えきれなくなる。

(3)　板が離れる瞬間は，おもりが板を上から押す力と，水が板を下から支える力が等しく，5Nずつである。

(4)　板の下面にはたらく水圧は，(3)のとおりおもりが板を上から押す力と等しい。$1(cm^2)=0.0001(m^2)$だから，$50(cm^2)=0.005(m^2)$である。この面積に5Nのおもりが乗っているので，圧力は5÷0.005＝1000(Pa)である。

(5)　おもりが重い場合は，水圧も大きくなければ支えられない。そのため，おもりが500gのときよりは深いところでも板が離れるようになる。

(6)　塩分が濃い湖では，液体$1cm^3$あたりの質量が大きいため，そのぶんだけ水圧や浮力が大きくなる。

★ワンポイントアドバイス★

ふだんから，覚えるだけではなく，多くの問題を考えて解くことで，問題に対する対応力をつけよう。

＜社会解答＞《学校からの正答の発表はありません。》

1　(1)　a　産業革命　b　人口爆発　(2)　オ　(3)　A　イ　B　ア　(4)　エ
2　(1)　A　サヘル　B　ウ　(2)　イ　(3)　エ　(4)　ウ　(5)　ア
3　(1)　ウ　(2)　種子島　(3)　楽市楽座　(4)　イ　(5)　ウ　(6)　エ
4　(1)　D　(2)　ウ　(3)　エ　(4)　大化の改新　(5)　関白　(6)　ア　(7)　エ
5　(1)　ア　(2)　国事行為　(3)　A　ウ　B　ア　(4)　エ　(5)　議院内閣制
6　(1)　A　均衡価格　B　ウ　(2)　エ　(3)　A　キャッシュレス　B　エ　C　18

○推定配点○

1　(1)　各2点×2　他　各1点×4　2　(1)A　2点　他　各1点×5
3　(2)・(3)　各2点×2　他　各1点×4　4　(4)・(5)　各2点×2　他　各1点×5
5　(2)　2点　(5)　3点　他　各1点×4
6　(1)・(3)A・C　各2点×3　他　各1点×3　計50点

＜社会解説＞

1　(地理―世界の人口動態など)

重要　(1)　A　生産技術の飛躍的な発展にともなっておこった経済・社会的な大変革。　B　医療技術の発展や衛生環境の向上による発展途上国を中心とする人口の急増現象。

(2)　2022年末，世界の人口は80億人を突破したといわれる。

(3)　A　エチオピアの人口は1億人を突破，2050年には2億人に達するとの報告もある。　B　出生率の減少に伴い高齢層と低年齢層の差が接近した釣り鐘型。アは日本，エはドイツ。

(4)　産業の空洞化とは製造業の海外進出により国内産業が衰退する現象。1980年代の日本が円高や人件費の高騰対策などから起こったように先進国特有の現象と言える。

2　(地理―アフリカ・南米の気候・言語・産業など)

(1)　A　アラビア語で「岸辺」を意味し，サハラ砂漠の南縁に沿って広がる半乾燥地帯。　B　中東や地中海沿岸のオアシスが原産で，食用のほかパーム油などに加工される。エジプトやサウジアラビア，イランなどが主要産地となっている。

基本　(2)　赤道直下にあり1年中高温多雨で気温の年較差がなく四季の区別もみられない。

(3)　緯度30～40度付近の大陸西岸にみられる地中海性気候。夏はほとんど雨が降らず乾燥し冬に雨が多い気候。地中海周辺をはじめカリフォルニアやオーストラリア西岸などにみられる。

(4)　アマゾン流域の熱帯林は「地球の肺」といわれるほど大量の二酸化炭素を吸収し酸素を供給している。近年は木材や大豆作付けなどのため森林伐採が急速に進んでいる。

(5)　新大陸の発見以降ヨーロッパ諸国が次々と進出，南アメリカではポルトガルがブラジルを，それ以外の地はスペインの植民地となった。

3　(日本の歴史―古代～近世の政治・外交・経済史など)

(1)　三河国(愛知県東部)長篠で起こった織田・徳川連合軍と武田の戦い。大量の鉄砲が初めて使用された戦いといわれ，大敗した武田氏は衰退の道をたどり滅亡していった。

(2)　当時，アジア進出をさかんにしていたポルトガル人を乗せた中国船が漂着，種子島の領主は2丁の鉄砲を購入し家臣に取り扱い方や製造法を研究させた。

重要　(3)　商工業の自由な営業を許し城下の経済発展を促そうとした戦国大名の富国強兵策。織田信長は関所の廃止や撰銭令《えりぜにれい》の発布など経済力や情報収集力を増加して軍事的優位を確保した。

(4)　豊臣秀吉は近衛前久《さきひさ》の猶子《ゆうし》(親子関係に似たもの)となって関白に就任。

(5)　1588年秀吉は刀狩令と同時に海賊取締令を発布，これにより倭寇の活動は沈静化して行った。バテレン追放令を発布して禁教に舵を切ったが貿易は奨励したためあまり効果はなかった。

(6)　参勤交代は3代家光の時に出された武家諸法度(寛永令)で制度化された。

4　(日本の歴史―古代～中世の政治・文化史など)

(1)　B(7世紀中ごろの大化の改新)→D・C(10世紀末～11世紀中ごろの道長・頼通父子による摂関政治の全盛)→A(11世紀末からの1世紀にわたる奥州藤原3代)。

(2)　奥州藤原氏の初代藤原清衡《きよひら》。平泉に創建した中尊寺は世界遺産にも登録されている。

(3)　北上川と衣川の合流点に位置，最盛期は京都に次ぐ人口を擁したともいわれる。

重要　(4)　専横を極めた蘇我蝦夷・入鹿父子を倒した政変(乙巳《いっし》の変)から新政権樹立に至る一連の政治改革。天皇を中心とする国家体制を目指し，初めて年号(大化)が定められた。

(5)　天皇が幼少や女性の時には摂政，成人後は関白として政務を担当した。

(6)　11世紀半ばごろに完成したといわれる全54帖からなる長編小説。光源氏やその子・薫を中心とする貴族の華やかな生活や恋を描いた日本を代表する文学。

(7)　道真の業績や死後のたたり，北野天満宮の由来などを描いた「北野天神縁起絵巻」。

5　(公民―人権・政治のしくみなど)

(1)　a　現代ではその機能は拡大され，立法や司法を除くすべての作用といえる。　b　内閣は国会に対して連帯責任を負うことから閣議は全会一致主義をとっている。

(2)　法律や条令の公布，国会の召集，衆議院の解散，国務大臣の任免の認証など。

(3)　A　情報通信など旧郵政省の管轄も含む。　B　外局には文化庁やスポーツ庁がある。

(4)　内閣不信任案は衆議院の権限。参議院は問責決議を問えるがこれには法的拘束力がない。

重要　(5)　イギリスで発展した制度。一般に下院(日本では衆議院)の信任の下に内閣が存続する制度で，下院の第1党の党首が内閣を組織し，閣僚は第1党の議員により構成される。

6　(公民―価格・家計など)

(1)　A　品不足や売り残りもなく資源が最適に配分される価格といえる。　B　価格帯がRの時は超過需要が発生するため価格は上昇し均衡価格に近づく。

(2)　食糧費は1970年の約2万6000円に対し2017年は約7万1000円。

(3)　A　日本は30％程度に過ぎず，韓国の95％，中国の65％などに比べるとまだ低い。　B　日本の発行枚数は約3億枚。最近はデビットカードや電子カードなど決済手段が多様化している。
C　民法の改正により携帯電話やマンションの契約なども18歳から可能となった。

★ワンポイントアドバイス★

世界地理はなかなかなじみの薄い分野である。毎日のニュースなどで登場する国名などは必ず地図帳で確認するなど普段の生活を上手に利用していこう。

＜国語解答＞《学校からの正答の発表はありません。》

一　問一　a　観察　b　架空　c　ごかい　d　てい　問二　Ⅰ　ア　Ⅱ　エ　Ⅲ　オ　問三　ア　問四　(例)　色は事物の性質ではなく，事物からの物理的刺激の結果として脳内で生じる感覚にすぎない　問五　C　問六　(例)　物理的には同じ刺激が与えらえているのに，その他のさまざまな条件によって，異なった色が見えるという現象。　問七　ア

二　問一　a　慎重　b　粗　c　炊　d　座敷　問二　ウ　問三　A　ウ　B　イ　C　エ　D　ア　問四　イ　問五　ウ　問六　イ　問七　(1)　そして，恥ずかしさに震えながらしかし母親にわけようともしないでチキンの脚にかぶりついている息子を，彼女は満足そうにながめていたのだった　(2)　(例)　母が息子に食事券で食事をさせ，自分はその店で最低の価格の紅茶だけを注文したこと。　問八　(例)　楽しかった友だちの家から，薪のいぶる貧しい母と子の暮らしに戻るのはつらいから。　問九　クリスマス

三　問一　①　イ　②　ア　③　ア　問二　①　ウ　②　ウ　問三　①　イ　②　ウ　問四　従ひ学ぶ者有り　問五　(1)　えもいわずおかしげなるを　(2)　ア

○推定配点○

一　問四・問六　各3点×2　問五・問七　各2点×2　他　各1点×8

二　問七・問八　各3点×3　他　各1点×13　三　各1点×10　計50点

＜国語解説＞

一　(論説文―漢字の読み書き，空欄補充，接続語，語句の意味，内容理解，要旨)

問一　a「観察」の「観」と「歓声」の「歓」を区別しておくこと。　b「架空」は，事実にもとづかず，想像によってつくること。　c「誤解」は，間違った解し方をすること。　d「呈する」は，差し出す，という意味。

基本　問二　Ⅰ　空欄の前後が逆の内容になっているので，逆接の接続語が入る。　Ⅱ　空欄のあとが，空欄の前の事柄の具体例になっているので，「たとえば」が入る。　Ⅲ　空欄のあとが理由を示す「……からです」となっているので，「なぜなら」が入る。

問三　水などがしみとおる，という意味もある。

問四　指示語の指す内容は，直前からとらえるのが原則。

問五　最後から二つめの段落で，村田がキュッパースにどのような疑問を呈したのかが説明されている。抜けている文の「このように」はこの段落の内容を受けている。

重要　問六　傍線部①～③のあとに，「これらの現象はどれも，……という現象です」とあるので，この「……」の部分を解答としてまとめる。

やや難　問七　第一段落の最後の文の「哲学と科学は連続的なものとして理解されるべきだということです」と，(中略)の直後の「哲学と科学は何が異なるのでしょうか。考えられるもう一つの回答は，『哲学は科学が前提として問い直さないような『常識』をも問い直すという点に違いがある』というものです」という部分の内容が，アに合致している。

二　(小説―漢字の書き取り，空欄補充，慣用句，心情理解，語句の意味，内容理解，文，主題)

問一　a「慎重」は，注意深くて，軽々しく行動しないこと。　b「粗雑」は，荒っぽくていい加減なこと。　c「炊飯」の「炊」である。　d「敷」の字形に注意すること。

問二　「鼻で笑う」は，相手を見下して笑うこと。

基本 問三　A 「そわそわ」は，落ち着かない様子。　B 「ぞくぞく」は，感動や喜びなどで震える様子。　C 「たまたま」は，偶然，という意味。　D 「まるで，は，すっかり，という意味。

問四　「ケーキ」の思い出，「レストラン」の思い出を，「わたし」がどのように感じているかを考える。

問五　「注視」は，じっと見つめること。

問六　「あさましい」は，品性が卑しい・さもしい，という意味。

重要 問七　(1)　「訂正例1」のように，主語の位置を変えると，意味がはっきりする。　(2) 「母親は食事券を出したが，……紅茶を注文したのである」の部分に注目。「わたし」はこの状況が恥ずかしかったのである。

やや難 問八　直後の二文に注目する。気安く楽しい友だちの家から，貧しくつらい自分の家に戻るのがつらかったのである。

問九　前半は「わたし」の「家」，後半は「友だちの家」でのエピソードからなっている。

三　**(敬語，助詞，慣用句，書下し文，歴史的仮名遣い，古典語の意味)**

重要 問一　①「差し上げる」は，目上の人に対するへりくだった表現。　②「いらっしゃる」は「来る・居る」の尊敬語。　③「お～になる」の形の尊敬語

問二　①　例文とウは材料を，アは時間的起点を表す格助詞。イは理由を表す接続助詞。　②　例文とウは限定を，アは完了を，イは程度を表す副助詞。

問三　①「合わせる顔がない」は，申し訳なくてその人の前に出られない，という意味。　②「胸をなで下ろす」は，心配事が解消して安堵する，という意味。

基本 問四　「一・二点」は，「二」のついた字をとばして上から読んでいき，「一」のついた字まで読んだら「二」のついた字に返って読む。

問五　(1)　語頭と助詞以外の「は・ひ・ふ・へ・ほ」は「わ・い・う・え・お」に直す。「を」を「お」に直す。　(2)　形容詞「かなし」には，いとおしい・かわいい，などの意味があり，動詞「かなしうす」には，かわいがる，という意味がある。

★ワンポイントアドバイス★

論説文はキーワードに注目して，論理の展開をとらえよう。小説は場面に注目して話の展開や人物の考えをとらえることが必要。文法そして，古文や漢文の知識問題も出題されるので，いろいろな問題にあたり，基礎力を保持しよう！

MEMO

大切なことはメモしておこうネ！

2022年度

★★★★★★★★★★★★★★★★★★★★★★★

入　試　問　題

2022年度

津田学園高等学校入試問題

【数　学】（45分）　　＜満点：50点＞

1　次の⑴～⒁の □ にあてはまるものを答えなさい。

⑴　$\frac{1}{15}-\left(-\frac{2}{3}\right)\times\left(-\frac{2}{5}\right)=$ □ である。

⑵　$a-\frac{a+b}{2}-\frac{a-b}{3}=$ □ である。

⑶　$x=3$，$y=-4$ のとき，$(x+2y)^2-(x-2y)^2$ の値は □ である。

⑷　数学のテストの５人の平均点は72点である。６人目の点数が96点のとき，全員の平均点は □ 点である。

⑸　方程式 $\frac{1-2x}{3}-\frac{1-2x}{2}=\frac{1}{6}$ の解は，$x=$ □ である。

⑹　連立方程式 $6x+5y=2x+3y=4$ の解は，$(x,\ y)=$ □ である。

⑺　６％の食塩水と12％の食塩水をまぜて８％の食塩水を300ｇ作るとき，６％の食塩水は □ ｇ必要である。

⑻　関数 $y=-\frac{12}{x}$ について，x の値が２から６まで増加するとき y の増加量は □ である。

⑼　$x=\sqrt{3}+\sqrt{2}$，$y=\sqrt{3}-\sqrt{2}$ のとき，$(3x+2y)(x+y)-(2x+3y)(x+y)$ の値は　　である。

⑽　２次方程式 $x^2+ax+2=0$ の２つの解が正の整数のとき，a の値は $a=$ □ である。

⑾　正 n 角形の対角線の数が27本のとき，$n=$ □ である。

⑿　大，小２つのさいころを同時に投げるとき，出る目の和が４の倍数になる確率は □ である。

⒀　２けたの自然数のうち 2，3，5 のどの数で割っても割り切れる数は全部で □ 個ある。

⒁　中心角が150°，面積が 60π cm^2 のおうぎ形の半径は □ cmである。

2　次のページの図で，①は直線 $y=-\frac{1}{2}x-3$，②は放物線 $y=-\frac{1}{2}x^2$ が表すグラフであり，①と②の交点をA，Bとする。

このとき，次の各問いに答えなさい。

ただし，１目盛りを１cmとする。

⑴　交点Aの座標を求めなさい。

(2) 点Aを通り△OABの面積を二等分する直線の式を求めなさい。

(3) 点Cを四角形OACBが平行四辺形になるようにとるとき，Cの座標を求めなさい。

(4) (3)で作られた平行四辺形OACBの面積を求めなさい。

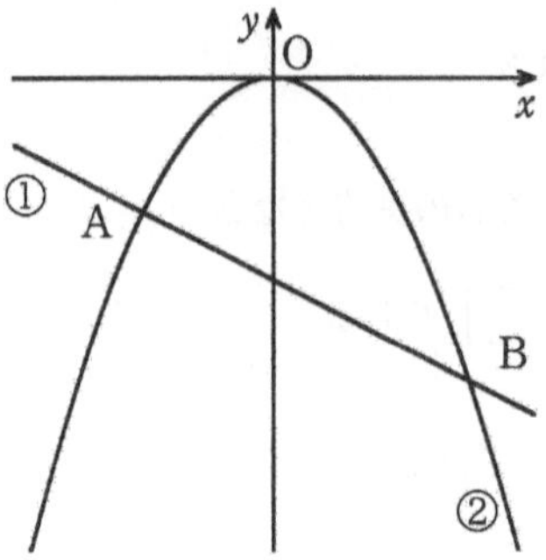

3 右の図のように，平行四辺形ABCDの辺BCの延長線上にBC：CE＝4：3となるように点Eをとり，AEとDB，AEとDCとの交点をそれぞれP，Qとする。

このとき，次の各問いに答えなさい。

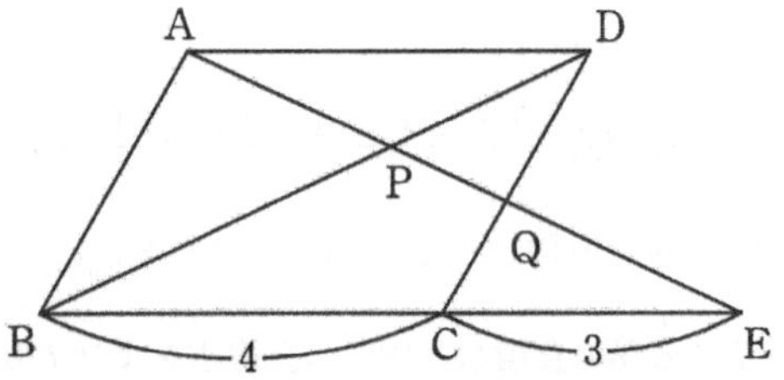

(1) AQ：AEを求めなさい。

(2) AB：DQを求めなさい。

(3) 面積比△ADP：△EBPを求めなさい。

4 数字を書いた5枚のカード，[1]，[2]，[3]，[4]，[5] が袋の中に入っている。このとき，次の各問いに答えなさい。

(1) 袋から2枚のカードを取り出し2桁の整数をつくるとき，3の倍数は全部で何個できるか求めなさい。

(2) 袋から3枚のカードを取り出し3桁の整数をつくるとき，整数は全部で何個できるか求めなさい。

(3) (2)のとき，6の倍数は全部で何個できるか求めなさい。

(4) 袋から4枚のカードを取り出し4桁の整数をつくるとき，4321より大きい整数は全部で何個できるか求めなさい。

【英　語】（45分）　＜満点：50点＞

1　次の(1)～(5)の（　）内に入る語として，最も適切なものをア～エの中から１つ選び，記号で答えなさい。

(1) I know a friend (ア who / イ whose / ウ whom / エ that) mother is a famous singer.

(2) There are two pencils. One is red and (ア other / イ another / ウ the other / エ it) is blue.

(3) Miho makes (ア money as much as / イ as money much as / ウ as much as money / エ as much money as) Kazuma.

(4) I (ア have gone / イ have went / ウ have go / エ have been) to Australia three times.

(5) This is the best way (ア to learn / イ learn / ウ having learned / エ learned) a foreign language.

2　次の(1)～(4)の各組の文がほぼ同じ意味になるように（　）内に適する語を答えなさい。

(1)
He can't play the guitar.
He doesn't know (　　　) to play the guitar.

(2)
This is the most exciting movie I've ever seen.
I've (　　　) seen a (　　　) exciting movie than this.

(3)
This tea is too hot for me to drink.
This tea is (　　　) hot (　　　) I cannot drink it.

(4)
She said to me, "Tell me the answer."
She told (　　　)(　　　) tell her the answer.

3　次の(1)～(6)の各文を日本語の意味にあうように正しい語順に並べ替え，（　）内で２番目と５番目にくる語をそれぞれ記号で答えなさい。ただし，文頭にくる語も小文字で示してある。

(1) 彼女は私に教室に入らないようにと言いました。
She (ア me / イ the classroom / ウ told / エ enter / オ to / カ not).

(2) ボブは私が昨日，何時に下校したのか知っています。
Bob (ア time / イ school / ウ knows / エ left / オ I / カ what) yesterday.

(3) あなたは失敗を恐れてはいけない。
(ア afraid / イ must / ウ be / エ the mistake / オ you / カ of / キ not).

(4) これはミカによって歌われた唯一の歌です。
This (ア that / イ by / ウ was / エ is / オ only / カ sung / キ the / ク song / ケ Mika).

(5) 私のおばがハワイで撮影した写真はとても美しいです。
The pictures (ア are / イ my aunt / ウ in Hawaii / エ very / オ beautiful /

カ that / キ took).

⑹ 私は全ての動物の中でパンダが最も好きです。

(ア like / イ animals / ウ the best / エ I / オ of / カ pandas / キ all).

4 次の英文は，中学生の Mika と Sam との会話である。これを読んで問いに答えなさい。

Mika is talking with Sam in the classroom after school.

Mika : Hi, Sam. Shall we study for the exam?

Sam : Study together? Well...

Mika : ①Which do you like, studying alone or studying with other people?

Sam : (②) I can focus on studying.

Mika : Oh, so you can concentrate better.

Sam : That's right. (③) I like being with other people, but if I study by myself, I can finish more work. How about you, Mika?

Mika : I like to study with others. It's more fun and interesting. (④) And I can ask questions if I need to.

Sam : I see.

Mika : Also, my friends can quiz me. (⑤)

Sam : Ah, that's a good idea.

Mika : (⑥) And by helping each other, you can finish the (⑦) more quickly!

Sam : That sounds great! Let's do it.

［注］ focus on 「集中する」 concentrate 「集中する」 quiz 「質問する」

⑴ 下線部①の日本語訳を書きなさい。

⑵ 文中（②）～（⑥）の５か所のうち３か所には，次の㈠～㈢の各文が入る。会話の内容から考えて，それぞれ最も適切な箇所を１つずつ選び，数字で答えなさい。

(ア) Studying by myself is sometimes boring.

(イ) In fact, I prefer studying by myself.

(ウ) That helps me to remember important information.

⑶ 会話の内容から考えて，文中（⑦）に入る最も適切な一語を，本文中からそのまま抜き出しなさい。

5 次の英文を読んで，⑴～⑷の問いに答えなさい。

If you eat breakfast in the morning, you will have energy and can begin your day comfortably. If you do not eat breakfast and always feel hungry, ①you will not have enough energy to do much. （ア） For example, you may not want to have fun with your friends. It may also be hard for you to concentrate in your first period English class. （イ） Some experts say that students who eat breakfast every morning do better in class than students who do not have breakfast.

It is good for students to think about breakfast, so some schools started to teach about it. Here is one example. In an elementary school in America, fourth year students had a special morning class. They made their own breakfast with their parents and ate together. （ウ） After the class was finished, one student said, "I'm going to have breakfast every morning because I learned the importance of it."

You may be very busy every day. （エ） Some of you may think ②(eat / you / to / time / don't / the / take / to / need) in the morning, but skipping breakfast is not a good idea. （オ） To make your day happy and healthy, it's necessary for you to eat breakfast. Fifteen minutes for breakfast is much better for you than fifteen minutes of extra sleep.

［注］ comfortably 「気持ちよく」 concentrate 「集中する」 expert 「専門家」
skip breakfast 「朝食を抜く」 elementary school 「小学校」 extra 「余分な」

⑴ 下線部①の例としてどのようなことが起こると書かれていますか。日本語で２つ答えなさい。

⑵ 下線部②の意味が通るように，（ ）内を並び替えなさい。

⑶ 本文の内容と合うものを，次の１～４から１つ選び，数字で答えなさい。

１. If you eat a heavy breakfast, you may not be able to begin your day comfortably.
２. To have a healthy life, you should try to eat breakfast every morning.
３. If you are very busy, you don't need to take the time to eat in the morning.
４. Eating breakfast is much more important than having a good sleep at night.

⑷ 次の英文を本文に書き加えることにしました。本文の内容から考えて，最も適切な箇所を文中の（ア）～（オ）から１つ選び，記号で答えなさい。

Before they began cooking, they listened to an expert and learned a way of making a healthy breakfast.

【理　科】（45分）　＜満点：50点＞

1　はるおさんとあきこさんは，生物の体について学習したあとに話をしていた。あとの(1)～(4)の問いに答えなさい。

はるおさん：植物や動物は小さな部屋のようなものが集まってできていて，この１つ１つを①細胞といったよね。生物の中には②多数の細胞からできている生物がいることも学んだよね。
あきこさん：多数の細胞からできている生物に，ライオン，オカダンゴムシやオオカナダモなどがいるよね。
はるおさん：③ライオンといえば肉食動物で，シマウマは草食動物だよね。いろいろな動物の生活に合った体のつくりや食べ物について調べてみるのもおもしろいね。
あきこさん：オオカナダモの細胞にある葉緑体は動くって聞いたことがあるけれど本当かな？
はるおさん：そうだよ。④生きているオオカナダモの細胞を観察すると，動いている葉緑体を見ることができるよ。

(1)　下線部①について，図１は，植物細胞の模式図である。図１のａ～ｄの名称を漢字で答えなさい。また，それぞれの働きをア～オから１つずつ選び，記号で答えなさい。

［働き］
ア　細胞を保護し，植物の体の形を保つのに役立っている。
イ　タンパク質をつくる。
ウ　染色液によく染まり，１つの細胞につき１つある。
エ　細胞の内外の仕切りとなっている。
オ　光合成が行われる。

図１
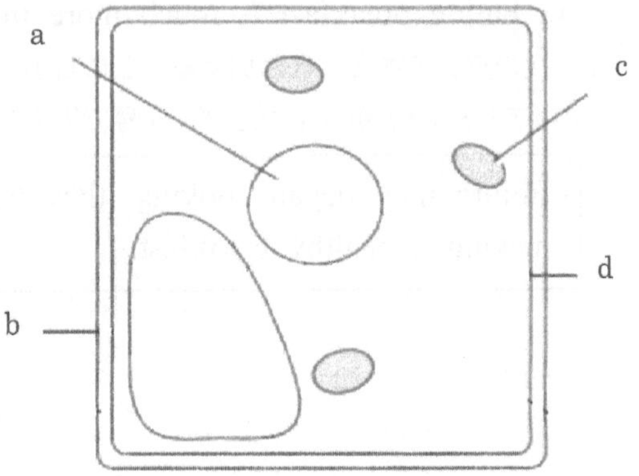

(2)　下線部②の生物を何というか漢字で答えなさい。また，その生物例として適当《てきとう》なものをア～オからすべて選び，記号で答えなさい。

ア　ゾウリムシ　　イ　ミジンコ　　ウ　ミカヅキモ　　エ　ミドリムシ　　オ　ツバキ

(3)　下線部③について，ライオンの目は正面についておりシマウマの目は横向きについている。シマウマと比べてライオンの目のつき方はどのような点で適しているか簡潔《かんけつ》に答えなさい。

(4)　下線部④について，葉緑体がどのくらいの速さで動くかを観察した。図２は，観察開始０秒後の矢印Ａで示した葉緑体の位置を，示している。また，図３は，図２の矢印Ａで示した葉緑体が観察開始15秒後の位置を示している。矢印Ａで示した葉緑体は何mm / 時の速さで動くか答えなさい。ただし，図２，図３に示した目盛りの１目盛りは0.005mmとする。

（図２，図３は次のページにあります。）

図２　　　　０秒後

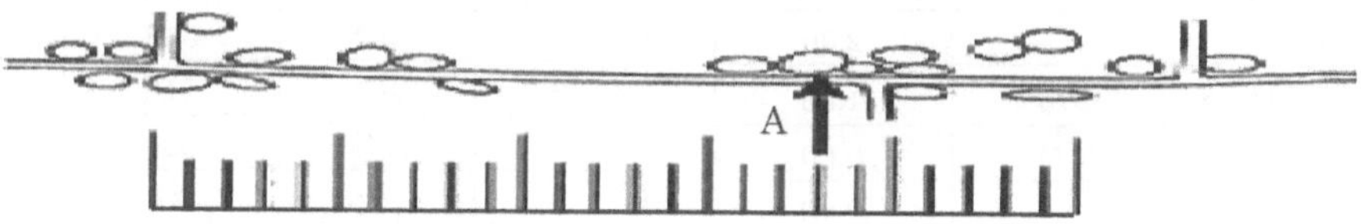

図３　　　　15秒後

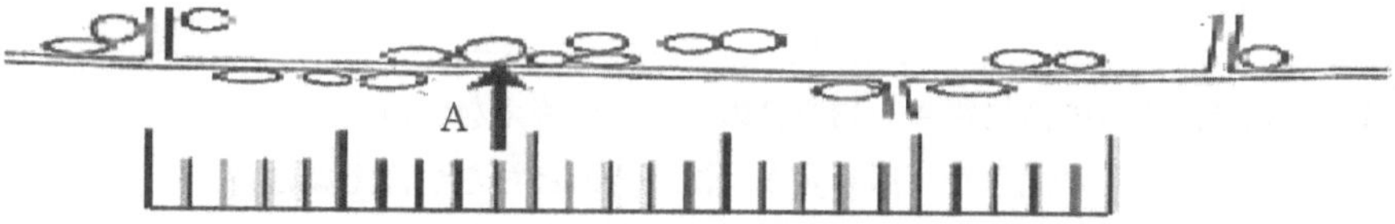

2　図のように装置を組み立て，炭酸水素ナトリウムを加熱する実験をおこなった。試験管Ａの口付近には液体がつき，試験管Ｂには気体が出てきた。あとの⑴～⑹の問いに答えなさい。

図

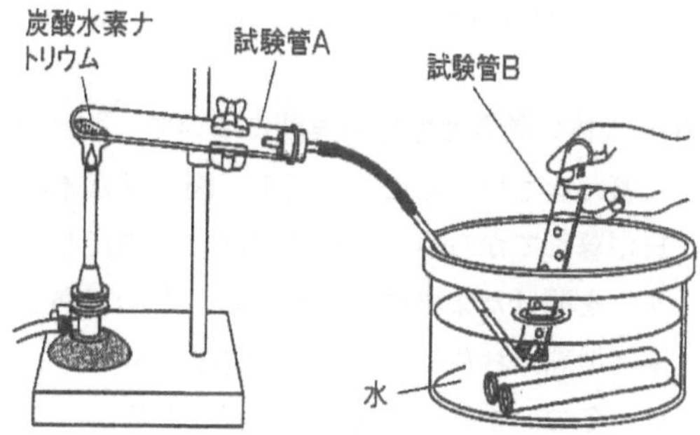

⑴　図のように試験管Ａの口を下げて組み立てるのはなぜか簡潔《かんけつ》に答えなさい。

⑵　発生した気体が何かを調べる方法を簡潔に答えなさい。

⑶　試験管Ａの口付近についた液体を調べるために青色の塩化コバルト紙を使用した。塩化コバルト紙は何色に変化するか。ア～エから１つ選び，記号で答えなさい。

ア　赤色　　イ　青色　　ウ　黄色　　エ　緑色

⑷　加熱後に残った白い固体を水にとかし，フェノールフタレイン液を数滴《てき》加えた。このときの色は何色になるか。ア～エから１つ選び，記号で答えなさい。

ア　赤色　　イ　青色　　ウ　黄色　　エ　緑色

⑸　この実験でおきた化学変化を何というか漢字で答えなさい。

⑹　この実験でおきた化学変化を化学反応式で答えなさい。

3　さまざまな物質Ａ～物質Ｈを調べるために体積と質量を測定したあと，〔実験１〕～〔実験４〕を行った。表１は物質の密度を表したものである。ただし，数値はすべて20℃における値である。表２は物質Ａ～物質Ｈの体積と質量を測定した結果である。また，表１の物質は表２の物質Ａ～物質Ｈのどれかである。あとの⑴～⑹の問いに答えなさい。　（表１，表２は次のページにあります。）

〔実験１〕　物質Ａと物質Ｂを同じ体積100㎤に削《けず》り，重さを比《くら》べた。

〔実験２〕　物質Ｄを物質Ｃに入れ，浮くか沈《しず》むか観察した。

〔実験３〕　物質Ｆに電気回路を接続し，電流が流れるか観察した。

〔実験４〕　物質Ｇを加熱して，液体をすべて蒸発《じょうはつ》させたら固体が残るか残らないかを観察した。

表1

物質名	密度〔g/cm^3〕
アルミニウム	2.70
ポリエチレンテレフタラート(PET)	1.38
ポリプロピレン	0.90
ヒノキ（木材）	0.49
20%食塩水	1.15
水	1.00
なたね油	0.91
エタノール	0.79

表2

物質	状態	体積〔cm^3〕	質量〔g〕
A	固体	516	1400
B	固体	216	105
C	液体	600	480
D	固体	27	37
E	液体	1000	1000
F	固体	64	57
G	液体	500	580
H	液体	300	273

⑴ 実験１の結果，重いのは物質Ａ・物質Ｂのどちらか答えなさい。

⑵ 実験２の結果，浮くか沈むか「浮く」か「沈む」のどちらか答えなさい。

⑶ 実験３の結果，電流が流れるか「流れる」か「流れない」のどちらか答えなさい。

⑷ 実験４の結果，固体は残るか残らないか「残る」か「残らない」のどちらか答えなさい。

⑸ 表１中の20%食塩水において，この食塩水200cm^3中に何ｇの食塩があるか答えなさい。

⑹ 物質Ｈは何か答えなさい。

4　天体の動きと地球の運動について，あとの⑴～⑹の問いに答えなさい。ただし，図１，図２は日本のある場所で，日が暮《く》れてからカメラを空に向けて固定し，長時間シャッターを開けたままにして撮影《さつえい》したものである。図３は，太陽と地球，おもな星座の位置関係を表し，ａ～ｄは春，夏，秋，冬のいずれかの地球の位置である。

図１

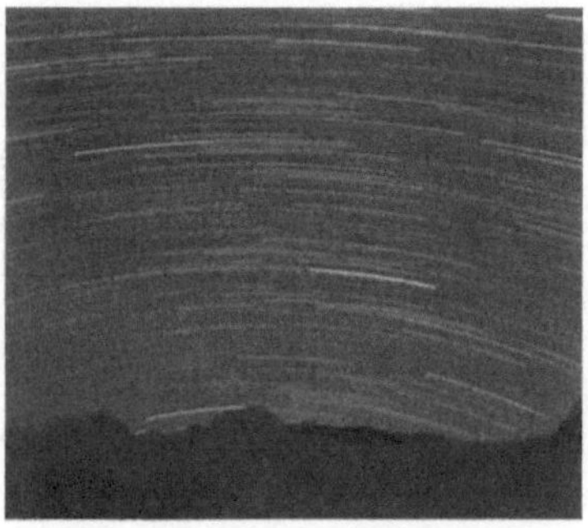

図２

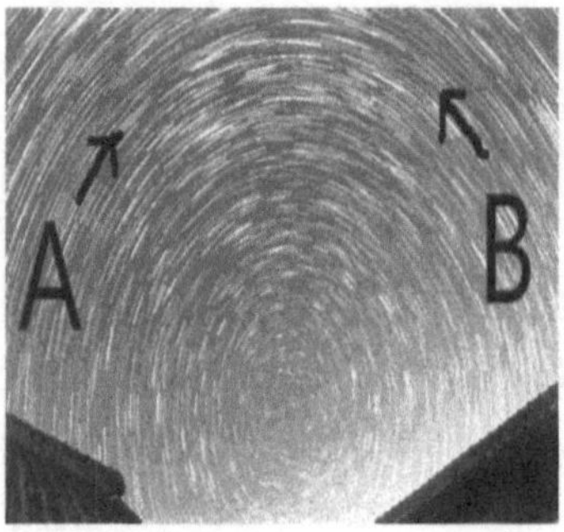

図３

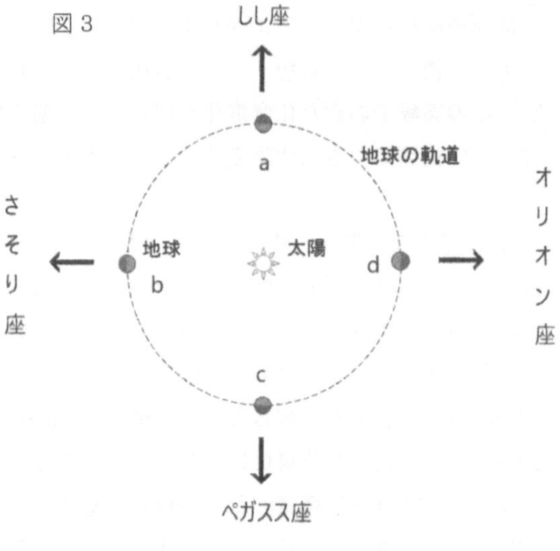

⑴　図１と図２の空の方位をア～エから１つずつ選び，それぞれ記号で答えなさい。

ア　東　　イ　西　　ウ　南　　エ　北

⑵　図２は北極星を中心に星はＡ，Ｂのどの方向に動くかＡ，Ｂのどちらか答えなさい。

⑶　日本で星の動きを観察すると，星は北極星を中心に回転しているように見え，北極星だけが動かないように見えるのはなぜか「北極星が地球の地軸」という書き出しで簡潔に答えなさい。

⑷　真夜中に南の空にオリオン座が見えるのは図３のａ～ｄのどの位置か答えなさい。

⑸　地球が図３のａからｂの位置に動いたとき，日本における太陽の南中高度と日の出の位置はどのように変化するか。次の文の（①）（②）に適する語を答えなさい。

南中高度は（　①　）くなり，日の出の位置は（　②　）よりになる。

⑹　午前５時に明け方の南の空にオリオン座を観察した。観察した日から１か月後に，同じ場所で観察できるのは午前または午後何時ごろか答えなさい。

5　複数の抵抗器と電流計を組み合わせて，次のような回路１と回路２を作った。あとの⑴～⑸の問いに答えなさい。ただし，はじめスイッチS_1，スイッチS_2，スイッチS_3はすべて開いているものとする。

回路１

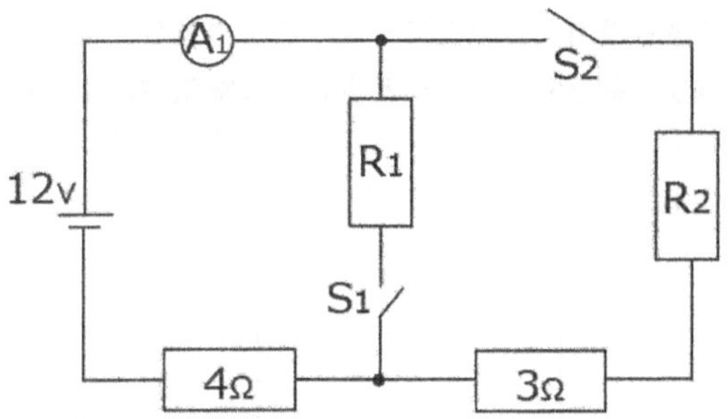

回路２

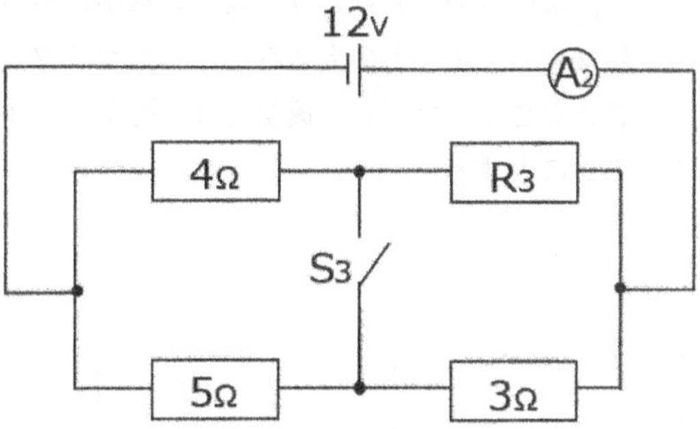

⑴　回路１において，スイッチS_1だけ閉じたところ，電流計A_1は1.5Aを示した。抵抗R_1の値は何Ωか答えなさい。

⑵　回路１において，スイッチS_1を開けスイッチS_2だけを閉じたところ，電流計A_1は1.2Aを示した。抵抗R_2の値は何Ωか答えなさい。

⑶　回路１において，スイッチS_1とS_2をともに閉じた。電流計A_1は何Ａか答えなさい。小数第３位まで求めなさい。

⑷　回路２において，スイッチS_3が開いているとき，電流計A_2は３Ａを示した。抵抗R_3の値は何Ωか答えなさい。

⑸　回路２において，スイッチS_3を閉じたとき，電流計A_2は何Ａか，小数第１位を四捨五入して整数で答えなさい。

6　次のページの図１～図３の滑車《かっしゃ》についてあとの⑴～⑶の問いに答えなさい。ただし，物体は20kgの円柱のおもりであり，滑車や糸の重さ，摩擦《まさつ》は考えないものとする。また，100ｇの物体にはたらく重力の大きさを１Ｎとする。

図1

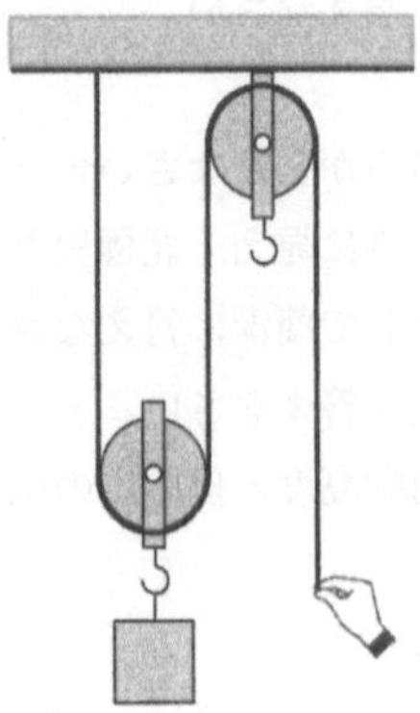

図2

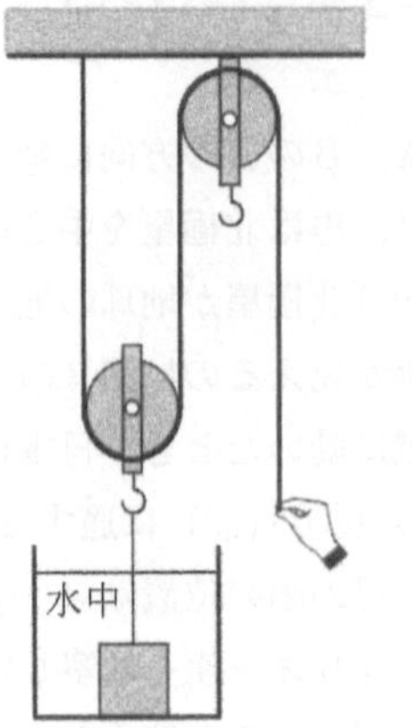

図3

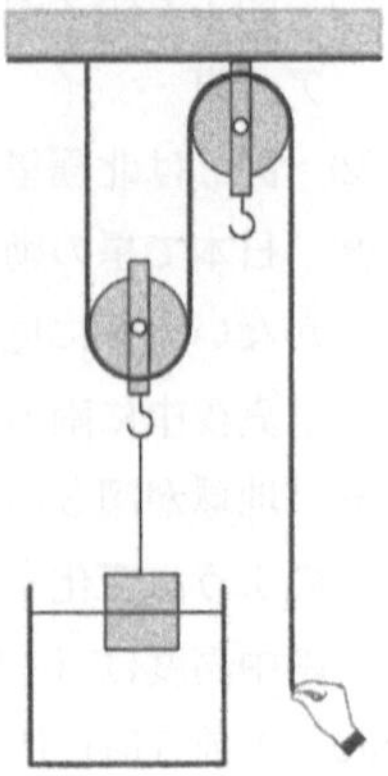

⑴　図1のように，滑車を使って物体をゆっくりと2m引き上げた。

①　物体を2m引き上げるためには，糸を何m引かなければならないか答えなさい。

②　この物体を引き上げるときの，糸を引く力の大きさは何Nか答えなさい。

③　この物体を2m引き上げたときの仕事の大きさは何Jか答えなさい。

⑵　図2のように物体を水中に沈《しず》めた状態から，ゆっくりと引き上げていく。物体には浮力が働くが，この浮力の大きさは，物体の水中に浸《つ》かっている体積に比例する。横軸に糸を引いた長さ，縦軸に糸を引く力の大きさをとったグラフとして最も適当なものをア～オから1つ選び，記号で答えなさい。ただし，最初物体は完全に水中にあり，糸を引いていくと少しずつ空気中に出てくるものとする。

ア

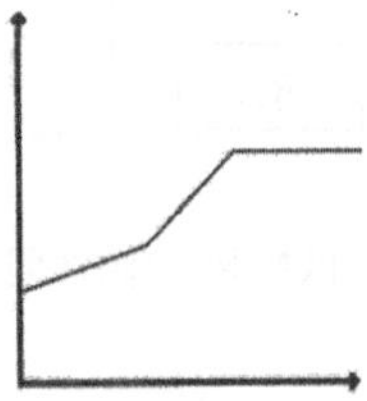

イ

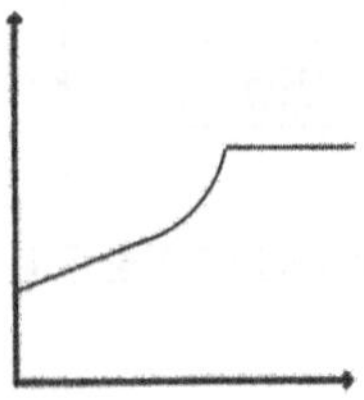

ウ

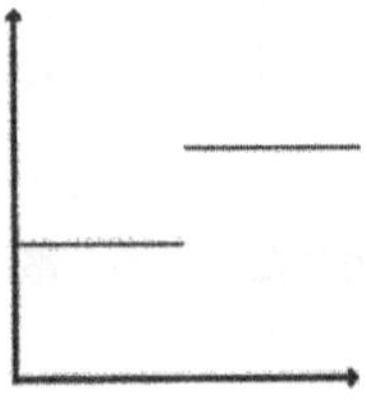

エ

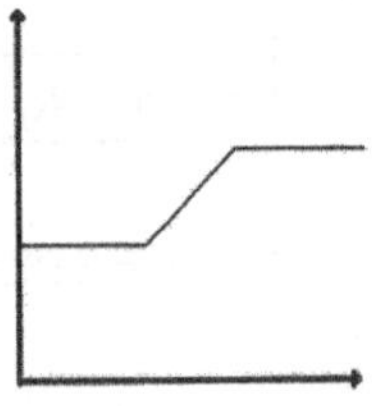

オ

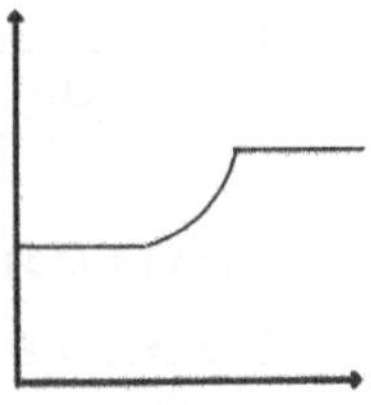

⑶　図3の状態（物体の半分が水中に浸かっている）で物体を静止させるには，糸を引く力の大きさが80Nであった。物体が完全に水に浸かっている状態で，物体にはたらく浮力の大きさは何Nか答えなさい。

【社　会】（45分）　　＜満点：50点＞

1　次のＡ～Ｃの文章は日本の３つの地方について簡単にまとめたものである。あとの(1)～(6)の各問いに答えなさい。

Ａ　瀬戸内地方は，中国・四国地方の中でも(a)人口が30万人を超える都市の多くが集まっている地域です。また尾道や鞆の浦は海上交易の盛んな瀬戸内海の歴史を今に伝える港町として知られます。下関は関門海峡を挟んで九州地方と対しており，対岸の北九州との交流も盛んです。海上交通の便が良い瀬戸内海沿岸には，1960年代に広大な工業用地が整備され，(b)様々な工業が発展しました。

Ｂ　九州地方は，日本列島の南西に位置する地域です。九州のほぼ中心には大きなくぼ地が見られます。これは(c)阿蘇山の噴火で火山灰や溶岩が噴きだした跡がくぼんで出来たものです。九州地方の気候は(d)冬でも比較的温暖で，特に南に位置する南西諸島は九州地方の中でも平均気温が高い地域で亜熱帯とも言われます。海水が暖かく綺麗なこの地域にはサンゴ礁が発達し，自然条件を生かしたリゾートが各地にみられます。

Ｃ　関東地方は，本州のほぼ中央に広がり，(e)１都６県から成り立っています。関東地方の約半分を関東平野が占めており，その周辺の北部には越後山脈や阿武隈高地が，西部には関東山地が連なっています。平野の面積が広い関東地方は日本の総人口の約３分の１が生活している，人口が最も多い地方です。特に人口が多い都市圏には(f)日本の中枢機能が集中し，特に第３次産業が発達しています。

(1)　下線部(a)に関して，人口が30万人を超える瀬戸内海沿岸の都市として正しいものを**ア**～**エ**より一つ選び，記号で答えなさい。

ア　東広島市　　**イ**　倉敷市　　**ウ**　高知市　　**エ**　新居浜市

(2)　下線部(b)に関して，次の図１・２は1960年と2012年の瀬戸内海工業地帯における工業生産割合である。Ｂにあてはまる工業品目として正しいものを**ア**～**エ**より一つ選び，記号で答えなさい。

ア　機械　　**イ**　金属　　**ウ**　化学　　**エ**　食料品

図１

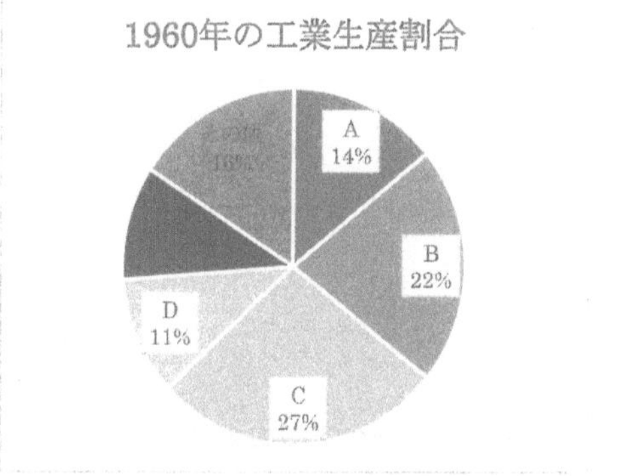

図２

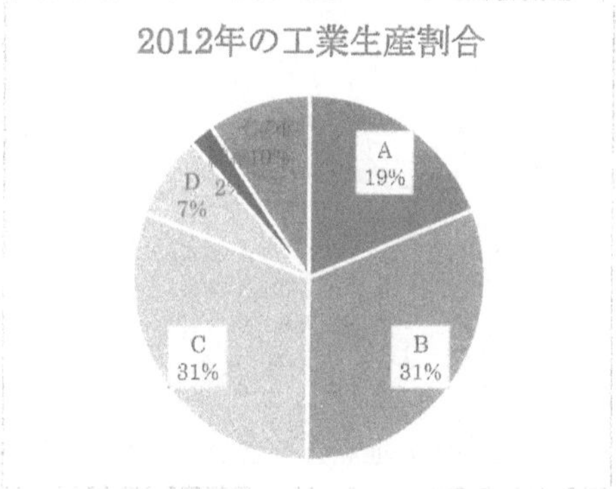

(3)　下線部(c)に関して，このような地形を何というか，答えなさい。

(4)　下線部(d)に関して，九州地方が冬でも比較的温暖な理由として正しいものを次のページの**ア**～**エ**より一つ選び，記号で答えなさい。

ア　赤道付近に位置しているため。

イ　東シナ海から暖かい南東貿易風が吹くため。

ウ　黒潮と対馬海流という二つの暖流が九州付近を流れているため。

エ　この地域は冬の降水量が極端に多く，雨季となるため。

(5)　下線部(e)に関して，東京オリンピック（2021年）開催時の東京都知事は誰か，フルネーム（漢字）で答えなさい。

(6)　下線部(f)に関して，都市の機能について述べた文章としてあやまっているものを**ア**～**エ**より一つ選び，記号で答えなさい。

ア　首都である東京には国会議事堂など日本を動かす中枢機能が集中し，それに伴って様々な企業の本社が集中している。

イ　首都圏には数多くの外国企業の事務所が置かれ，外国の大使館の数も集中している。

ウ　2021年の夏季オリンピック・パラリンピックの開催地に選ばれた理由は治安の良さや，都市機能の高さが挙げられ，競技場間を結ぶ公共交通機関が充実している点が評価された。

エ　1960年代以降，都心部を結ぶ地下鉄と郊外に延びる電車とがたがいに乗り入れ，直接運転するようになった結果，通勤・通学圏がますます拡大していき，郊外の多くの都市では夜間人口よりも昼間人口が多くなっていった。

2　次の世界地図を見て，あとの(1)～(6)の各問いに答えなさい。

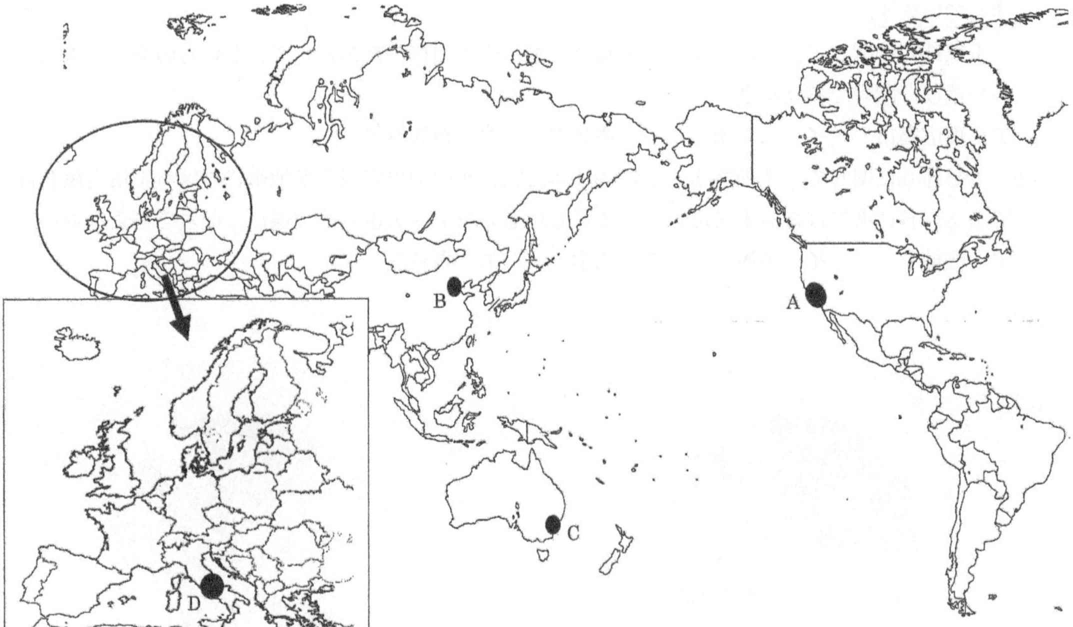

(1)　地図中の地点Aを含むこの地域の特徴として正しいものをあとの**ア**～**エ**より一つ選び，記号で答えなさい。

ア　この地域の中心都市であるニューヨークは人口密度が非常に高く，工業の発展が著しい。

イ　この地域は資源に恵まれ，炭田で有名な地域でもある。

ウ　この地域は寒冷な気候でフロストベルトと呼ばれ，自動車産業が発達している。

エ　この地域は道路が発達しているが，交通量が多く，渋滞することが多々ある。

⑵　地図中の地点Bを含むこの地域の特徴として正しいものを**ア**～**エ**より一つ選び，記号で答えなさい。

ア　この地域に流れる長江付近では，稲作や茶の栽培が盛んに行われている。

イ　この地域は外国企業を受け入れるために設置しか経済特区と呼ばれる地域である。

ウ　この地域には首都で，世界経済の中心的都市である北京がある。

エ　この地域では1970年代から一人っ子政策が行われており，現在でもこの政策は継続中である。

⑶　地図中の地点Cを含むこの地域の特徴としてあやまっているものを**ア**～**エ**より一つ選び，記号で答えなさい。

ア　この地域は，年間降水量が250㎜未満の乾燥地帯である。

イ　この地域の先住民をアボリジニという。

ウ　この地域は石炭を中心に大規模で品質の良い鉱山資源を採掘することが出来るため，鉱業が重要な輸出産業となっている。

エ　この地域は羊や牛の飼育が盛んで，小麦などの栽培と牧畜を組み合わせた農業が主に行われている。

⑷　地図中の地点Dを含むこの地域の宗教（信者）として最も多いものを**ア**～**エ**より一つ選び，記号で答えなさい。

ア　イスラム教　　**イ**　カトリック　　**ウ**　プロテスタント　　**エ**　正教会

⑸　以下の雨温図①・②は地図中のA～Dのどの地点のものか，それぞれ記号で答えなさい。

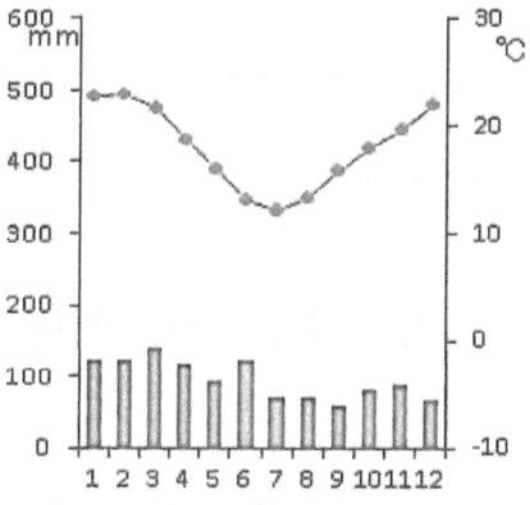

①

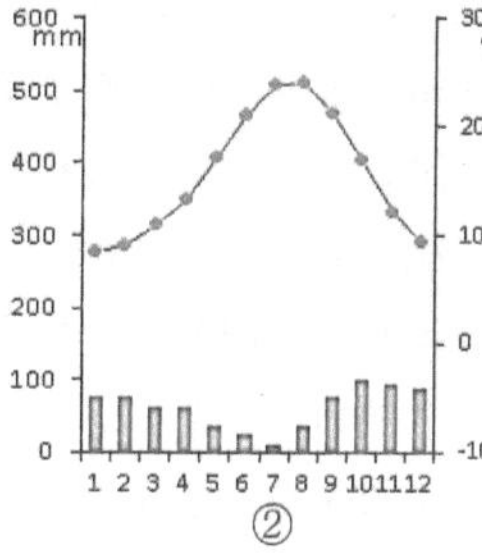

②

⑹　地点A（西経120度地点）が2021年1月20日8時の時，地点D（東経15度）の日時を24時間表記で答えなさい。

3　次の文章を読み，あとの⑴～⑺の各問いに答えなさい。

明治政府は欧米諸国が東アジアに勢力を伸ばしつつあることに危機感を強め，西洋の列強に対抗できる国家の建設を目指しました。(a)国力の充実や近代化のための改革は広い範囲に及びました。政府は近代化の基礎は教育による国民意識の向上にあると考え，1872年に(b)学制を公布しました。これにより男子の就学率は50%を超えましたが，女子はその半分以下にとどまりました。また政府は西洋式で強力な全国統一の軍隊を作るため，1873年に(c)徴兵令を発布しました。しかし，この改革は士族の特権を奪うものとして彼らの反発を招いたほか，国民に新たな負担を強いることにもなったため，徴兵に反対する動きが各地で起こりました。こうした改革を実施するには安定した財源の確保が不可欠で，当初，政府の収入の大部分は農民が米で納める(d)租税で，従来の年貢を引き継いだものでしたが，米価の変動などで収入は不安定でした。そこで政府は土地の売買を認めた上で，土地の地価を定め，土地の所有者に地券を発行しました。そして1873年に地租改正条例を公布しました。この改革を(e)地租改正といいます。これにより，国民の土地所有権が確立するとともに政府の財源は収穫量や米価に左右されない安定したものになりました。しかし人々にとって租税の負担は依然とあまり変わませんでした。そのため，地租改正に反対する一揆が各地で起こり，(f)1877年，政府は地租を引き下げることにしました。

⑴　下線部(a)に関して，この時期の改革のスローガンとして正しいものを**ア**～**エ**より一つ選び，記号で答えなさい。

ア　扶清滅洋　　**イ**　富国強兵　　**ウ**　三民主義　　**エ**　臥薪嘗胆

⑵　下線部(b)に関して，学制の説明文として正しいものを**ア**～**エ**より一つ選び，記号で答えなさい。

ア　６歳以上の男子のみ小学校に通うように定めた。

イ　学制公布後，わずか数年で，全国で２万校以上の小学校が設立された。

ウ　学制は前年に公布された教育勅語を基に制定された。

エ　学制公布後，従来の教育機関であった寺子屋は完全に廃止され，すべて閉校することとなった。

⑶　下線部(c)に関して，徴兵令の説明文として正しいものを**ア**～**エ**より一つ選び，記号で答えなさい。

ア　満25歳以上の男子に徴兵が義務付けられた。

イ　平民のみが徴兵を義務付けられた。

ウ　家長や長男は兵役を免除された。

エ　徴兵令発布により，戊辰戦争で明治政府は勝利を収めることができた。

⑷　下線部(d)に関して，今までの日本の税制に関する説明文としてあやまっているものを**ア**～**エ**より一つ選び，記号で答えなさい。

ア　大化の改新後，班田収授法により６歳以上の男子に口分田が与えられ，収穫された米の一部を租税として納めさせた。

イ　政府は墾田永年私財法を出し，土地の私有化を認めることで租税を徴収しようと試みた。

ウ　10世紀になると政府は，班田収授の制度をやめて，有力な農民に土地を割り当て，税を納めさせることにした。

エ　江戸時代，幕府や藩は有力な本百姓を村役人とし，年貢の納入や村の運営に当たらせていた。

⑸　下線部(e)に関して，地租改正の説明文として正しいものを**ア**～**エ**より一つ選び，記号で答えなさい。

ア　土地所有者に現金で税を納めさせた。

イ　地価を５％に定めて税を納めさせた。

ウ　士族は納税が免除された。

エ　原則，30歳以上の男女に納税義務が課せられた。

⑹　下線部(f)に関して，地租を引き下げることとなった背景に関する以下の文章を読み，空欄に当てはまる語句を答えなさい。

1877年に勃発した［　　　　］戦争の影響で，政府は地租改正一揆に対応する余裕がなく，国民の減税要求をのむこととなった。

(7)　日本の明治時代初期と同時期に起きた世界の出来事として正しいものを**ア**～**エ**より一つ選び，記号で答えなさい。

ア　イギリスが清と戦争を始め，この戦争に敗れた清はイギリスに対して不平等な内容の条約を結ばされた。

イ　13植民地はワシントンを総司令官として独立戦争を起こし，アメリカ独立宣言を発表した。

ウ　国王と貴族中心の政治が続いていたフランスで革命が勃発し，人権宣言が発表された。

エ　プロイセン王国がビスマルク首相のもとに諸国をまとめ，ドイツ帝国を建国した。

4　次のA～Dの史料について，(1)～(6)の各問いに答えなさい。

A

B

C

D

(1)　A～Dの史料を時代の古い順番に並び替えたとき，３番目に来るのはどれか，記号で答えなさい。

(2)　Aの史料に関して，これは当時イギリスの植民地だった場所で，市民が東インド会社の船を襲い，積み荷の紅茶を海に投げ捨てている様子を描いている。①この事件を何というか，その名称を答えなさい。②この事件が起きた場所を次のページの地図中の**ア**～**エ**より一つ選び，記号で答えなさい。

⑶　Bの史料に関して述べた文章として正しいものを**ア**～**エ**より一つ選び，記号で答えなさい。

ア　1853年，長崎沖にアメリカ船が来航し開国を迫った。

イ　幕府はオランダ商館からアメリカ船が日本に来航するという情報を事前に聞いていた。

ウ　この時，幕府はアメリカ軍艦の威力に押されて国書を受け取り，通商を許可した。

エ　東インド艦隊司令長官のペリーは1854年に日本と日米和親条約を結び，長崎と函館の２港を開港させた。

⑷　Cの史料に関して，立志社を設立し，民撰議院設立建白書を政府に提出した自由民権運動の主導者は誰か，漢字で答えなさい。

⑸　Dの史料に関して，この史料は元軍の襲来の様子を描いている。２回に及んだ元軍との戦いの名称の組み合わせとして，正しいものを**ア**～**エ**より一つ選び，記号で答えなさい。

ア　１回目：文禄の役　　２回目：慶長の役　　**イ**　１回目：慶長の役　　２回目：文禄の役

ウ　１回目：文永の役　　２回目：弘安の役　　**エ**　１回目：弘安の役　　２回目：文永の役

⑹『代表なくして課税なし』の言葉と最も関連が深い史料をA～Dより一つ選び，記号で答えなさい。

5　A～Cの班が「基本的人権」について調べ学習をし，次のようにまとめた。あとの⑴～⑺の各問いに答えなさい。

A班 （社会権）	失業や貧困の問題に対して，国家は人間らしい生活を保障しなければならないという考え方が生まれました。この権利を社会権といい，様々な権利が日本国憲法で保障されている。社会権について基本的な考え方を表しているのが，(a)生存権です。憲法はすべての国民に『［　X　］で［　Y　］な［　Z　］の生活を営む権利』を保障しています。政府はこれを実現するために生活保護・健康保険法・国民年金法など様々な法律に基づいた制度を用意しています。
B班 （平等権）	人間の間に存在する偏見や思い込みに基づく差別はなかなかなくなりません。(b)出身地や民族など自分では変更することができない事柄を理由とする差別もあり，重大な人権の侵害となります。また第二次世界大戦前の日本では，女性は選挙に参加できず，教育を受ける機会も制約されるなど，性別に基づく法的差別を受けていました。そこで日本国憲法は法の下の平等だけでなく，(c)両性の本質的平等を規定しました。これを受けて民法や刑法が改正され，法的な差別は大幅に解消されました。

C班 （自由権）	日本国憲法は，憲法が保障する基本的人権を「人類の多年にわたる自由獲得の努力の成果」だと記しています。最初から自由があったわけではなく，不自由だと考えた人々が，自由を獲得するために努力する中で，国家が人々の活動に不当な介入をしてはならない権利として自由権が獲得されてきた。自由権は主に(d)精神活動の自由・(e)身体の自由・経済活動の自由が挙げられます。

⑴　空欄X～Zにあてはまる語句の組み合わせとして正しいものを，**ア**～**エ**より一つ選び，記号で答えなさい。

ア　X－健康　　Y－文化的　　Z－最低限度
イ　X－健康　　Y－快楽的　　Z－最低水準
ウ　X－元気　　Y－文化的　　Z－最低水準
エ　X－元気　　Y－文化的　　Z－最低限度

⑵　下線部(a)に関して，生存権は日本国憲法第何条に規定されているか，数字で答えなさい。

⑶　下線部(b)に関して，アイヌを民族として初めて法的に位置づけ，アイヌの人々の民族としての誇りが尊重される社会の実現を目的に1997年に定められた法律を何というか，答えなさい。

⑷　下線部(c)に関して，雇用の場面における男女差別を禁止した法律は何というか，答えなさい。

⑸　下線部(d)に関して，精神活動の自由について述べた文としてあやまっているものを，**ア**～**エ**より一つ選び，記号で答えなさい。

ア　表現の自由はわたしたちが民主的な政治活動に参加するための重要な権利であり，国の検閲は許されない。

イ　意見や情報の交換を促進するために，集会の自由や団体を結成する結社の自由が認められている。

ウ　電話などでの情報のやり取りについて，いかなる場合であっても，通信記録の傍受は許されない。

エ　民主主義の国家として，政治と宗教が分離されるべきという政教分離の原則が日本では確立している。

⑹　下線部(e)に関して，身体の自由について述べた文としてあやまっているものを，**ア**～**エ**より一つ選び，記号で答えなさい。

ア　法律で定める手続きによらなければ，人は刑罰を受けることはない。

イ　警察によって逮捕される場合は，現行犯を除いては裁判所が出す令状が必要となる。

ウ　取り調べや法廷での不利益な供述を強制されないよう黙秘権を認めている。

エ　不当な取り調べが長引いて，自由の制限が問題視され，いまだに冤罪がなくならないのは取り調べの可視化が進んでいないからである。

⑺　以下の出来事は上のA班～C班のどのテーマと最も関連が深いか，A～Cの記号で答えなさい。

1950年～60年代に重い結核で入院していた朝日茂さんは，国の提供する生活保護では十分な生活ができないとし，国を相手に裁判を起こした。結果的にこの訴えは認められませんでしたが，この裁判をきっかけに権利保障の考え方が広がっていった。

6　次の文章を読んで，あとの(1)～(4)の各問いに答えなさい。

私たち国民には，様々な政治参加の手段があります。ボランティアや住民運動，またデモ活動に加わったりすることも政治参加です。その中でも(a)選挙で投票して自分たちの代表である議員を選ぶことは，現在，民主主義を採用する国ではもっとも一般的な政治の在り方です。国民は，自分の意見に近いと思う政治家や政党（候補者名簿）に投票します。当選した議員が議会で話し合い，政治の決定をすることで，国民は代表者を通じて，自分の意思を表明したことになります。また国民は自分の代表者による決定を評価することで次の選挙での支持を強めたり，支持をやめたりすることができます。そうすることで国民は常に政治に影響力を行使することができるのです。選挙制度は国民の意思を政治に適切に反映させるための重要なしくみであり，制度の違いは人々の投票行動や，政党の在り方にも影響を与えます。(b)現在，多くの国で小選挙区制と比例代表制がとられています。現在の日本の衆議院の選挙制度は［　X　］で，参議院の選挙制度は［　Y　］となっています。また2016年にも公職選挙法が改正され，18歳選挙権が実現しました。選挙権年齢を引き下げることは1945年以来の選挙制度の大きな改正となります。(c)しかし18歳選挙が実現したにも関わらず，若い世代の投票率はけっして高くありません。

(1)　下線部(a)に関して，選挙が民主的であるためには様々な条件のもとで実施される必要がある。選挙を行う上で必要な条件としてあやまっているものを**ア**～**エ**より一つ選び，記号で答えなさい。

ア　財産や年齢による制限がなく，選挙が認められること。

イ　公平に一人一票であること。

ウ　投票の秘密が守られること。

エ　候補者に直接投票できること。

(2)　下線部(b)に関して，比例代表選挙で以下の結果となった。①７名の当選者を決める時，C党が獲得できる議席数を答えなさい。②この時用いられる比例代表選挙での選出方法を何というか，答えなさい。

A党	B党	C党	D党
1200票	1500票	4200票	2700票

(3)　下線部(c)に関して，以下のグラフは衆議院議員選挙の年齢別投票率の推移を示したものである。このグラフから読み取れることとしてあやまっているものを次のページの**ア**～**エ**より一つ選び，記号で答えなさい。

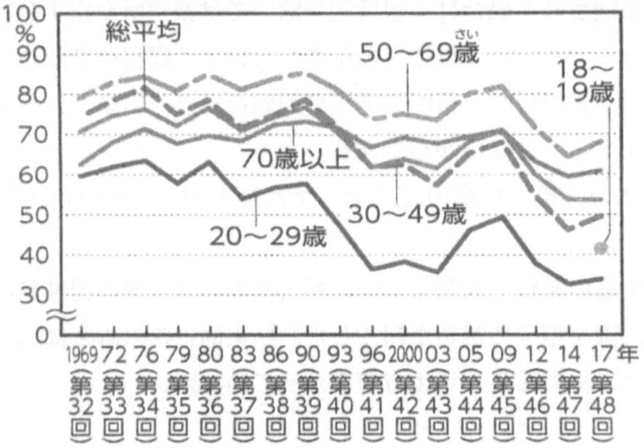

ア　毎回の選挙で最も投票率が高いのが50歳～69歳の年齢層である。

イ　毎回の選挙で最も投票率が低いのが20～29歳の年齢層である。

ウ　第41回衆議院議員総選挙以降，30～49歳の年齢層よりも70歳以上の投票率が毎回上回っている。

エ　投票率の総平均が60％を下回ったことは一度もない。

⑷　［X］と［Y］に入る言葉の組み合わせとして正しいものを**ア～エ**より一つ選び，記号で答えなさい。

ア　X－小選挙区（289議席）と比例代表（176議席）を組み合わせたもの
　Y－全国を一つの単位とする比例代表選挙（100議席）と都道府県を単位とする選挙区選挙（148議席）

イ　X－小選挙区（289議席）と比例代表（176議席）を組み合わせたもの
　Y－都道府県を一つの単位とする比例代表（100議席）と全国を一つの単位とする選挙区選挙（148議席）

ウ　X－大選挙区（176議席）と比例代表（289議席）を組み合わせたもの
　Y－全国を一つの単位とする比例代表選挙（100議席）と都道府県を単位とする選挙区選挙（148議席）

エ　X－大選挙区（176議席）と比例代表（289議席）を組み合わせたもの
　Y－都道府県を一つの単位とする比例代表（100議席）と全国を一つの単位とする選挙区選挙（148議席）

るが、これに対する子路自身の答えを本文中から一単語で抜き出しなさい。

問九　傍線部⑥「矢も盾もたまらない」の意味として最も適切なものを次のア～エの中から一つ選び、記号で答えなさい。

ア　恥をかくのをおそれない様子
イ　人の言葉が耳に入らない様子
ウ　心から反省し後悔する様子
エ　気持ちをおさえられない様子

問十　傍線部⑦「子路は、喪心したようになって」とあるが、その理由として最も適切なものを次のア～エの中から一つ選び、記号で答えなさい。

ア　孔子が喜んでくれると思ったのに、逆にとがめられたから。
イ　自分の道理が表面的であることを、孔子に見抜かれたから。
ウ　善行のつもりでしたことが、孔子に悪行だと言われたから。
エ　孔子の道理があまりにもりっぱで、劣等感をおぼえたから。

三　次の問一～問六に答えなさい。

問一　次の傍線部を、（　）内の指示に適した敬語に直しなさい。

①ご注文は何にしますか。（尊敬語）
②明日、そちらへ行きます。（謙譲語）
③このクッキー、食べてもいいですか。（謙譲語）

問二　次の①～⑥の熟語の対義語として最も適切なものをあとのア～コの中からそれぞれ一つずつ選び、記号で答えなさい。

①自然　②生産　③保守　④単純　⑤利益　⑥寒冷

ア　維持　イ　革新　ウ　天然　エ　温暖　オ　消費
カ　純粋　キ　人工　ク　複雑　ケ　損失　コ　単調

問三　次の①～⑤の文の傍線部を文の成分で示したとき、その名称として最も適切なものをあとのア～オの中からそれぞれ一つずつ選び、記号で答えなさい。

①まだ、計画書さえできていません。
②おそらく今日の夕食は焼肉だろう。
③そもそも宇宙人はいるのだろうか。
④急がないと、学校に間に合わないよ。
⑤気温が下がり、雨が降ってきた。

ア　主語　イ　述語　ウ　修飾語　エ　接続語　オ　独立語

問四　次の①～③の文の文節の数と単語の数を、それぞれ算用数字で答えなさい。

①宿題が終わったのは昨日のことだ。
②それは嘘の発言のように聞こえる。
③一緒に遊びに行きましょう。

問五　次の文を現代仮名遣いに直し、すべてひらがなで書きなさい。

万《よろづ》の事《こと》も、始《はじ》め終《おは》りこそをかしけれ。

問六　次の白文を、「故きを温ねて新しきを知れば」となるように訓点をつけなさい。

温　故　而　知　新

い。[C]、真に道を行わんとする人であるか、表面だけを飾っている人であるかは、それだけでは判断がつかないからじゃ。われわれは、正面から反対のできない道理で飾られた悪行、というもののあることを知らなければならない。己の善を行わんがために、人を賊うのがその一つじゃ。そんな行いをする人は、いつもりっぱな道理を持ち合わせている。そして私は、――」

ここで孔子は、いちだんと声を励ました。

「その道理を巧みに述べたてる舌を持っている人を、心から悪《にく》むのじゃ！」

⑦子路は、喪心したようになって、孔子の門を辞した。

（下村湖人『孔子物語』より一部改めた）

注1　道・・・孔子が教える倫理や道徳、学問などのこと

問一　傍線部a「ヒナン」、b「イゼン」、c「ツト」のカタカナをそれぞれ漢字で書き、d「凝視」の漢字の読み方をひらがなに直しなさい。

問二　[A]・[B]・[C]に入る言葉の組み合わせとして最も適切なものを次のア～エの中から一つ選び、記号で答えなさい。

ア　[A] ところが　[B] しかも　[C] なぜなら
イ　[A] しかし　[B] しかも　[C] つまり
ウ　[A] ところが　[B] そして　[C] だから
エ　[A] しかし　[B] つまり　[C] なぜなら

問三　[Ⅰ]・[Ⅱ]に入る言葉の組み合わせとして最も適切なものを次のア～エの中から一つ選び、記号で答えなさい。

ア　[Ⅰ] すぐに　[Ⅱ] あっさり
イ　[Ⅰ] すぐに　[Ⅱ] さっぱり
ウ　[Ⅰ] やっと　[Ⅱ] さっぱり
エ　[Ⅰ] やっと　[Ⅱ] あっさり

問四　傍線部①「目をぱちくりさせながら」とあるが、この時の子路の心情を表現した言葉として最も適切なものを次のア～エの中から一つ選び、記号で答えなさい。

ア　怒り　イ　驚き　ウ　恐怖　エ　焦り

問五　傍線部②「できるだけゆっくり報告した」とあるが、子路がゆっくり報告したのはなぜですか。解答欄に当てはまるように、本文中から二十五字以内で抜き出しなさい。

問六　傍線部③「孔子自身の持論」とあるが、子路は孔子の持論をどのようなものだと思っていますか。解答欄に当てはまるように、本文中の語句を用いて二十五字以内で答えなさい。

問七　傍線部④「彼はしだいに孔子の沈黙が恐ろしくなりだした」とあるが、この時の子路の心情を説明した文として最も適切なものを次のア～エの中から一つ選び、記号で答えなさい。

ア　自分に腹を立てている孔子が、どういう言葉で自分を叱ろうかと考えているように見えた。
イ　自分が孔子の教えと正反対のことをしたので、孔子に見捨てられたのかと思った。
ウ　自分のまちがいは自分で気づかなければならないと、孔子に言われているように思った。
エ　自分が孔子を言い負かしてしまったことで、破門されるかもしれないと恐ろしくなった。

問八　傍線部⑤「自分はいったい誰のために彼を採用したのだ？」とあ

「子羔のためにならないことをした、とおっしゃるのですか」

彼はcツトめて平気を装いながら訊《たず》ねた。

「君はそうは思わないのか」

孔子の態度は、あくまでも厳然としている。

「むろん、子羔にはすこし荷が勝ちすぎるとは思っていますが……」

「すこしぐらいではない、彼はまだ無学も同然じゃ」

「ですから、実地について学問をさせたいと思うのです」

「実地について?」

「そうです、本を読むばかりが学問ではありません」

子路は、とっさに、孔子がいつも自分たちにいっていることを、そのまま応用した。

孔子は、それを聞くと、すぐ目をそらして、妙に顔をゆがめた。子路は、しかし、孔子の表情をこまやかに観察する余裕を持たなかった。彼はやっと孔子のd凝視からのがれることができて、やれやれと思った。とたんに彼の口は非常になめらかになった。

「費には、治むべき民がおります。祭るべき神々の社があります。そして民を治め、神々を祭ることこそ、何よりの生きた学問であります。真の学問は体験に即したものでなければならない、とはつねに先生にお聞きしたことでありますが、とくに、子羔のように、古書について学問をする力の乏しい者は、一日も早く実務につかせる方がよろしいかと存じます。誰だって、実務を目の前に控えて、ぐずぐずしてはおれませんから」

子路は、一気にしゃべりつづけた。そして自分ながら、とっさに③孔子自身の持論を応用して、それを自分の言葉で巧みに表現することのできたのを、得意に感じながら、孔子の返事をまった。

孔子は、しかし、そっぽを向いたきり、ものをいわなかった。彼はじっと目を閉じて、何か思案するようなふうであった。

子路の目には、妙にそれがいたいたしかった。自分の言葉が、図星にあたりすぎて、さすがに先生も困っておられるな、と思った。彼はなんとかその場を繕《つくろ》わなければならないと思ったが、残念ながら、そんな場合の技巧は、彼の得意とするところではなかった。で、彼も丸太のようにおし黙っていた。

そのうちに、④彼はしだいに孔子の沈黙が恐ろしくなりだした。孔子の沈黙は、いつも只事《ただごと》ではなかったからである。彼は孔子の横顔をぬすみ見ながら、そろそろ自分を反省し始めた。

(自分は、今先生にいったとおりのことを、ほんとうに信じているのか)

いや! と、彼は即座に自分に答えざるを得なかった。

(子羔のためにならないのは、先生の言葉をまつまでもなく、知れ切ったことだ。すると⑤自分は、いったい誰のために彼を採用したのだ? むろん費の人民のためではない。子羔自身のためでもなく、費のためでもないとすると——)

彼はここまで考えてきて、もう孔子の前にいたたまらなくなった。何とか機会をとらえて逃げ出す工夫はないものか、と考えた。向う見ずの彼だけに、いったん反省しだすと、⑥矢も盾もたまらないほど恥ずかしくなるのであった。

その時、孔子の顔が動いた。子路にはそれが電光のように感じられた。孔子の声は、しかし、ゆったりと流れ出た。

「私は、議論がりっぱだというだけで、その人を信ずるわけにはいかな

【国　語】（四五分）〈満点：五〇点〉

一　※問題に使用された作品の著作権者が二次使用の許可を出していないため、問題を掲載しておりません。
（出典：今井むつみ『ことばと思考』より）

二　次の文を読んで後の問一～問十に答えなさい。

孔子《こうし》の門人の子路《しろ》は、同じ門人の子羔《しこう》を費《ひ》という村の代官に任命した。

しかし、費はたいへん治めにくい村で、これまでにも優秀な代官が何人も失敗していた。さらに、子羔は誰もが認める未熟者であった。そのことを知った孔子は、「代官への登用は、子羔にとって害になるに違いない」と心配し。「子路は困ったことをしてくれた」と思った。

子路は、しかし、孔子が自分をaヒナンしていようなどとは夢にも思っていなかった。彼は、孔子の門人をひとりでも多く世に出してやることに、大きな誇りさえ感じていた。彼の考えでは、それが孔子の教えを広めるにもっとも効果の多い方法でありそして孔子を喜ばす最善の道だったのである。で、彼はある日、得々として孔子の門をたたき、子羔を採用したことを報告した。

[A] 孔子はただ一語、

「それは人の子を賊《そこな》うというものじゃ」

といったきり、じっと子路の顔を見つめた。

子路は面くらった。彼はこれまで、門人たちのうちでも、もっとも多く孔子に叱られてきた一人ではあるが、いまだかつて、こんなにだしぬけに、[B]、こんなにぶっきらぼうな言葉を以《も》って、あしらわれた覚えがなかった。彼は①目をぱちくりさせながら、孔子は何か思い違いをしているのではないか、と考えた。で、もう一度彼は、

「このたび、子羔を費の代官に登用することができました」

と、②できるだけゆっくり報告した。

「わかっている」

孔子は、眉ひとつ動かさず、子路を見つめたまま答えた。

子路は、これはいけない、先生は今日はどうかしている、と思った。しかし、子羔を用いたのが悪かったとは、まだ夢にも思っていなかった。で、彼は軽く頭を下げながら、

「また一人、同志を官界に出すことができました。道[注1]のために喜ばしく存じます」

「人の子を賊うのは、道ではない」

孔子の視線はbイゼンとして動かなかった。

子路は、この時はじめて、「しまった」と思った。孔子の機嫌を損じている理由に、[I]気がついたのである。しかし、[II]自分の過失を謝ることのできないのが、彼の悪い癖だった。それに、第一、彼は、のろまだという定評のある子羔を自分が知らないで用いた、と孔子に思われるのが辛かった。

（自分に人物を見る明がないのではない、子羔の人となりぐらいは、自分にもよくわかっている。わかっていて彼を用いたのには、理由があるのだ）

そう孔子に思わせたかったのである。

MEMO

大切なことはメモしておこうネ！

2022年度

解　答　と　解　説

《2022年度の配点は解答欄に掲載してあります。》

＜数学解答＞《学校からの正答の発表はありません。》

1　(1)　$-\frac{1}{5}$　　(2)　$\frac{a-b}{6}$　　(3)　-96　　(4)　76点　　(5)　$x=1$
(6)　$(x,\ y)=(-1,\ 2)$　　(7)　200g　　(8)　4　　(9)　$4\sqrt{6}$　　(10)　$a=-3$
(11)　$n=9$　　(12)　$\frac{1}{4}$　　(13)　3個　　(14)　12cm

2　(1)　$(-2,\ -2)$　　(2)　$y=-\frac{1}{14}x-\frac{15}{7}$　　(3)　$\left(1,\ -\frac{13}{2}\right)$　　(4)　15cm^2

3　(1)　4：7　　(2)　7：4　　(3)　16：49

4　(1)　8個　　(2)　60個　　(3)　8個　　(4)　33個

○推定配点○

各2点×25　　　計50点

＜数学解説＞

基本 **1**　(正負の数，式の計算，式の値，平均，1次方程式，連立方程式，食塩水，反比例，2次方程式，平面図形，確率，数の性質)

(1)　$\frac{1}{15}-\left(-\frac{2}{3}\right)\times\left(-\frac{2}{5}\right)=\frac{1}{15}-\frac{4}{15}=-\frac{3}{15}=-\frac{1}{5}$

(2)　$a-\frac{a+b}{2}-\frac{a-b}{3}=\frac{6a-3(a+b)-2(a-b)}{6}=\frac{6a-3a-3b-2a+2b}{6}=\frac{a-b}{6}$

(3)　$(x+2y)^2-(x-2y)^2=x^2+4xy+4y^2-(x^2-4xy+4y^2)=8xy=8\times3\times(-4)=-96$

(4)　$(72\times5+96)\div6=\frac{456}{6}=76$(点)

(5)　$\frac{1-2x}{3}-\frac{1-2x}{2}=\frac{1}{6}$　　$2(1-2x)-3(1-2x)=1$　　$-(1-2x)=1$　　$2x=2$　　$x=1$

(6)　$6x+5y=4$…①，$2x+3y=4$…②　　①－②×3より，$-4y=-8$　　$y=2$　　これを②に代入して，$2x+6=4$　　$2x=-2$　　$x=-1$

(7)　6%の食塩水をxgとすると，$x\times\frac{6}{100}+(300-x)\times\frac{12}{100}=300\times\frac{8}{100}$　　$6x+3600-12x=2400$　$-6x=-1200$　　$x=200$(g)

(8)　$-\frac{12}{6}-\left(-\frac{12}{2}\right)=-2+6=4$

(9)　$(3x+2y)(x+y)-(2x+3y)(x+y)=(x+y)\{(3x+2y)-(2x+3y)\}=(x+y)(x-y)=\{(\sqrt{3}+\sqrt{2})+(\sqrt{3}-\sqrt{2})\}\{(\sqrt{3}+\sqrt{2})-(\sqrt{3}-\sqrt{2})\}=2\sqrt{3}\times2\sqrt{2}=4\sqrt{6}$

(10)　積が2となる正の整数は1と2だから，$(x-1)(x-2)=0$　　$x^2-3x+2=0$　　よって，$a=-3$

重要 (11)　n角形の対角線の数は$\frac{n(n-3)}{2}$と表せるから，$\frac{n(n-3)}{2}=27$　　$n^2-3n-54=0$　$(n+6)(n-9)=0$　　$n>3$より，$n=9$

(12)　さいころの目の出方の総数は，$6\times6=36$(通り)　　このうち，題意を満たすのは，(大，小)＝(1，3)，(2，2)，(2，6)，(3，1)，(3，5)，(4，4)，(5，3)，(6，2)，(6，6)の9通りだから，求める確率は，$\frac{9}{36}=\frac{1}{4}$

(13)　2，3，5の最小公倍数は，$2\times3\times5=30$　よって，求める数は，30，60，90の3個。

(14)　半径を$r$cmとすると，$\pi r^2\times\frac{150}{360}=60\pi$　$r^2=144$　$r>0$より，$r=12$(cm)

2　(図形と関数・グラフの融合問題)

基本　(1)　$y=-\frac{1}{2}x^2$と$y=-\frac{1}{2}x-3$からyを消去して，$-\frac{1}{2}x^2=-\frac{1}{2}x-3$　$x^2-x-6=0$　$(x-3)(x+2)=0$　$x=3,\ -2$　よって，$A(-2,\ -2)$，$B\left(3,\ -\frac{9}{2}\right)$

重要　(2)　線分OBの中点をMとすると，$M\left(\frac{3}{2},\ -\frac{9}{4}\right)$　直線AMの式を$y=ax+b$とすると，2点A，Mを通るから，$-2=-2a+b$，$-\frac{9}{4}=\frac{3}{2}a+b$　この連立方程式を解いて，$a=-\frac{1}{14}$，$b=-\frac{15}{7}$　よって，$y=-\frac{1}{14}x-\frac{15}{7}$

重要　(3)　平行四辺形の対角線はそれぞれの中点で交わるから，線分ABとOCの中点は一致する。$C(x,\ y)$とすると，$\frac{-2+3}{2}=\frac{0+x}{2}$　$x=1$　$\left(\frac{-2-9}{2}\right)\div2=\frac{0+y}{2}$　$y=-\frac{13}{2}$　よって，$C\left(1,\ -\frac{13}{2}\right)$

重要　(4)　平行四辺形OACBの面積は，△OABの面積の2倍に等しい。$D(0,\ -3)$とすると，△OAB＝△OAD＋△OBD＝$\frac{1}{2}\times3\times2+\frac{1}{2}\times3\times3=\frac{15}{2}$　よって，平行四辺形OACBの面積は，$\frac{15}{2}\times2=15$(cm^2)

3　(平面図形)

基本　(1)　AB//QCだから，平行線と比の定理より，AQ：AE＝BC：BE＝4：(4＋3)＝4：7

基本　(2)　AB：QC＝AE：QE＝7：(7－4)＝7：3　DC＝ABだから，AB：DQ＝7：(7－3)＝7：4

重要　(3)　AD//BEより，平行線の錯角は等しく，2組の角がそれぞれ等しいので，△ADP∽△EBP　相似比はAD：EB＝4：7より，面積比は$4^2:7^2=16:49$

4　(場合の数)

基本　(1)　3の倍数は，12，15，21，24，42，45，51，54の8個。

基本　(2)　3桁の整数は，5×4×3＝60(個)

(3)　6の倍数は2の倍数かつ3の倍数であるから，一の位が2または4で，各位の数の和が3の倍数となる数であればよい。よって，132，312，342，432，234，324，354，534の8個。

(4)　求める数は，4325，4351，4352，45□□の数が3×2＝6(個)，5□□□の数が4×3×2＝24(個)あるから，全部で，3＋6＋24＝33(個)

★ワンポイントアドバイス★

昨年と同様で大問数が4題であるが，小問数は増えた。出題内容は年度によって変わるが，難易度に大きな変化はない。基礎をしっかり固めておこう。

＜英語解答＞《学校からの正答の発表はありません。》

1　(1)　イ　(2)　ウ　(3)　エ　(4)　エ　(5)　ア

2　(1)　how　(2)　never, such　(3)　so, that　(4)　me, to

3　(2番目，5番目の順)　(1)　ア，エ　(2)　カ，エ　(3)　イ，ア　(4)　キ，ア　(5)　イ，ア　(6)　ア，オ

4　(1)　ひとりで勉強するのと，他の人たちと勉強するのでは，どちらが好きですか。
　(2)　ア　④　　イ　②　　ウ　⑤　　(3)　work

5　(1)　(例)　友だちと楽しみたくなくなる。最初の英語の授業で集中できなくなる。
　(2)　you don't need to take the time to eat　　(3)　2　　(4)　ウ

○推定配点○
各2点×25(2(2)～(4)，3各完答)　　　計50点

＜英語解説＞

1　(語句選択問題：関係代名詞，慣用表現，比較，現在完了，不定詞)

(1)「私は，母親が有名な歌手である友達を知っている。」 mother 以下が friend を修飾するので，所有格の関係代名詞を使う。

(2)「2本エンピツがある。1本は赤で，もう1本は青だ。」 2つあるものについて説明するときは，<one ~, the other ~>という表現を用いる。

(3)「ミホはカズマと同じくらい多くお金を稼ぐ。」 基本となる文は Miho makes much money なので，比較にすると as much money as となる。

基本　(4)「私は3回オーストラリアに行ったことがある。」 <have been to ~>で「～へ行ったことがある」という意味になる。

(5)「これは外国語を学ぶ一番よい方法だ。」 不定詞の形容詞的用法は「～するための」という意味を表す。

2　(書き替え問題：不定詞，現在完了，接続詞)

(1)「彼はギターを弾けない。」→「彼はギターの弾き方を知らない。」 <how to ~>で「～する方法(仕方)」という意味を表す。

(2)「これは私がかつて見た中で一番興奮する映画だ。」→「私はこれのような興奮する映画を見たことがない。」 <最上級＋現在完了の経験用法>で「～した中で一番…」という意味を表す。また，同じ内容は，現在完了の経験用法の否定文を用いて書き替えることができる。<such ~>で「こんな(そんな)～」という意味を表す。

(3)「このお茶は私が飲むには熱すぎる。」→「このお茶はとても熱いので，私は飲めない。」 <so ~ that S can't …>で「とても～なのでSは…できない」という意味になる。

(4)「彼女は私に『答えを私に言いなさい。』と言った。」→「彼女は私に彼女に答えを言うように言った。」 <tell A to ~>で「Aに～するように言う」という意味になる。

3　(語句整序問題：不定詞，間接疑問文，助動詞，関係代名詞，比較)

(1)　(She) told me not to enter the classroom(.)　<tell A not to ~>で「Aに～しないように言う」という意味を表す。

(2)　(Bob) knows what time I left school (yesterday.)　間接疑問文なので，<疑問詞＋主語＋動詞>の形になる。

(3)　You must not be afraid of the mistake(.)　<must not ~>は「～してはならない」という禁止の意味を表す。また，<be afraid of ~>で「～を恐れる」という意味を表す。

(4)　(This) is the only song that was sung by Mika(.)「ミカによって歌われた」という部分が「歌」を修飾するので，主格の関係代名詞を使う。

(5)　(The pictures) that my aunt took in Hawaii are very beautiful(.)「私のおばがハワイで撮影した」という部分が「写真」を修飾するので，目的格の関係代名詞を使う。

(6)　I like pandas the best of all animals(.)　<like A the best>で「Aを一番好む」という意味を表す。

4　(会話文問題：英文和訳，語句補充)

ミカは放課後に教室でサムと話している。

ミカ：やあ，サム。試験の勉強をしませんか。

サム：一緒に勉強する？　ええと…

ミカ：①ひとりで勉強するのと，他の人たちと勉強するのでは，どちらが好きですか。

サム：②実は，ぼくは自分ひとりで勉強するのが好きです。勉強に集中することができます。

ミカ：ああ，だからあなたはもっとよく集中できるのですね。

サム：その通り。ぼくは他の人たちと一緒にいるのが好きですが，自分ひとりで勉強すると，より多く作業できます。ミカ，あなたはどうですか。

ミカ：私は他の人たちと勉強するのが好きです。もっと楽しくて面白いからです。④自分で勉強するのは時につまらないです。それから必要なときには質問できます。

サム：なるほど。

ミカ：また，友だちが私にクイズを出せます。⑤それは大切な情報を覚えるのに役立ちます。

サム：ああ，それはいい考えですね。

ミカ：そして互いに助け合うことで，⑦作業をもっと早くすませられます。

サム：それはいいですね！　そうしましょう。

(1)　studying alone と studying with other people をならべて，どちらが好きかとたずねている。

重要　(2)　(ア)　楽しいかどうかを問題にしているので，④が答え。　(イ)　ミカの質問に答えている内容なので，②が答え。　(ウ)　直前には学ぶときに役立つことが書かれているので，⑤が答え。

(3)　直前に the があるので名詞が入るとわかる。また，早く終わらせるのがよいことであるとわかる。

5　(長文読解問題・説明文：内容理解，語句整序，語句補充)

(大意)　朝食を食べると元気になり，快適に一日を始めることができる。食べないと，①たくさんのことをするのに十分なエネルギーがない。たとえば，友達と楽しみたくない場合がある。また，最初の英語の授業に集中するのは難しいかもしれない。一部の専門家は，毎朝朝食を食べる生徒は，朝食をとらない生徒よりも授業でうまくいくと言う。

学生が朝食について考えるのは良いことなので，いくつかの学校はそれについて教え始めた。ここに一例がある。アメリカの小学校では，4年生が特別な朝の授業を受けた。彼らは両親と一緒に朝食を作り，一緒に食事をした。授業が終わった後，ある生徒は「朝食の大切さを知ったので，毎朝朝食をとる」と言った。

あなたは毎日とても忙しいかもしれない。朝は②食べるために時間をとる必要はないと思う人もいるかもしれないが，朝食を抜くことはお勧めできない。あなたの一日を幸せで健康にするために，あなたは朝食を食べる必要がある。朝食の15分は，15分の余分な睡眠よりもはるかに優れている。

(1)　後に「例えば」とあるので，書かれている例についてまとまる。「友達と楽しみたくない場合がある。また，最初の英語の授業に集中するのは難しいかもしれない」とある。

(2)　<need to ～>で「～する必要がある」という意味を表す。

重要　(3)　1「朝食をたくさん食べすぎると，一日を快適に始められないだろう。」 朝食の量については言っていないので，誤り。　2「健康的な生活をするために，あなたは毎朝朝食を食べるようにするべきだ。」「朝食を食べると元気になり，快適に一日を始めることができる」とあるので，答え。 3「もし忙しいなら，朝食べる時間をとる必要はない。」 文中に書かれていない内容なので，誤り。 4「朝食を食べることは，夜にぐっすり眠ることよりも大切である。」 文中に書かれていない内容なので，誤り。

(4)「彼らは，調理をする前に，専門家の言うことを聞いて，健康的な朝食を作る方法を学んだ。」「彼ら」が指す語を探すと，小学生の子供たちのことだとわかるので，(ウ)が答え。

★ワンポイントアドバイス★

1の(4)には<have been to ~>がある。似た表現として<have been in ~>(~にずっといる)や，<have gone to ~>(~へ行ってしまってもういない)などもあるので，覚えておこう。順に，経験用法，継続用法，完了用法となる。

<理科解答>《学校からの正答の発表はありません。》

1 (1) a 核，ウ　b 細胞壁，ア　c 葉緑体，オ　d 細胞膜，エ　(2) 多細胞生物，イ，オ　(3) 物が立体的に見え，距離がわかる　(4) 10.8mm/時

2 (1) 生じた水が冷やされて試験管が破損するのを防ぐ　(2) 石灰水に吹き込む
(3) ア　(4) ア　(5) 分解　(6) $2NaHCO_3 \rightarrow Na_2CO_3 + H_2O + CO_2$

3 (1) A　(2) 沈む　(3) 流れない　(4) 残る　(5) 46g　(6) なたね油

4 (1) 図1 ウ　図2 エ　(2) B　(3) 北極星が地球の地軸のほぼ延長線上にあるから。
(4) d　(5) ① 高　② 北　(6) 午前3時

5 (1) 4Ω　(2) 3Ω　(3) 1.875A　(4) 4Ω　(5) 3A

6 (1) ① 4m　② 100N　③ 400J　(2) エ　(3) 80N

○推定配点○

1 (3)，(4) 各1点×2　他 各2点×5((1)・(2)各完答)
2 (6) 2点　他 各1点×5　3 各1点×6　4 (5) 2点(完答)　他 各1点×6
5 各2点×6　6 各1点×5　計50点

<理科解説>

1 (植物の体のしくみ―細胞)

重要 (1) 大きさとはたらきから推定する。aは核であり，遺伝情報を含む遺伝子がある。核は染色液に染まる。bは細胞壁で植物細胞を保護する。cは葉緑体である。ミトコンドリアも大きさは同じくらいだが，エネルギーをつくりだす働きがあり選択肢にはない。葉緑体は光合成に関係する。dは細胞膜で，細胞内外の物質の出入りをコントロールする。

基本 (2) 1つの細胞でできる生物を単細胞生物といい，多くの細胞からできる生物を多細胞生物という。ミジンコ，ツバキがその例である。

(3) ライオンの目は顔の正面にあり，物を立体的に見ることができ距離感がわかりやすい。これは獲物を狩るときに役立つ。シマウマの目は顔の両側にあり，視野が広くなるので敵を見つけやすく，身を守るのに都合がよい。

(4)　15秒間に9目盛動いている。1目盛が0.005mmなので，1時間の移動距離は9×0.005×60×60÷15＝10.8(mm)である。

2　(物質とその変化―気体の性質)

重要 (1)　反応で生じる水蒸気が試験管の口の部分で冷やされて水にかわる。Aの部分が下がっていないと，水滴が加熱部分に流れ込み，試験管が割れる危険がある。

基本 (2)　発生する気体は二酸化炭素であり，確かめるには石灰水に吹き込んで白く濁るかどうかを見る。

重要 (3)　塩化コバルト紙は乾燥しているときは青色で，水にぬれると赤色になる。

(4)　加熱後に残る白い物質は炭酸ナトリウムであり，その水溶液はアルカリ性を示すのでフェノールフタレインを赤くする。

(5)　この反応は炭酸水素ナトリウムの熱による分解である。

(6)　炭酸水素ナトリウムが熱分解して，炭酸ナトリウムと水と二酸化炭素になる。化学反応式は$2NaHCO_3 \rightarrow Na_2CO_3 + H_2O + CO_2$である。

3　(その他―密度)

基本 (1)　物質AとBの密度は，それぞれ約2.71g/cm^3，約0.49g/cm^{3}である。同体積で比較すると，密度の大きいほうが重い。

基本 (2)　同様に，物質C，Dの密度は0.8g/cm^3，約1.37g/cm^{3}であり，Dの方が重くCに沈む。

基本 (3)　Fの密度は約0.89g/cm^{3}であり，固体であることからポリプロピレンである。ポリプロピレンは電気を通さない。

基本 (4)　物質Gの密度は1.16g/cm^{3}であり，液体なので20％食塩水である。食塩水を加熱すると水分が蒸発した後に食塩が残る。

重要 (5)　200cm^{3}の食塩水の重さは200×1.15＝230(g)であり，このうち20％が食塩の質量なので，230×0.2＝46(g)の食塩を含む。

(6)　Hの密度は0.91g/cm^{3}で，液体なのでなたね油である。

基本 4　(地球と太陽系―星の動き)

(1)　南の空では星は弧を描いて移動する。北の空では北極星を中心に円を描いて移動する。

(2)　星は北極星を中心に反時計回りで移動する。。

(3)　地軸のほぼ延長線上に北極星があるので，北極星は地球が回転しても動かない。

(4)　真夜中にオリオン座が見えるので，オリオン座が地球をはさんで太陽と反対の方角にあるときである。

(5)　オリオン座が真夜中に南の空に見えるのは冬であり，さそり座が真夜中に南の空に見えるのは夏である。地球は北極上空の方角から見ると反時計回りで太陽の周りをまわっているので，aが春で，cは秋になる。a(春)からb(夏)へ季節が移るので，太陽の南中高度は高くなり，日の出の位置は北寄りになる。

重要 (6)　地球の公転により，同時刻に観察すると星は1か月で約30°西の方角へ移動する。また地球の自転で1時間に15°星は西に向かって移動するので，1か月前と同じ場所で観察できるのは2時間前の午前3時である。

重要 5　(電流と電圧―オームの法則と回路)

(1)　このとき回路を流れる電流が1.5Aなので，全抵抗の大きさは12÷1.5＝8(Ω)である。R_1と4Ωの抵抗が直列につながれているので，合計の抵抗はその和になりR_1＝8－4＝4(Ω)である。

(2)　同様に，全抵抗の大きさは12÷1.2＝10(Ω)であり，3つの抵抗が直列につながっているので，R_2＝10－7＝3(Ω)である。

(3)　スイッチS_1，S_2を閉じると，並列部分の抵抗の大きさRは$\frac{1}{R}=\frac{1}{4}+\frac{1}{6}$より$R=\frac{12}{5}=2.4(\Omega)$となり，全抵抗は6.4Ωになる。回路を流れる電流は12÷6.4＝1.875(A)である。

(4)　並列回路にかかる電圧は同じ大きさなので，下側の回路に流れる電流は12÷8＝1.5(A)である。回路全体で3Aの電流が流れるので，上側の回路にも1.5Aの電流が流れる。ここにも12Vの電圧がかかるので抵抗は12÷1.5＝8(Ω)となり，R_3は8－4＝4(Ω)である。

(5)　右側の並列回路の抵抗の大きさは$\frac{12}{7}\Omega$であり，左側の並列回路の抵抗の大きさは$\frac{20}{9}\Omega$である。全抵抗の大きさは$\frac{12}{7}+\frac{20}{9}=\frac{248}{63}(\Omega)$である。このとき回路を流れる電流は$12\div\frac{248}{63}=3.04\cdots\fallingdotseq 3$(A)である。

6　**(力・圧力―動滑車・浮力)**

基本　(1)　①　動滑車を使うと，引く力は半分になるが，引く距離は2倍になる。物体を2m引き上げるには，糸を4m引かなければならない。　②　引く力は半分になる。20kgの物体にはたらく重力は200Nなので，100Nの力で引く。　③　200Nで2m移動するので200×2＝400(J)の仕事をする。

(2)　物体にはたらく重力は一定である。物体が水に完全につかっているときは浮力が一定なので，糸を引く力も一定である。物体が水から出ると浮力が小さくなる。浮力の大きさは物体が水につかっている部分の体積に比例するので徐々に浮力が小さくなり，その分糸を引く力が大きくなっていき，完全に水から出るとその後は糸を引く力も一定になる。この変化を示すグラフはエである。

(3)　動滑車の両側に80Nの力がかかり，物体は160Nの力で上向きに引かれる。このとき物体にはたらく浮力は200－160＝40(N)であり，物体は半分だけ水につかっているので，完全に水につかるときの浮力は80Nになる。

★ワンポイントアドバイス★

理科全般からの出題で，基礎的な事柄の理解が問われている。標準レベルの問題集をしっかりと演習して，基本問題を確実に得点したい。

＜社会解答＞《学校からの正答の発表はありません。》

1　(1)　イ　(2)　ア　(3)　カルデラ　(4)　ウ　(5)　小池百合子　(6)　エ

2　(1)　エ　(2)　ウ　(3)　ア　(4)　イ　(5)　①　C　②　D
(6)　1月20日17時

3　(1)　イ　(2)　イ　(3)　ウ　(4)　ア　(5)　ア　(6)　西南　(7)　エ

4　(1)　B　(2)　①ボストン茶会事件　②　エ　(3)　イ　(4)　板垣退助　(5)　ウ
(6)　A

5　(1)　ア　(2)　25条　(3)　アイヌ文化振興法　(4)　男女雇用機会均等法
(5)　ウ　(6)　エ　(7)　A班

6　(1)　ア　(2)　①　3議席　②　ドント式　(3)　エ　(4)　ア

○推定配点○

1　(3)・(5)　各2点×2　他　各1点×4　2　(6)　2点　他　各1点×6

3 (6) 2点　他　各1点×6　4 (2)①・(4)　各2点×2　他　各1点×5
5 (2)～(4)　各2点×3　他　各1点×4　6 (2)　各2点×2　他　各1点×3
計50点

＜社会解説＞

1 (日本の地理―自然・産業など)

(1) 県庁所在地の岡山市に次ぐ県下第2の都市。高梁川《たかはしがわ》河口の水島地区には石油化学コンビナートが作られ工業が発展している。東広島や新居浜の人口は20万人以下。

(2) 原材料の輸入に有利な地の利を利用し石油化学コンビナートなどが各地に作られ化学工業も盛んな工業地域。Aは金属，Bは機械，Cは化学，Dは食料品。

重要 (3) 東西約18km，南北約24kmの世界最大級のカルデラ内部には5万人もの人々が生活している。

(4) 世界的な暖流である日本海流(黒潮)とその分流の対馬海流に挟まれた九州は温暖で比較的降水量も多い。貿易風は赤道に向かって吹く恒常風で北半球では北東の風となる。

(5) 防衛大臣などを歴任してきた政治家。2016年，国会議員を辞任し女性初の都知事に就任。

(6) 大都市には多くの企業や学校が集中，昼間は郊外から都心に通勤，通学する人が多く郊外の昼間人口は夜間人口に比べると大きく下がる傾向がある。

2 (地理―人々の生活・自然・産業など)

(1) ロサンゼルスは全米第2の都市であり大都市圏としては1800万人の規模がある。フロストベルトとは五大湖周辺の工業地帯であり，スノーベルトやラストベルトとも呼ばれる。

(2) 首都である北京は政治の中心であるが，経済的にも上海と並ぶ重要都市である。成長を支えた経済特区は深圳(シンセン)など南部中心，一人っ子政策は2015年に廃止された。

(3) 降水量250㎜以下の乾燥地帯は大鑽井《だいさんせい》盆地など内陸部。

(4) ローマにはキリスト教最大宗派・カトリックの総本山であるバチカン市国も存在する。

やや難 (5) ① 6～8月が夏の南半球の雨温図。 ② 夏に乾燥，降水量は冬に多い地中海性の気候。ロサンゼルスなどカリフォルニアも地中海性気候だが気温はより高く降水量は少ない。

重要 (6) 時差は(120＋15)÷15＝9時間。日付変更線が太平洋上にあることから9時間早める。

3 (日本と世界の歴史―古代～近代の政治・社会・文化史など)

重要 (1) 西洋諸国に対抗するため産業の発展と軍備の増強を目指したスローガン。

(2) 1875年にはすでに2万4000校もの小学校が設立されたといわれる。学制は国民皆学を目指した政策，教育勅語は戦前の基本理念で1890年に制定，寺子屋はすべて閉校されたわけではない。

(3) 当初は大幅な免除規定があったが1889年の改正で国民皆兵の原則を確立させた。対象は20歳以上の男子，発布は戊辰戦争後の1873年。

(4) 女子にも男子の3分の2の口分田を支給，税率は収穫高の約3％といわれる。

重要 (5) 地券を発行し地価を決定，その3％を土地所有者から現金で徴収した。その後各地で反対一揆が頻発したため1877年には2.5％に減額された。

(6) 明治維新最大の功労者・西郷隆盛を擁立して引き起こされた西南戦争。折から高まった自由民権運動と結びつくことを恐れた政府は妥協せざるを得なかった。

(7) 近代化が遅れたイタリアは1861年(イタリア王国)，ドイツは1871年，そして日本は1868年に統一国家の形成に成功し急速な富国強兵策をスタートさせることになった。

4 (日本と世界の歴史―中世?近世の政治・外交史など)

(1) 元寇(鎌倉)→アメリカ独立戦争(18世紀)→ペリー来航(幕末)→自由民権運動(明治)。

(2)　イギリスが東インド会社に植民地への茶輸出の独占権を与えたことに怒った人々が積み荷の茶を海に投棄，これにより本国との関係が決定的となった。

(3)　ペリー来航の前年，オランダ商館長がペリー来航のうわさを幕府に伝えていた。江戸湾に入ったペリーは大統領の開国を求める親書を提出，翌年再来日し日米和親条約を締結した。

重要　(4)　1873年，征韓論で政府を追われた板垣退助ら土佐，肥前などを中心とする人々が民撰議院設立の建白書を提出，自由民権運動の契機となった。

(5)　1274年の文永の役，81年の弘安の役。文禄・慶長の役は豊臣秀吉の朝鮮侵略。

(6)　Aの「ボストン茶会事件」は財政難から植民地に様々な課税を要求するイギリスに対する植民地の人々の反乱事件。この事件をきっかけにした植民地の反乱は独立戦争に発展していった。

5　(公民―人権など)

重要　(1)　人間らしい生活をする権利である社会権の中核となるもの。

(2)　かつては努力目標といわれたが現在では法的権利として具体的措置を要求できるとされる。

やや難　(3)　文化振興が中心で先住民族としての権利は盛り込まれていなかった。そのため2019年には「アイヌ民族支援法」が成立し文化振興法は廃止された。

(4)　当初努力目標とされたものもその後の改正で義務化，対象も拡大されている。

(5)　1999年には通信傍受法が成立，殺人や薬物など組織的な犯罪の捜査，予防に許可されている。

(6)　2016年の法改正で裁判員裁判などを対象に義務付けられるなど徐々にではあるが取り調べの可視化は進行，えん罪の理由は見込み捜査や証拠の全面開示の不徹底など様々指摘されている。

(7)　社会権は国に積極的な行為を要求する権利である。裁判で朝日さんの主張は認められなかったが，裁判の過程で生活保護基準が段階的に引き上げられるなどその役割は大きかった。

6　(公民―選挙など)

(1)　普通選挙とは性別や財産などで制限せず一定の年齢に達した全ての者に選挙権を与える制度。

(2)　①　得票数を1から順に割って商の大きい順に議席を配分。　②　19世紀にドント氏が考案。

(3)　2012年以降の総選挙では一度も60%を上回っていない。

重要　(4)　比例区は衆議院では全国を11のブロックに分け政党に投票，参議院では全国1ブロックで政党，個人どちらにも投票でき個人名が多い順に当選が決定する。

★ワンポイントアドバイス★

選択肢の問題は消去法で一つ一つの選択肢を丁寧にチェックすることが大切である。微妙な言い回しに惑わされることがないよう慎重に判断しよう。

＜国語解答＞《学校からの正答の発表はありません。》

一　問一　a　差異　b　いちじる　c　塊　d　効率　問二　A　エ　B　ア　C　ウ　問三　イ　問四　(例)　母語と外国語の間で対応すると思われることばでも，二つのことばが指す範囲，世界の切り分け方は違っているから。　問五　オ

問六　(初め)入って来る[聞こえてく]　(終わり)を理解する(こと。)　問七　ア

問八　(例)　母語と外国語における語の非対応に気づかないほか，外国語で必要な情報に自動的な注意が向けられない(という点。)　問九　イ

二　問一　a　非難　　b　依然　　c　努　　d　ぎょうし　　問二　ア　　問三　エ
問四　イ　　問五　(例)　孔子は何か思い違いをしているのではないか，と考えた(から。)
問六　(例)　真の学問は体験に即したものでなければならないという(こと。)　　問七　ウ
問八　己　　問九　エ　　問十　イ

三　問一　①　(例)　され　　②　(例)　参り　　③　(例)　いただい　　問二　①　キ
②　オ　　③　イ　　④　ク　　⑤　ケ　　⑥　エ　　問三　①　ア　　②　ウ　　③　ウ
④　エ　　⑤　イ　　問四　①　4・10　　②　4・8　　③　3・6　　問五　よろずのことも，はじめおわりこそおかしけれ。　　問六　温ネテ㆑故キヲ而知ル㆑新シキヲ

○推定配点○
一　問四　2点　　他　各1点×13　　二・三　各1点×35　　計50点

＜国語解説＞

一　**(論説文—漢字の読み書き，空欄補充，接続語，語句の意味，内容理解，要旨)**

基本　問一　a「差異」は，他と比較しての違い，という意味。　b「著しい」は，はっきりとわかる，という意味。　c「塊」と「魂」を区別しておくこと。　d「率」と「卒」を区別しておくこと。

問二　A　空欄の前後が逆の内容になっているので、逆接の接続語が入る。　B　空欄の前が原因，あとが結果になっているので，順接の接続語が入る。　C　空欄の前の内容の具体例を空欄のあとで挙げているので，「たとえば」が入る。

問三　事実のままであることや，実際の通りであることを意味する。

やや難　問四　傍線部①の理由は，直後の段落で説明されている。

問五　傍線部②の直前の内容に合うものを選ぶ。

問六　「……という，一連のプロセス」とあるので，「という」の前から抜き出す。

重要　問七　最後から二つ目の段落に「母語の情報処理を最大限に効率化するためにつくられたシステムは，必ずしも，外国語の音声処理や文法処理に最適なものとはいえない場合が多い」とあり，この内容はアの文と矛盾している。

問八　傍線部⑤の文の前半に注目。

問九　第三段落の「外国語を学習するとき，外国語での世界の切り分け方は母語の世界の切り分け方とちがい，……調整することは、とても大切なことなのである」という内容に合うものを選ぶ。

二　**(小説—漢字の読み書き，空欄補充，接続語，表現理解，心情理解，内容理解，慣用句，主題)**

基本　問一　a「非難」は，欠点・過失などを責めとがめること。　b「依然」は，もとのままである様子。　c「努めて」はここでは，できるだけ，という意味。　d「凝視」は，目をこらしてじっと見つめること。

問二　A　空欄の前後が逆の内容になっているので，逆接の接続語が入る。　B　空欄の前の事柄にあとの事柄を付け加えているので，累加の接続語が入る。　C　空欄のあとの部分が「……から」と理由を述べる形になっているので，「なぜなら」が入る。

問三　Ⅰ　子路は，孔子が機嫌を損ねている理由になかなか気づかなかった。　Ⅱ　子路が即座に謝っていないことに注目。

問四　「ぱちくり」は，目を大きくしばたたく様子で，驚いたりあきれたりするときの様子に使われる。

問五　このときに子路が考えていることを，前からとらえる。

問六　子路の会話文に注目。

やや難 問七　直後の文に「そろそろ自分を反省し始めた」とあることに注目。子路は自分のまちがいは自分で気づかなければならないと思ったのである。この内容はウに合致する。

問八　孔子の会話文にある「己の善を行わんがために」という部分に注目。

問九　いちずな気持ちをこらえることができない様子。

重要 問十　子羔を費という村の代官に任命したのは，子路自身のためであったことを，孔子に見抜かれてしまったということである。

三　**（敬語，対義語，文の成分,単語・文節，歴史的仮名遣い，漢文の訓読）**

問一　①「されますか」「なさりますか」などとする。　②「参る」は「行く」の謙譲語。
③「いただく」は「食べる」の謙譲語。

基本 問二　①「人工」は，人手を加えることや，人力で作り出すこと。　②「消費」は，費やしてなくすること。　③「革新」は，旧来の組織・制度・慣習・方法などを変えて新しくすること。
④「複雑」は，こみいっていることや，いりくんでいること。　⑤「損失」は，そこないうしなうこと。　⑥「温暖」は，気温がほどよくあたたかであること。

問三　①　主語になるのは「……が」だけではないので注意する。　②「焼肉だろう」に係る連用修飾語。　③「いるのだろうか」に係る連用修飾語。　④「急がないと」は仮定の順接を表している。　⑤「気温が」が主語である。

問四　①「宿題が／終わったのは／昨日の／ことだ。」「宿題・が・終わっ・た・の・は・昨日・の・こと・だ。」　②「それは／嘘の／発言のように／聞こえる。」「それ・は・嘘・の・発言・の・ように・聞こえる。」　③「一緒に／遊びに／行きましょう。」「一緒に・遊び・に・行き・ましょ・う。」

問五「づ」を「ず」に直す。語頭と助詞以外の「は・ひ・ふ・へ・ほ」は「わ・い・う・え・お」に直す。「を」を「お」に直す。

問六　書き下し文を見て，「故→温→新→知」の順番で読むことをとらえる。「而」は置き字なので，読まない。

★ワンポイントアドバイス★

読解問題には空欄補充や語句の意味を問う選択問題のほかに,抜き出しや自由記述の問題が多い。時間内で解答を書き終える訓練を重ねよう。文法，古文や漢文の知識問題も出題されるので，いろいろな問題にあたり，基礎力を保持しよう！

MEMO

大切なことはメモしておこうネ！

2021年度

★★★★★★★★★★★★★★★★★★★★★★★

入　試　問　題

2021年度

津田学園高等学校入試問題

【数　学】（45分）　＜満点：50点＞

1　次の(1)～(11)の □ にあてはまるものを答えなさい。

(1)　$5-(-3)+2^2=$ □ である。

(2)　$\frac{1}{3}+\frac{1}{4}-\frac{3}{8}=$ □ である。

(3)　$2(a+3b)-3(5a-b)=$ □ である。

(4)　$(\sqrt{5}+1)(\sqrt{5}-1)=$ □ である。

(5)　連立方程式 $\begin{cases} y=2x-1 \\ x=-3y+4 \end{cases}$ の解は，$(x,\ y)=$ □ である。

(6)　$a=\sqrt{3}+1$，$b=\sqrt{3}-2$ のとき，$ab+2a-b-2=$ □ である。

(7)　2次方程式 $(x-3)^2-2(x-3)+1=0$ の解は，$x=$ □ である。

(8)　次の表はA市の8月11日から8月20日の最高気温を表にしたものである。この期間のA市の最高気温の平均は □ ℃である。

日	11日	12日	13日	14日	15日	16日	17日	18日	19日	20日
最高気温(℃)	35.5	35.2	34.3	33.5	35.8	36.5	37.7	38.0	36.7	35.8

(9)　2つのさいころA，Bを投げ，出た目の和が10以上となる確率は □ である。

(10)　底面が1辺 x cmの正方形で，高さが3cmの直方体がある。この直方体の表面積が30cm²であるとき，$x=$ □ である。

(11)　自然数 a を自然数 b で割ると，商が2で余りが3となった。このとき，a を b を使った式で表すと $a=$ □ である。

2　右の図で，四角形ABCDはAD＝3，BC＝7，AD∥BCの台形であり，対角線AC，BDの交点をOとする。また，AC，BDの中点をそれぞれE，Fとするとき，次の各問いに答えなさい。

(1)　EFの長さを求めなさい。

(2)　△AOBと△OEFの面積比を求めなさい。

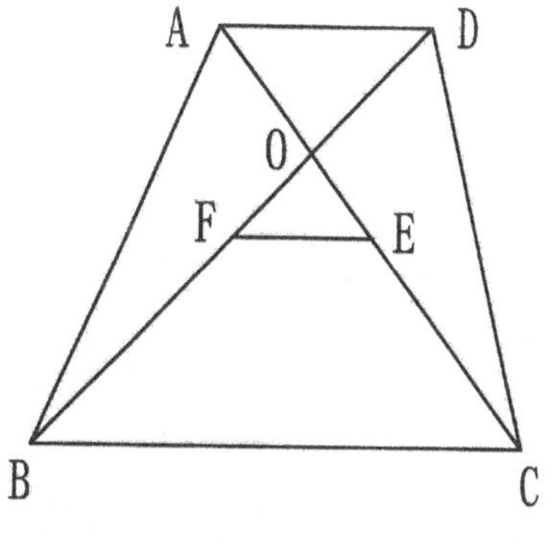

3　右の図のように4点（1，0），（1，3），（3，3），（3，0）を頂点とする長方形がある。この長方形の周上を，点Pは点（1，0）を，点Qは点（3，3）をそれぞれ出発点として毎秒1㎝の速さで時計回りに1周するとき，次の各問いに答えなさい。

ただし，1日盛りは1㎝とする。

(1)　2秒後の△OPQの面積を求めなさい。

(2)　3秒後から5秒後における△OPQの面積の最大値を求めなさい。

(3)　△OPQ面積が0となるのは何秒後か求めなさい。

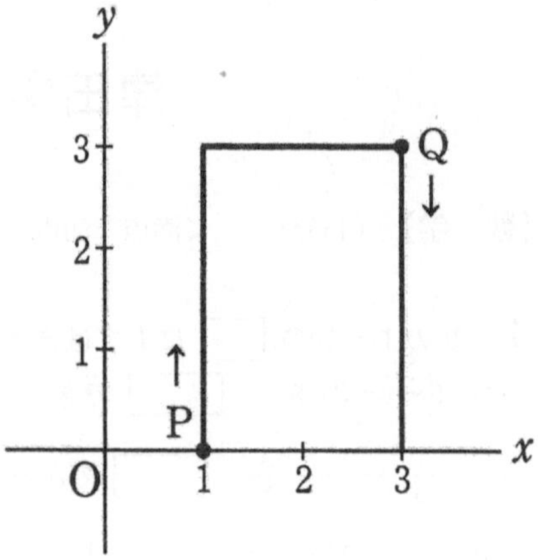

4　右の図のように，放物線 $y=\frac{1}{2}x^2$ 上に2点A，Bをとり，直線ABと x 軸との交点をRとする。2点A，Bの x 座標をそれぞれ $2a$，$-a$ とするとき，次の各問いに答えなさい。ただし，$a>0$ とする。

(1)　直線ABの傾きを求めなさい。

(2)　点Rの x 座標が－6となるとき，a の値を求めなさい。

(3)　(2)のとき，△AROを x 軸を中心に回転してできる立体の体積を求めなさい。ただし，円周率を π とする。

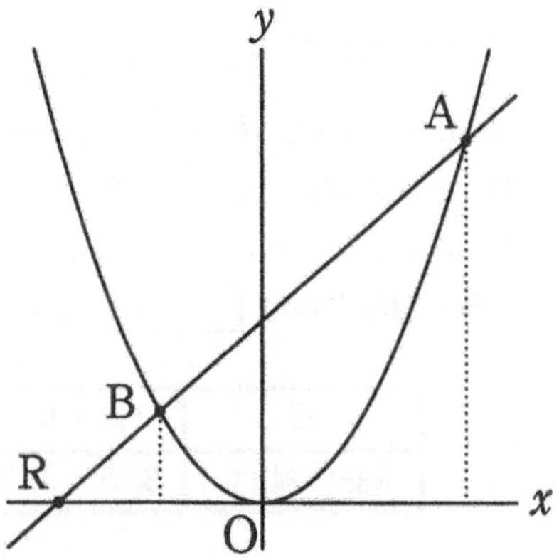

【英　語】（45分）　＜満点：50点＞

1　次の(1)～(5)の（　）内に入る語として，最も適切なものを次のア～エの中から1つ選び，記号で答えなさい。

(1) I have a（ア　every　/　イ　some　/　ウ　much　/　エ　few）friends in Canada.

(2) We went to Australia（ア　during　/　イ　with　/　ウ　about　/　エ　between）the winter vacation.

(3) My sister always（ア　listen to　/　イ　listen　/　ウ　listens　/　エ　listens to）music when she cooks.

(4) I haven't written a letter to Tomomi, and haven't called her（ア　either　/　イ　too　/　ウ　also　/　エ　so）.

(5) A hamburger in this picture looks real. It（ア　makes　/　イ　calls　/　ウ　takes　/　エ　gives）me hungry.

2　次の(1)～(3)の各組の文がほぼ同じ意味になるように（　）内に適する語を答えなさい。

(1) Does he know the way to the museum?
　　Does he know（　　　）to（　　　）to the museum?

(2) All animals need air and water to live.
　　No animal can live（　　　）air and water.

(3) I had many things to do yesterday, so I couldn't write a letter.
　　I was（　　　）（　　　）to write a letter yesterday.

3　次の(1)～(5)の各文を日本語の意味にあうように正しい語順に並べ替え，（　）内で2番目と5番目にくる語をそれぞれ記号で答えなさい。ただし，文頭にくる語も小文字で示してある。

(1) あなたは今までに，雪に覆われたその山を見たことがありますか。
Have you ever（ア　mountain　/　イ　the　/　ウ　seen　/　エ　with　/　オ　snow　/　カ　covered）?

(2) 彼はとてもおなかがすいていたので，まっすぐ家に帰りました。
He was（ア　straight　/　イ　went　/　ウ　he　/　エ　hungry　/　オ　that　/　カ　so）home.

(3) 私の息子は遊ぶ友達がいません。
My son（ア　to　/　イ　with　/　ウ　no　/　エ　has　/　オ　friends　/　カ　play）.

(4) 先週，兄にこの自転車を修理してもらった。
（ア　my brother　/　イ　had　/　ウ　fixed　/　エ　I　/　オ　this bicycle　/　カ　by）last week.

(5) 糖分の多いお菓子を，そんなにたくさん食べないほうがいいですよ。
You（ア　eat　/　イ　sugary　/　ウ　had　/　エ　so many　/　オ　not　/　カ　better）snacks.

4　次の英文は，ニュージーランドから来た外国語指導助手（ALT）のブラウン先生（Mr. Brown）と２人の日本人中学生との会話である。これを読んで問いに答えなさい。

Miki and Taro are talking with Mr. Brown in the teachers' room after school.

Miki : We'll have a new student from New Zealand next month. His name is Paul. We want to do something special for him.

Mr. Brown : That sounds good. Then, let's have presentations for him in my English class.

Miki : Thank you very much, Mr. Brown. (①) I think those letters will help us a lot.

Mr. Brown : Here are some pictures from him. You can use them too. I'm from the same country, so I can help you. (②)

Miki : Thank you.

Taro : Well, I have an idea now. After reading one of his letters, we know he likes riding bikes. Let's teach him some useful things when he rides bikes. (③) Second, we can show him traffic rules in Japan.

Mr. Brown : Great! Could you tell me one of the rules?

Taro : Yes. Cars go on the left side of the street in Japan. (④) So ......

Mr. Brown : Wait! We also drive cars on the left in New Zealand!

Taro : (⑤) I didn't know that! By watching foreign movies, I thought that cars go on the right in foreign countries.

Mr. Brown : (⑥) But they're wrong. There are many of the same. Driving is one example.

(*Miki is looking at one of the pictures.*)

Miki : ⑦ Look at the (in / wearing / is / uniforms / students) this picture. Paul's school has uniforms and we have uniforms, too. They're like us! This is another example of the (⑧) things.

Mr. Brown : That's right.

［注］ presentation　発表

(1)　文中（①）～（⑥）の６か所のうち４か所には，次のア～エの各文が入る。会話の内容から考えて，最も適切な箇所を１つずつ選び，数字で答えなさい。

ア．Many Japanese people think everything is different in foreign countries.

イ．Paul sent some letters from New Zealand.

ウ．But in your country, they go on the right.

エ．First, we can show him good places to visit in our town.

(2)　下線部⑦の（　）内の語を意味が通るように並べ変えなさい。ただし１語不要である。

(3)　文中の（⑧）に会話の内容から考えて，最も適切な１語を，本文中からそのまま抜き出しなさい。

5　次の英文を読んで，(1)〜(5)の設問に答えなさい。

I went to my favorite sweet shop with my mother last Saturday. We bought the cake and met a young woman working there.

"I'm always happy many people like our sweets," she said. "I'm working hard to become a patissier and open my own shop in the future. That's my dream."

I also like making cake for my family, so her story about her job and dream was interesting. (ア)

That evening, when we were enjoying the cake, my mother said, "You looked so interested when you were talking with the young woman. How about becoming a patissier?"

I said, "I'm interested in making sweets, but (①) my future yet."

Then, my father gave me some advice. "Kazuko, when you think about your job, remember these three things. I hope they'll help you. First, you must become independent of us. That means you must live by yourself. Second, you'll be happy if you fulfill your dream by getting your job. Third, this is the most important, I think your job should make other people happy." I said "Thank you, Father. I'll try."

I thought about my father's advice many times, (イ) I thought, "Should I become a patissier? I like making sweets. (ウ) If my sweets make people happy, I'll also feel happy."

The next morning, I went to the town library to look for some books about making sweets and becoming a patissier. One of the books showed that Hokkaido is famous for good sweets. There are many good shops and famous patissiers in Hokkaido, and Hokkaido produces the best ingredients for sweets. (エ)

② <u>I'm (of / becoming / thinking / patissier / a / future / in / the) now.</u> If I become a patissier, I'd like to make a new kind of cake about Hokkaido's wonderful nature. (オ)

［注］ patissier　ケーキ職人　　become independent of　〜からひとりだちする　　fulfill　かなえる
　　ingredient　材料

(1) 文中（①）に，「何になるかは，まだ決めていない」という意味を表す英語を3語以上で答えなさい。

(2) 下線部②が意味が通るように，（　）内の語を並べ替えなさい。

(3) 本文の内容と合わないものを，次の1〜5から2つ選び，数字で答えなさい。

1. Kazuko and her mother visited the sweet shop last Saturday.
2. Kazuko and her mother made the cake for her father on Saturday evening.
3. Kazuko likes making sweets and was interested in the young woman's job and dream.
4. Kazuko went to the town library to see a patissier.
5. Kazuko is interested in showing Hokkaido's wonderful nature by making a new kind of cake.

(4) Kazukoは，次の英文を本文に書き加えることにしました。本文の内容から考えて，最も適切な箇所を文中の(ア)〜(オ)から１つ選び，記号で答えなさい。

For example, more than eighty percent of Japanese butter is produced in Hokkaido, and butter from Hokkaido is used by many famous sweet shops all over Japan.

(5) 父親がKazukoに話した３つのアドバイスのうちから父親が最も大切だと言っている内容を日本語で答えなさい。

【理　科】（45分）　＜満点：50点＞

1　植物の体からどのくらいの水蒸気《すいじょうき》が放出されているか調べるために次の実験を行った。あとの(1)～(6)の問いに答えなさい。

〔実験〕 手順①　ほぼ同じ大きさの葉で，枚数《まいすう》がそろっているアジサイ4本を用意した。

手順②　すべての葉の表側にワセリンをぬったものをA，すべての葉の裏側にワセリンをぬったものをB，葉にワセリンをぬらず何もしないものをCとした。さらに，葉をすべて取り除き，その切り口にワセリンをぬったものをDとした。ただし，ワセリンは水や水蒸気をまったく通さないものとする。

手順③　A～Dのアジサイを図1のように，水を入れたメスシリンダーにさし，それぞれに油をそそいで水面をおおった。その直後のそれぞれの水の量を測定し，明るく風通しのよい所に置き，4時間後に再び水の量を測定した。

図1

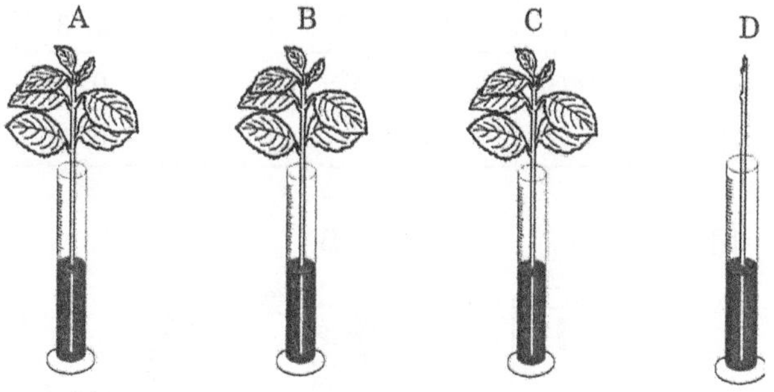

〔結果〕 測定した結果は，下の表1のa～dのようになったが，どれがA～Dの結果であるか分からなくなってしまった。

表1

	a	b	c	d
直後の水の量〔cm^3〕	28.0	28.0	28.0	28.0
4時間後の水の量〔cm^3〕	26.7	24.5	27.9	25.5

(1)　植物の体から水蒸気が放出される現象を何というか漢字で答えなさい。

(2)　図2はアジサイの茎をうすく輪切りにしたときの断面の模式図である。茎の中にある水や水にとけた養分などが通る管の名称を漢字で答えなさい。また，解答用紙の茎の断面の模式図にその管の部分をすべて塗《ぬ》りつぶしなさい。

図2

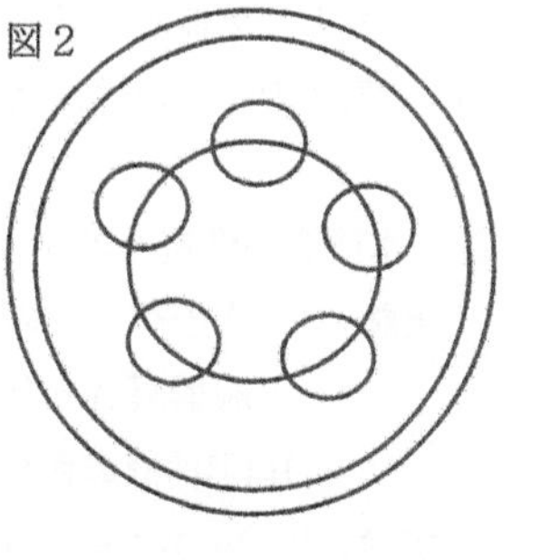

(3)　下線部のような操作を行ったのはなぜか簡潔《かんけつ》に答えなさい。

(4)　図1のAの結果を，表1のa～dから1つ選び，記号で答えなさい。

(5)　この実験の考察として最も適当なものを次のページのア～エから1つ選び，記号で答えなさい。

ア　アジサイの葉は，裏側よりも表側からの水蒸気の放出がさかんであると考えられる。

イ　アジサイの葉は，表側と裏側の水蒸気の放出が同じくらいさかんであると考えられる。

ウ　アジサイは，枝からの水蒸気の放出がさかんであると考えられる。

エ　アジサイの葉は，表側よりも裏側からの水蒸気の放出がさかんであると考えられる。

(6)　この実験の結果から図1のBとDから放出される水蒸気の量はそれぞれ何cm^{3}か答えなさい。

2　表1は，酸素，二酸化炭素，水素，窒素，アンモニアの5種類の気体の性質をまとめたものである。また，図1は気体の集め方を示したものである。あとの(1)~(4)の問いに答えなさい。

表1

気体	におい	水へのとけ方	空気の密度を1とした場合のそれぞれの気体の密度
①	ない	とけにくい	0.07
②	ない	とけにくい	1.11
③	ない	少しとける	1.53
④	刺激臭	非常にとけやすい	0.60
⑤	ない	とけにくい	0.97

図1　A　B　C

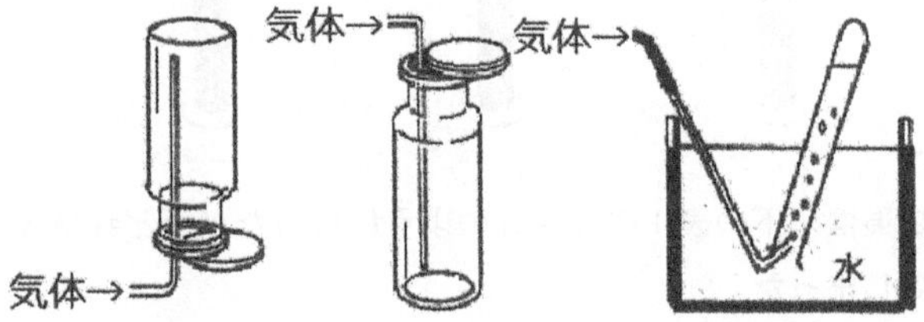

(1)　図1のAの気体の集め方を何というか漢字で答えなさい。

(2)　図1のCの方法で集められる気体の性質として最も適当なものをア～ウから1つ選び，記号で答えなさい。

ア　水にとけやすく，空気より密度が大きい気体。

イ　水にとけやすく，空気より密度が小さい気体。

ウ　水にとけにくい気体。

(3)　表1の気体④の名称を答えなさい。

(4)　気体のにおいは，どのようにして調べるか簡潔《かんけつ》に答えなさい。

3　水溶液の性質とエタノールが沸騰《ふっとう》する温度について，あとの(1)~(5)の問いに答えなさい。

［実験1］　次のページの図1のように，うすい塩酸4 cm^{3}と数滴のBTB溶液が入ったビーカーに，実験器具Aを用いてうすい水酸化ナトリウム水溶液を2 cm^{3}ずつ加えてよくかき混ぜ，BTB溶液の色の変化を次のページの表1にまとめた。

［実験2］　次のページの図2のように，エタノール3 cm^{3}と水17cm^{3}の混合物を枝つきフラスコに入れて弱火で加熱し，出てきた気体を冷やして，液体を2 cm^{3}ずつ3本の試験管に集めた。

表１

加えた水酸化ナトリウム水溶液の合計〔cm^3〕	0	2	4	6
ＢＴＢ溶液の色	黄色	黄色	緑色	青色

図１

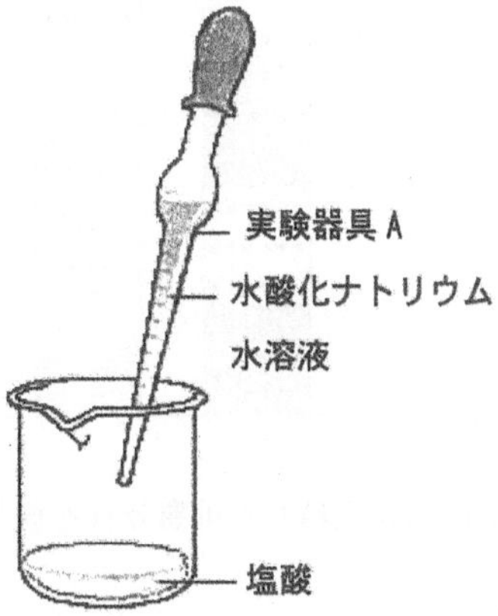

図２

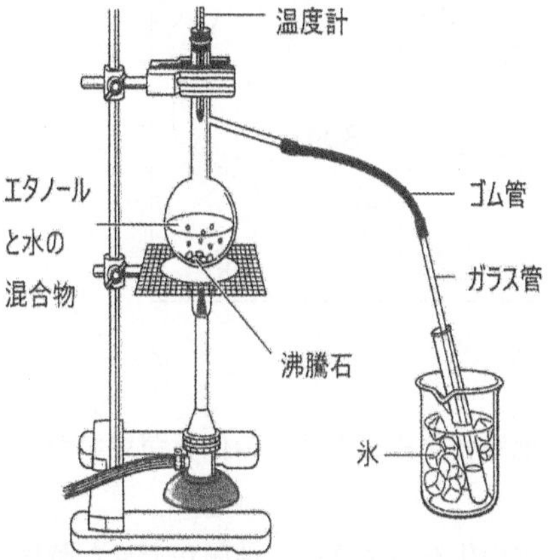

(1) 図１の実験器具Ａの名称を答えなさい。

(2) 〔実験１〕において，うすい塩酸に水酸化ナトリウム水溶液を加えて中和するときの化学反応式を答えなさい。

(3) 〔実験１〕において，水酸化ナトリウム水溶液を６cm^3加えたときの水溶液は何性か答えなさい。

(4) 〔実験２〕において，3本の試験管のうち，集まった液体にふくまれるエタノールの割合が最も大きかったのは何本目の試験管と考えられるか答えなさい。

(5) 〔実験２〕において，液体を熱して沸騰させ，出てくる気体を冷やして再び液体をとり出すことを何というか漢字で答えなさい。

4 地層について，あとの(1)～(5)の問いに答えなさい。

右の図１は，ある地層の模式図であり，地層Ａ～Ｅに関して次のことが分かっている。

・地層Ａでは，岩石にふくまれる主な粒の大きさが直径２mm以上である。

・地層Ｂでは，岩石にふくまれる主な粒の大きさが直径２mmより小さい。

・地層Ｃは，凝灰岩でできている。

・地層Ｄでは，岩石にふくまれる主な粒の大きさが直径16分の１mmより小さい。

・地層Ｅは，石灰岩でできている。

図１

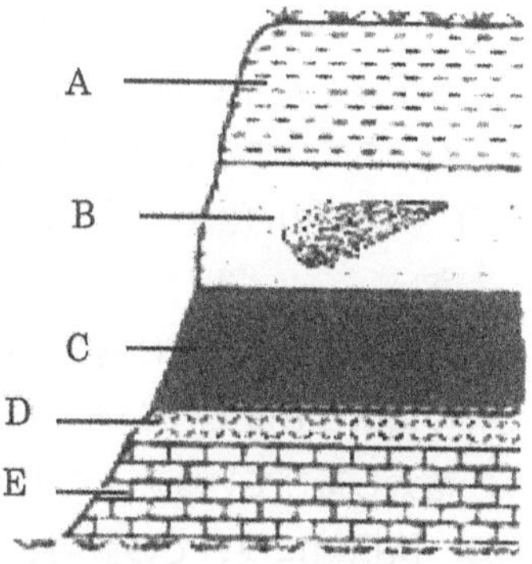

次のページの図２に示したある地域（図１とは異なる地域）における①～③の地域の岩石や堆積物のようすを次のページの図３のような柱状図で表した。図２は等高線を，数値は標高を示してい

る。図3のは泥岩，//////は凝灰岩，は砂岩，******はれき岩の層を示している。ただし，しゅう曲や地層の食い違いはないものとする。

図 2

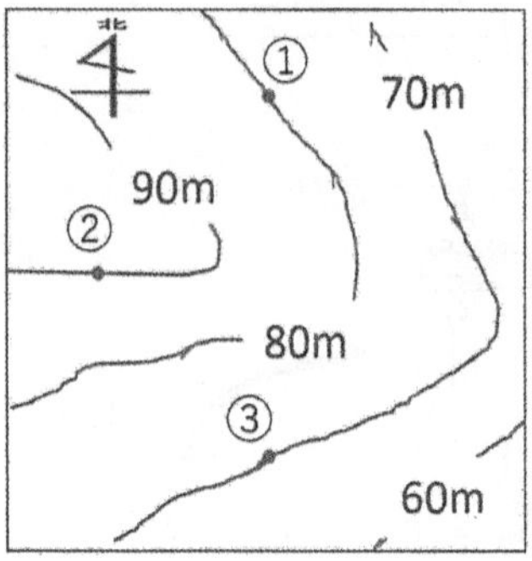

図 3

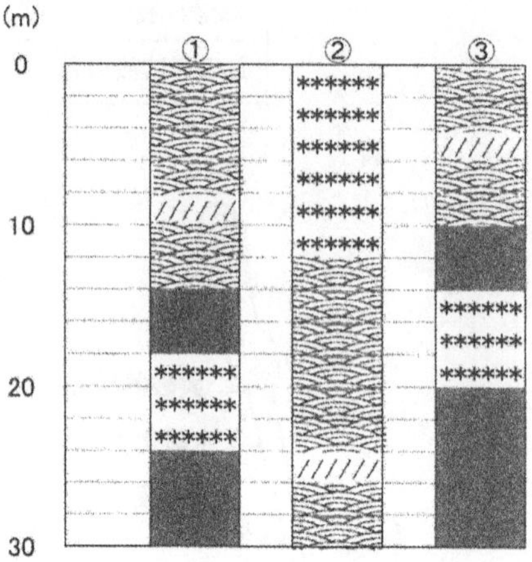

(1) 図1の地層Bからビカリアの化石が見つかった。地層Bが堆積した地質年代を漢字で答えなさい。

(2) ビカリアの化石のように，地層ができた時代の推測《すいそく》に役立つ化石を何というか漢字で答えなさい。

(3) 図1の地層Eの石灰岩は，うすい塩酸を数滴かけるととけて気体を発生する。発生する気体名を漢字で答えなさい。

(4) 図1の地層Cでは凝灰岩が含まれるが，この地層が堆積されたときにおこったことを簡潔に答えなさい。

(5) 図2と図3により，この地域の地層が傾いて低くなっている方角を8方位で答えなさい。

5 電流の正体と陰極線《いんきょくせん》について，あとの(1)~(3)の問いに答えなさい。

(1) 3つの発泡ポリスチレンの玉A，B，Cをそれぞれ違う種類の布で別々に摩擦《まさつ》した。これらを糸でつるして近づけると図1，図2のようになった。このとき，Aの玉を摩擦した布と同じ種類の電気を帯びている玉はどれか。あてはまるものをすべて選び，記号で答えなさい。

図1

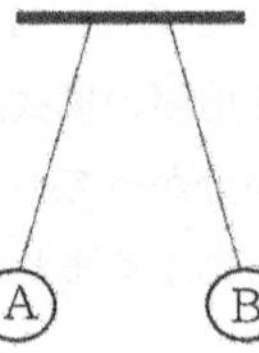

図2

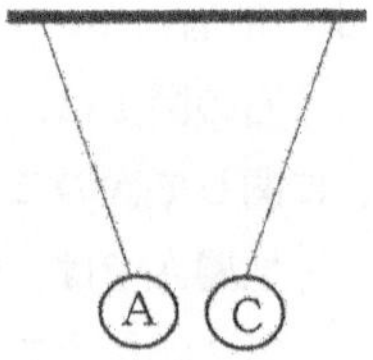

(2) 次の文の（①）~（③）に適する語または記号を答えなさい。

金属中には自由に動き回れる（ ① ）がたくさん存在する。（ ① ）1個1個は（ ② ）の電気をもっているが，金属中にはそれを打ち消す粒子《りゅうし》も存在するので，金属全体では＋と－の電気も帯びていない。このような状態を（ ③ ）という。

(3) 陰極線についての説明として誤っているものを次のア~ウからすべて選び，記号で答えなさい。

ア 次のページの図3のように，十字形の金属板を放電管に入れて電圧をかけると，－極の後ろに十字形の影ができる。

イ　図4のように，直進する陰極線の上下の電極板に電圧を加えると，陰極線は電極板の－極の方に曲がる。

ウ　直進する陰極線にU字型磁石を近づけると，図5のように曲がる。

図3

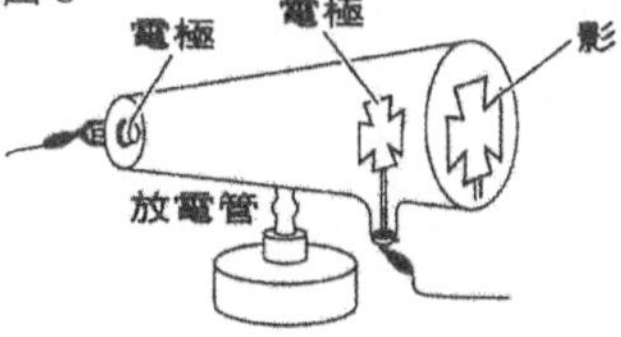

図4

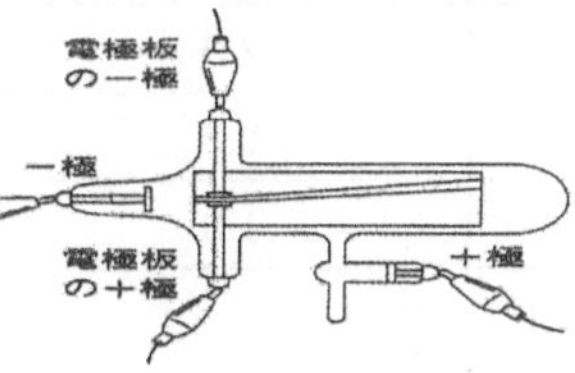

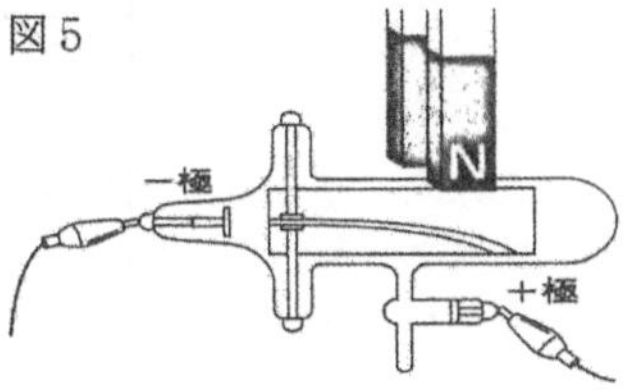

6　物体のもつエネルギーと速さや質量の関係を調べるために図1の装置を用いて〔実験1〕，〔実験2〕を行った。あとの(1)~(4)の問いに答えなさい。

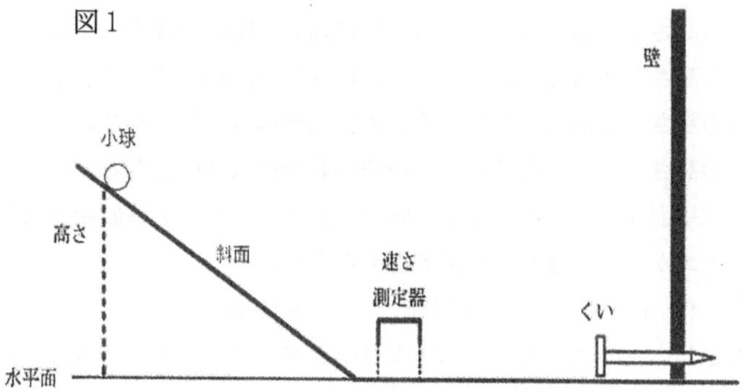

図1のように斜面と水平面がなめらかにつながったレールの上を小球が運動する。小球が水平面に達したところで，速さ測定器を用いて通過する瞬間の速さを測定する。水平面の先にある壁《かべ》にはくいが埋《う》め込まれており，小球が衝突《しょうとつ》するとくいがさらに打ち込まれる。ただし，小球とレールの間にはたらく摩擦力《まさつりょく》は非常に小さく，また空気抵抗もほとんどはたらかないものとする。

〔実験1〕　質量20gの小球を斜面上の異なる高さから静かに手をはなして運動させた。水平面に達したときの小球の瞬間の速さとくいの移動距離は表1のようになった。

〔実験2〕　異なる質量の小球を水平面からの高さ20cmから静かに手をはなして運動させた。水平面に達したときの小球の瞬間の速さとくいの移動距離は次のページの表2のようになった。

表1

水平面からの高さ〔cm〕	水平面に達した瞬間の速さ〔m/s〕	くいの移動距離〔cm〕
10	1.4	0.79
20	2.0	1.60
30	2.4	2.40
40	2.8	3.21

表 2

小球の質量〔g〕	水平面に達した瞬間の速さ〔 m/s 〕	くいの移動距離〔cm〕
10	1.9	0.81
20	2.0	1.60
30	2.0	2.39
40	1.9	3.20

(1) 次の文の（①），（②）に適する語を答えなさい。

高いところにある物体がもっているエネルギーを（　①　）といい，運動している物体がもっているエネルギーを（　②　）という。

(2) ［実験 1 ］の結果からわかることは何か。適当なものをア～エからすべて選び，記号で答えなさい。

ア　水平面からの高さが 2 倍になると，水平面に達した瞬間の速さは 2 倍になる。

イ　水平面からの高さが 4 倍になると，水平面に達した瞬間の速さは 2 倍になる。

ウ　水平面からの高さが 2 倍になると，くいの移動距離は 2 倍になる。

エ　水平面からの高さが 4 倍になると，くいの移動距離は 2 倍になる。

(3) 40 g の小球で水平面からの高さ40㎝で実験をした場合，くいの移動距離は何㎝になるか。最も適当なものをア～エから 1 つ選び，記号で答えなさい。

ア　3.98㎝　　イ　4.79㎝　　ウ　5.60㎝　　エ　6.40㎝

(4) 次の文のうち正しいものはどれか。適当なものをア～ウからすべて選び，記号で答えなさい。

ア　くいの移動距離は，小球を手放す水平面からの高さに比例する。

イ　くいの移動距離は，小球の質量に比例する。

ウ　くいの移動距離は，小球が水平面に達した瞬間の速さに比例する。

【社　会】（45分）　＜満点：50点＞

1　衣食住に関するA先生と生徒のBさんの会話文を読み，あとの(1)～(6)の各問いに答えなさい。

A先生　今日は衣食住について勉強しましょう。aエジプト人の服装を見て，どのようなことがわかりますか？

Bさん　二人とも長袖を着て，頭に何か巻いていますね。

A先生　これは［ 1 ］徒の服装ですね。エジプトは90%以上が［ 1 ］徒とされています。その他にも韓国の民族衣装であるチマチョゴリは結婚式の際に着るのが伝統とされているようです。インドのサリーは，吸湿性の良い木綿や麻を使った一枚布の衣装です。

Bさん　『衣』はその国の宗教や文化・b気候の違いなどを反映しているということですね。

A先生　その通りです。次は『食』について勉強しましょう。同じ料理一つをとっても国ごとで様々な違いがありますね。例えば，カレーもインド・cタイ・日本などに様々な種類があります。ちなみにインド人はカレーを右手の指を使って食べる習慣があります。

Bさん　どうして右手の指で食べると決まっているのですか？

A先生　それはインドで信仰される［ 2 ］が左手を不浄の手としているためです。

Bさん　そうなのですね。初めて知りました。

A先生　それでは最後に衣食住の『住』を勉強しましょう。

[写真1]

[写真2]

A先生　[写真1]は，イグルーという雪の家です。カナダに住む［ 3 ］の人たちの移動式の家として作られました。そして[写真2]は，ギリシャの家です。降水量が少ないため，傾斜のない平らな屋根の家であることが特徴的ですね。

Bさん　なぜギリシャの家は真っ白なのですか？

A先生　その理由は［ 4 ］。

　ここまで世界の衣食住を比較してきましたが，共通して言えることは様々な要因がその国の衣食住に影響を与えているということです。その国の衣食住だけを見るのではなく，広い視野を持って勉強することの大切さを学びました。以上で勉強を終わりたいと思います。

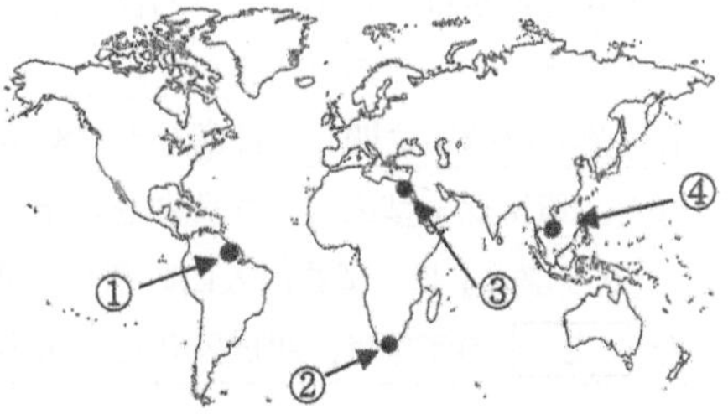

(1)　下線部aと下線部cに関して，エジプトとタイの場所の組み合わせとして最も正しいものを**ア**～**エ**より一つ選び，記号で答えなさい。

ア　エジプト　―　①　　タイ　―　②
イ　エジプト　―　③　　タイ　―　④
ウ　エジプト　―　②　　タイ　―　④
エ　エジプト　―　③　　タイ　―　①

(2) 下線部bに関して，以下の雨温図はカイロ（エジプト）・ニューデリー（インド）・ソウル（韓国）のうちのどれかである。最も正しいものを**ア**～**ウ**より一つ選び，記号で答えなさい。

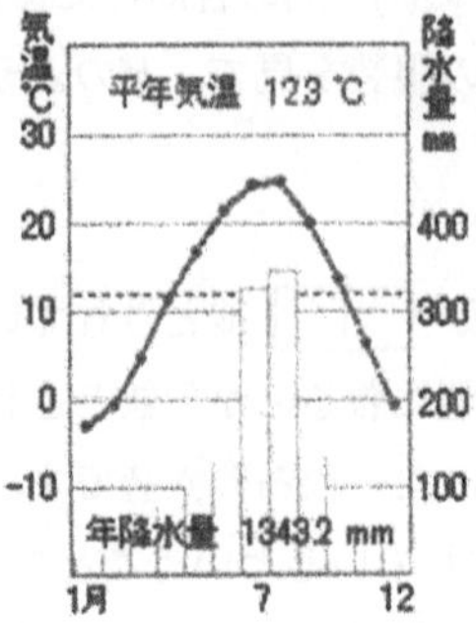

ア カイロ（エジプト）
イ ニューデリー（インド）
ウ ソウル（韓国）

(3) [1] と [2] にはそれぞれ宗教名が入る。[1] と [2] に入る宗教名として当てはまらないものを**ア**～**ウ**より一つ選び，記号で答えなさい。

ア イスラム教　**イ** 仏教　**ウ** ヒンドゥー教

(4) [3] にはカナダ北部に住む先住民族の名称が入る。空欄に当てはまる語句を答えなさい。

(5) [4] に入る内容として最も正しいものを**ア**～**エ**より一つ選び，記号で答えなさい。

ア 大西洋沿岸の土地には石灰が多く含まれているためです。
イ 夏の強い日差しによって建物の中が高温にならないようにするためです。
ウ 景観を白でそろえることで観光地として栄えることができるためです。
エ 白の建物に統一することで日差しを吸収しやすくなり，冬の厳しい寒さをしのぐためです。

(6) 世界の衣食住に関する文章として誤っているものを**ア**～**エ**より一つ選び，記号で答えなさい。

ア 降水量の多い地域では米が主食で，比較的少ない地域では小麦を主食とすることが多い。
イ 寒い地域では化学繊維の他，保温性の高い動物の毛皮を用いた服装を着ることがある。
ウ 日差しが強い地域では土や石で薄い壁を作り，窓を大きくして家の中を涼しく保つことが多い。
エ 雨の多く日差しがきつい地域では，屋根のひさしを大きくすることがある。

2 次のページの［グラフ1］と［グラフ2］，また以下の文章を読み，あとの(1)～(6)の各問いに答えなさい。

［グラフ1］は，日本の食料自給率を示したグラフである。このグラフからもわかるように，多くの品目が，1960年の頃と比較すると，減少傾向にあることがわかる。その中でも，a [1] に関しては，1993年に大きく減少しているものの，ほぼ1960年頃の水準を維持していることがわかる。1993年の減少は，日本における記録的な冷夏が原因であると考えられ，その影響によるこの農作物の不作は，1918年の「大正の [1] 騒動」に対して，「平成の [1] 騒動」とも呼ばれている。b 野菜の自給率に関しては緩やかに減少しているが，日本では農薬を使用せずに生産する有機栽培など，環境保全型の安全な農業を目指している。

［グラフ2］は，産業別人口の割合の変化を示したグラフである。c 昭和28年に最も割合が高かった [2] の産業は，平成28年には大きく落ち込んでいる。

[グラフ1]

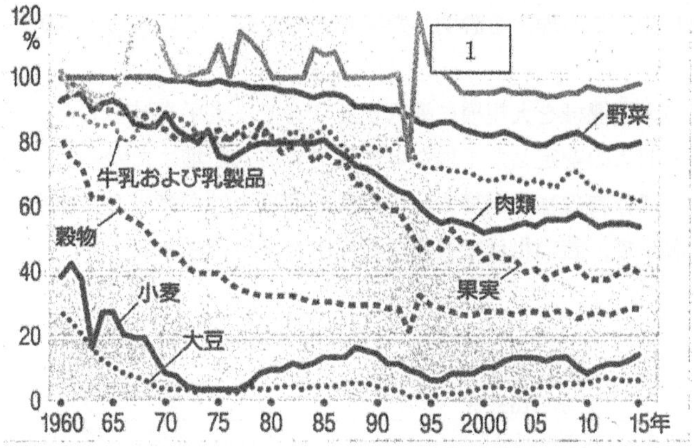

[グラフ2]

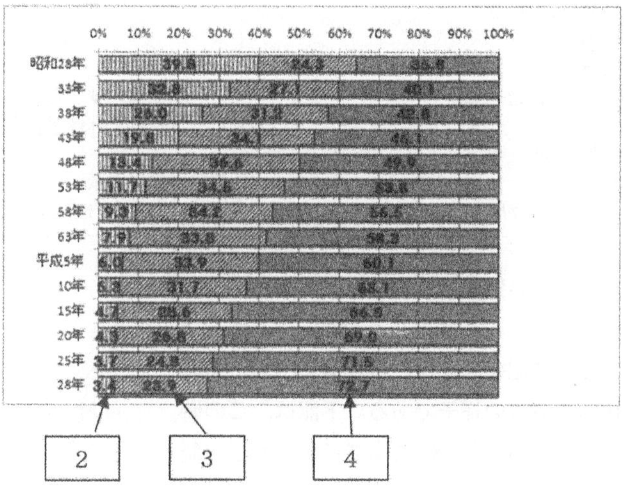

(1) [1] に当てはまる農作物を答えなさい。

(2) 下線部ａに関して，右の写真のような傾斜地にある耕作地のことを何とよぶか，答えなさい。

(3) 下線部ｂに関して，次の文中の空欄【あ】に当てはまる語句を答えなさい。

埼玉，千葉，茨城などの各県では大消費地に近い条件を生かして，都市向けに野菜を出荷する【　あ　】農業が行われている。

(4) [2] に当てはまる語句として最も正しいものを**ア**～**エ**より一つ選び，記号で答えなさい。

ア　第一次産業　　**イ**　第二次産業　　**ウ**　第三次産業　　**エ**　第四次産業

(5) 警察官や消防士があてはまる産業を 2 ～ 4 より一つ選び，記号で答えなさい。

(6) 下線部ｃに関して，この理由を説明した文章として誤っているものを**ア**～**エ**より一つ選び，記号で答えなさい。

ア アメリカ型の大型機械を大規模に導入することで，人手を減らしたから。

イ 農業をやめて収入の安定した工場などに就労する人が増えたから。

ウ 安い外国産の農作物の輸入が増え，国産品の売り上げが減少したから。

エ 代々続いた農家で，若い世代で農業を継ぐ人が減ったから。

3 次の年表を見て，あとの(1)～(4)の各問いに答えなさい。

年号	日本の出来事	アメリカの出来事
1853年	ａ黒船が来航し，日本に開港を迫る	日本に来港し，開港を迫る
1863年		ｂ奴隷解放宣言が出される
1877年	西南戦争　勃発…①	
1889年	日本で憲法が発布される	
1894年	日清戦争　勃発…②	
1904年	日露戦争　勃発	
1914年	第一次世界大戦　勃発…③	第一次世界大戦　勃発
1929年		ｃアメリカで株価が大暴落し多くの失業者を出す
1937年	日中戦争　勃発…④	
1939年	第二次世界大戦…⑤	第二次世界大戦
1945年	日本が敗北を宣言し終戦	アメリカを含む連合国軍が勝利

(1) 下線部ａに関して，この翌年に日本がアメリカと締結した条約の名称を答えなさい。

(2) 下線部ｂに関して，右記の写真はこの宣言を出した当時のアメリカの大統領の演説の様子である。下記は，この時の大統領の演説の一部である。（**X**）に当てはまる共通の語句を答えなさい。

「（　**X**　）の（　**X**　）による（　**X**　）のための政治」

(3) 下線部ｃに関して，このアメリカでの株価大暴落に対して，当時のアメリカ大統領が打ち出した政策名を答えなさい。

(4) 下の(A)～(E)は，年表中の①～⑤の戦争を説明したものである。(A)～(E)の説明に当てはまる戦争を①～⑤の中から選び，それぞれ数字で答えなさい。

(A)	この戦争は，国家の総力をあげた戦いとなった。毒ガスや飛行機，戦車，潜水艦などの新兵器の登場により，かつてない犠牲が出た戦争となった。また，終戦後，日本は好景気となった。
(B)	盧溝橋での衝突を機に始まった戦争である。日本軍は激しい抵抗にあいながらも占領地を広げ，国民政府を屈服させようとしたが，戦争は長期化していった。
(C)	不平士族の最大の拠点であった鹿児島で士族たちが蜂起し，九州各地の不平士族たちが呼応して戦争へと発展した。これ以後，大きな士族の反乱がおこることはなくなり，言論による政治改革が強まっていった。
(D)	甲午農民戦争を機に始まった戦争である。この戦争は日本の勝利に終わり，翌年山口県で講和会議が開かれた。
(E)	枢軸国に対して連合国の陣営が形成され，戦争はより激化していった。この時日本は，フランス領インドシナに進軍するなど東南アジアを支配した。

4　次の図は，15～16世紀に活躍した人物である。あとの(1)～(4)の各問いに答えなさい。

A 	B 	C 
この人物は，足利義昭を奉じて京都に入った。	この人物は，西回りでインドに行こうとして新大陸を発見した。	この人物は，大阪を拠点に天下を統一した。
D 	E 	F 
この人物は，ヨーロッパから日本にキリスト教を伝えた。	この人物は，堺の豪商で茶道に大きな業績を残した。	この人物は，ヨーロッパでキリスト教の改革を行った。

(1)　A～Fの人物やその業績について書かれた文章として最も正しいものを**ア**～**エ**より一つ選び，記号で答えなさい。

ア　Aは，天下統一直前で，Cに本能寺で討たれた。

イ　Bは，発見した大陸に自分の名前を付けた。

ウ　Eは，わび茶を完成し，宣教師を通してヨーロッパに広めた。

エ　Fは，Dが各地に布教したキリスト教を改革した。

(2)　次の各文章は，A～Fの人物が関係する出来事である。この出来事を古い順に並べたものとして，最も正しいものを**ア**～**エ**より一つ選び，記号で答えなさい。

(a)　Aが桶狭間の戦いで勝利した。　　(b)　Bが西インド諸島に到達した。

(c)　Cが刀狩令を発して兵農分離をおこなった。　(d)　Dが鹿児島に漂着した。

(e)　Eが自害させられた。　　(f)　Fが95箇条の意見書を教会に貼りつけた。

ア　(b)→(f)→(a)→(e)→(c)→(d)　　**イ**　(b)→(f)→(d)→(c)→(e)→(a)

ウ　(b)→(f)→(d)→(a)→(c)→(e)　　**エ**　(b)→(f)→(a)→(d)→(c)→(e)

(3)　南蛮貿易の利益もあり，最初はキリスト教宣教師の入国や布教活動を認めていたが，日本の一部がイエズス会の領地になったことからキリスト教の布教を禁止した人物をA～Fより一人選び，記号で答えなさい。

(4)　［画像１］と［画像２］について，あとの各問いに答えなさい。

［画像１］

［画像２］

①　［画像１］は，罪を逃れることができる文書を罪人に販売している様子を示している。この画

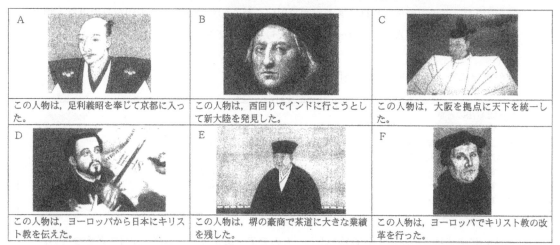

像に関係のある人物として最も正しいものをA～Fより一人選び，記号で答えなさい。

② 前のページの［画像2］は，ある目的で用いられた印章である。この印章を用いた人物として最も正しいものをA～Fより一人選び，記号で答えなさい。

5 次の表を見て，あとの(1)～(8)の各問いに答えなさい。

《 日本国憲法の各章 》

第1章 天皇 ・・・①	第7章 （ A ）
第2章 戦争の放棄 ・・・②	第8章 地方自治 ・・・⑦
第3章 国民の権利及び義務 ・・・③	第9章 改正
第4章 国会 ・・・④	第10章 最高法規
第5章 内閣 ・・・⑤	第11章 補則
第6章 司法 ・・・⑥	

(1) （A）にあてはまる語句として最も正しいものを**ア**～**エ**より一つ選び，記号で答えなさい。

ア 行政　**イ** 財政　**ウ** 外交　**エ** 税制

(2) ①に関して，第1条・第2条・第3条それぞれの条文の（B）～（D）に当てはまる語句の組合せとして最も正しいものを**ア**～**カ**より一つ選び，記号で答えなさい。

第一条 「天皇は，日本国の象徴であり日本国民統合の象徴であって，この地位は，主権の存する日本国民の（ B ）に基く。」

第二条 「皇位は，世襲のものであって，国会の議決した（ C ）の定めるところにより，これを継承する。」

第三条 「天皇の（ D ）に関するすべての行為には，内閣の助言と承認を必要とし，内閣が，その責任を負う。」

ア B 委任 C 皇室綱領 D 任免
イ B 委任 C 皇室典範 D 国事
ウ B 総意 C 皇室綱領 D 任免
エ B 総意 C 皇室典範 D 任免
オ B 総意 C 皇室典範 D 国事
カ B 委任 C 皇室綱領 D 国事

(3) ②に関して，まとめた次の文章の（E）～（G）にあてはまる語句の組合せとして最も正しいものを**ア**～**カ**より一つ選び，記号で答えなさい。

> 第（ E ）条では，戦争を放棄し，戦力を持たず，（ F ）権を認めないと定めています。しかし日本は国を防衛するために自衛隊を持ち，さらにアメリカと日米安全保障条約を結び，アメリカ軍が日本の領域内に駐留することを認めています。2017年現在，日本にあるアメリカ軍専用施設の総面積の約（ G ）％が沖縄県に集中しています。

ア E 6 F 発動 G 40　**イ** E 6 F 交戦 G 70
ウ E 9 F 発動 G 40　**エ** E 9 F 交戦 G 40
オ E 6 F 発動 G 70　**カ** E 9 F 交戦 G 70

(4) ③に関して，国民の権利及び義務についてまとめた次のページの表の（H）に当てはまる語句を漢字四文字で答えなさい。

精神活動の自由	第 19 条：思想・良心の自由　第 20 条：信教の自由　第 21 条：集会・結社・表現の自由，通信の秘密など
生命・身体の自由	第 18 条：奴隷的拘束及び苦役からの自由　第 31、33～39 条：法定の手続きによらなければ，逮捕されたり処罰されたりしない自由
（　H　）の自由	第 22 条：居住・移転・職業選択の自由　第 29 条：財産権の不可侵

(5)　④に関して，国会の種類についてまとめた次の表の（Ｉ）～（Ｋ）に当てはまる語句の組合せとして最も正しいものを**ア～カ**より一つ選び，記号で答えなさい。

種　類	招集と会期	おもな議題
常会（通常国会）	毎年 1 回，1 月中に招集。会期は（　Ｉ　）日間。	予算の審議
臨時会（臨時国会）	内閣または，いずれかの議院の総議員の（　Ｊ　）以上の要求があった場合に招集。	補正予算の審議など
特別会（特別国会）	衆議院の解散総選挙後（　Ｋ　）日以内に招集。	内閣総理大臣の指名
参議院の緊急集会	衆議院の解散中，緊急の必要があるとき，内閣の求めによって開かれる。	緊急に必要な事項

ア　Ｉ　180　Ｊ　3 分の 1　Ｋ　40　　**イ**　Ｉ　180　Ｊ　4 分の 1　Ｋ　30
ウ　Ｉ　150　Ｊ　4 分の 1　Ｋ　30　　**エ**　Ｉ　150　Ｊ　4 分の 1　Ｋ　40
オ　Ｉ　180　Ｊ　3 分の 1　Ｋ　30　　**カ**　Ｉ　150　Ｊ　3 分の 1　Ｋ　30

(6)　⑤に関して，内閣についてまとめた文章として誤っているものを次の**ア～エ**より一つ選び，記号で答えなさい。

ア　閣議を開いて，行政の運営について決定する。

イ　最高裁判所長官の指名とその他の裁判官の任命を行う。

ウ　国務大臣は内閣総理大臣によって任命されるが，過半数は必ず国会議員から選ばなければならない。

エ　内閣の仕事が信頼できなければ，衆議院および参議院は内閣不信任の決議を行う。

(7)　⑥に関して，次の刑事裁判の模式図の（Ｌ）～（Ｎ）に当てはまる語句の組合せとして最も正しいものを次のページの**ア～カ**より一つ選び，記号で答えなさい。

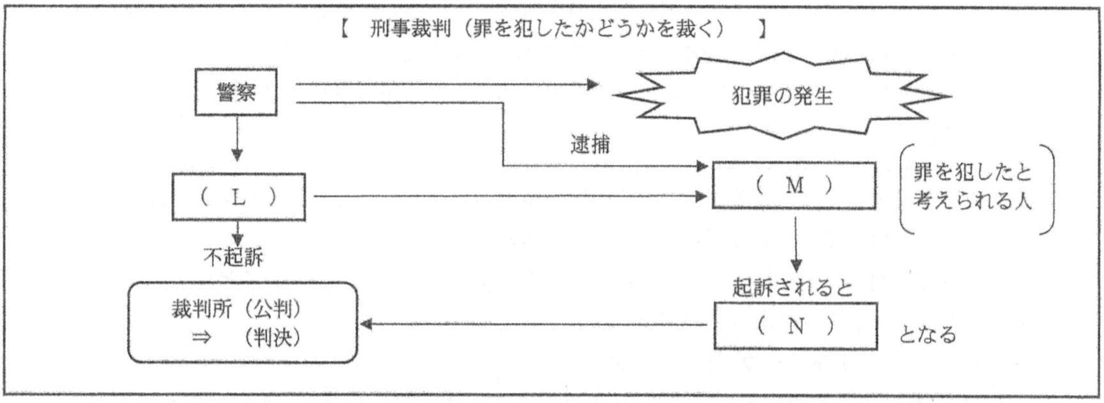

ア　L　弁護人　M　原告者　N　被告人
イ　L　検察官　M　原告者　N　被告人
ウ　L　弁護人　M　被疑者　N　被告人
エ　L　検察官　M　被疑者　N　被告人
オ　L　弁護人　M　原告者　N　原告人
カ　L　検察官　M　被疑者　N　原告人

(8)　⑦に関して，次の表は住民の請求権についてまとめたものである。この表の（O）～（Q）に当てはまる語句の組合せとして最も正しいものを**ア**～**カ**より一つ選び，記号で答えなさい。

請求内容	必要な署名数	請求先
条例の制定および改廃	有権者の（　O　）以上	首長
解散および解職請求	有権者の（　P　）以上	（　Q　）および首長

ア　O　50分の1　P　3分の1　Q　監査委員会
イ　O　30分の1　P　4分の1　Q　監査委員会
ウ　O　50分の1　P　3分の1　Q　選挙管理委員会
エ　O　30分の1　P　4分の1　Q　選挙管理委員会
オ　O　50分の1　P　4分の1　Q　選挙管理委員会
カ　O　30分の1　P　3分の1　Q　監査委員会

6　次の［文章1］と［文章2］は，少子高齢化と伝統文化や少数民族について書かれたものである。あとの(1)～(5)の各問いに答えなさい。

［文章1］

　近年，生徒数が減った学校の一部を地域の人々が利用する施設につくりかえるケースが増えている。日本では，生まれる子どもの数が少なくなる a 少子化と，高齢者の割合が増える高齢化が同時に進行する少子高齢化に直面しており，15歳未満の年少人口の割合が低く，65歳以上の老年人口が高い少子高齢社会となっている。また，現在の日本は，生まれてくる子どもの数よりも死者の数が多く，今後も継続して人口が減っていくことが予想される。人口が減れば，国民が購入する商品の総数も減ることが予想され，さらに15歳から64歳までの「（　A　）年齢人口」の減少がこのまま進行すれば，産業界全体の衰退を加速させるのではないかと心配されている。

(1)　下線部 a に関して，子育て支援のための雇用環境の整備や，保育園の増設など保育サービスの充実をはかる目的で2003年に制定された法律を何と呼ぶか，答えなさい。

(2)　下線部 a に関して，2015年の日本の合計特殊出生率（女性一人当たりの子ども出生数）として最も正しいものを**ア**～**エ**より一つ選び，記号で答えなさい。

ア　1.15　**イ**　1.45　**ウ**　1.75　**エ**　2.05

(3)　（A）に当てはまる語句として最も正しいものを**ア**～**エ**より一つ選び，記号で答えなさい。

ア　生産　**イ**　活躍　**ウ**　労働　**エ**　産業

［文章２］

長い歴史の中で育まれ，人々に受けつがれてきた文化を伝統文化という。日本の伝統文化の中には，能・狂言，歌舞伎といった一部の専門家によって受けつがれてきた文化と，広く庶民によって受けつがれてきた衣食住，b年中行事，冠婚葬祭などの生活文化がある。また，日本には（　B　）文化と（　C　）文化という二つの独特な文化がある。（　B　）文化はかつて（　D　）城を拠点に栄えた沖縄や奄美群島の人々によって受けつがれてきた文化である。（　C　）文化は，北海道や樺太〔サハリン〕，千島列島を中心に暮らしてきた先住民（　C　）によって受けつがれた文化である。日本の文化は，このような多様な文化が存在することでとても豊かなものになっている。

⑷　（B）と（C）に当てはまる語句それぞれ答えなさい。

⑸　（D）は，2019年の10月末に焼失した城である。当てはまる語句を答えなさい。

ア　五段活用　　イ　上一段活用　　ウ　カ行変格活用
エ　サ行変格活用　　オ　下一段活用

(二)　活用形をそれぞれ答えなさい。

問四　次の①～④の文の傍線部の品詞として最も適切なものを後のア～オの中からそれぞれ一つずつ選び、記号で答えなさい。

①　いや、僕はそう思わない。
②　ある少女が映画について話をした。
③　もう少しゆっくり話して下さい。
④　すなはち、サメは哺乳類ではない。

ア　名詞　　イ　連体詞　　ウ　接続詞　　エ　感動詞　　オ　副詞

問五　次の古文の傍線部分を現代かなづかいに直して、解答用紙の傍線部の右側に全てひらがなで答えなさい。

こはいとたふときをしへにて、わが師のよにすぐれたまへる一つなり

（本居宣長『玉勝間』による）

問六　書き下し文を参考にして、白文に訓点を入れなさい。

【書き下し文】故に事の格に合はざる者を言ひて杜撰と為す。
【白　文】故言事不合格者為杜撰。

（『野客叢書』による）

ど」と言ったものの、一緒に走ってくれたときには優しい顔つきになっていたから。

問四　傍線部②「なにも話せなくなった」とありますが、話せなくなってしまった理由として最も適切なものを次のア～エの中から一つ選び、記号で答えなさい。

ア　ずっと黙り込んでいるスズちゃんに対し、美智子ちゃんが腹を立てたと思ったから。

イ　元気だった美智子ちゃんが沈黙し、お別れの言葉を伝えにくい状況になってしまったから。

ウ　「ありがとう」と笑って言ったつもりだったのに、涙が流れ出しそうになったから。

エ　列車がもうすぐそこまで来たが、美智子ちゃんとお別れしたくないと思ったから。

問五　傍線部③「どうしたの？」について次の各問いに答えなさい。

(一)　この言葉を発した人物として最も適切なものを次のア～エの中から一つ選び、記号で答えなさい。

ア　わたし　　イ　美智子ちゃん

ウ　スズちゃん　　エ　お母さん

(二)　なぜこのような発言をしたと考えられますか。本文中の言葉を用いて三十五字以内で説明しなさい。

問六　本文中に登場する『いいもの』として適切でないものを次のア～エの中から一つ選び、記号で答えなさい。

ア　駅のホームへの入場券

イ　美智子ちゃんを見送ること

ウ　ペンで書き入れた相合い傘

エ　スズちゃんと美智子ちゃんの仲直りの機会

三　次の問一～問六に答えなさい。

問一　次のア～エの文の中で、文節の区切り方として最も適切なものを一つ選び、記号で答えなさい。

ア　彼は　少し　迷って　行くことに　決めた。

イ　机の上の　本を　手に　取る。

ウ　兄が　車で　父の　会社に　向かって　いる。

エ　私は　先生の　言葉が　聞こえ　なかった。

問二　次の①～④の文はいくつの単語からできていますか。単語の数を漢数字で答えなさい。

①　彼女は椅子に座る。

②　明日の午後は美容室に行く。

③　風邪を引いて熱が出たようだ。

④　弟が公園で犬の散歩をしている。

問三　次の①～④の文の傍線部の動詞について、次の各問いに答えなさい。

①　勉強しないと母に怒られる。

②　明日の朝は早く起きるつもりだ。

③　彼はその場から走り去った。

④　氷を入れてよく混ぜれば完成だ。

(一)　活用の種類をあとのア～オの中からそれぞれ一つずつ選び記号で答えなさい。

を振っていた。

笑っていたのか、泣いていたのか、わからない。

手を振り返す前に、スズちゃんがはじかれたように駆け出した。ぐんぐん加速する列車を追いかけて、走った。

あとについていこうと思っても、足が動かない。声も出せない。スズちゃんが遠ざかる。美智子ちゃんを乗せた列車はもっと速く遠ざかる。

わたしだけ、この場から動けない。[A]もどかしくて、悔しい。寂しくて、悲しい。でも、スカートを[B]ひるがえしてホームを走るスズちゃんの背中を見ていたら、そうだよね、そうなんだよね、と。[c]ナットクした。

スズちゃんは走りつづける。赤い[注3]テールランプを灯した最後尾の車両に追い抜かれても、走るのをやめなかった。

わたしはベンチに座った。スズちゃんの見つけた『ちどりや』の広告を指でそっとなでてみた。ところどころサビが出て[d]トソウもハゲた古い広告板の隅っこに、誰かがボールペンで、名前のない相合い傘を落書きしていた。

傘の右側が美智子ちゃんで、左側がスズちゃん。指で名前を書いて、傘の上にハートマークも付けて、いいものあーげた、と目をしょぼしょぼさせながら笑った。

（重松　清『ロング・ロング・アゴー』より一部改めた）

注1　スズちゃん…わたしと美智子ちゃんの同級生。父が和菓子屋『満月堂』の店主で、『ちどりや』に出店していた。『ちどりや』の閉店とともに美智子ちゃんとの関係が悪化している。

注2　デッキ…乗降用の扉から、客室へ向かうまでの通路となるスペースのこと。

注3　テールランプ…車の後ろについている赤色灯のこと。

問一　傍線部a「フキゲン」、b「キップ」、c「ナットク」、d「トソウ」のカタカナをそれぞれ漢字で書きなさい。

問二　傍線部A「もどかしく」、B「ひるがえして」の本文中における意味として最も適切なものを、次のア～エの中から一つ選び、それぞれ記号で答えなさい。

A「もどかしく」

ア　気力が残っていない　　イ　気まずさを隠せない

ウ　誰にも理解されない　　エ　思うようにいかない

B「ひるがえして」

ア　風になびかせる　　イ　くしゃくしゃにする

ウ　さっと裏返しにする　　エ　手でひっぱり上げる

問三　傍線部①「『いいもの』の見当は、スズちゃんにもついているのかもしれない」とありますが、わたしがそう思った理由として最も適切なものを次のア～エの中から一つ選び、記号で答えなさい。

ア　スズちゃんは「別に欲しくないけど」と強がりながら言ったものの、保健委員の小田さんに伝えた言葉で見当がつき、一緒に走ってくれたから。

イ　スズちゃんはわたしが手をつかんだことに腹を立てフキゲンになったものの、素直に席を立ち、嫌がることなく一緒に駅まで走ってくれたから。

ウ　スズちゃんは「別に欲しくないけど」とフキゲンそうに言ったものの、素直に席を立ち、嫌がることなく一緒に駅まで走ってくれたから。

エ　スズちゃんは「いいもの」がなにかわからず「別に欲しくないけ

近くの席にいた女子の保健委員の小田さんに、「わたしたち、おなか痛いから保健室に行ってるね」と伝え、くわしく聞かれる前に急いで教室を出た。私が走ると、スズちゃんも一緒に走ってくれた。①「いいもの」の見当は、スズちゃんにもついているのかもしれない。

（中略）美智子ちゃんたちが来たのは、九時二十五分……改札の上に掛かった時計の長針がカチン、と音をたてて二十六分を指したときだった。

わたしとスズちゃんに気付いたのはお母さんの方だった。びっくりして、気まずそうな顔にもなって、喜んでくれているわけではなかったけど、「帰りなさい」とは言わなかった。

美智子ちゃんも驚いて、「ありがとう」と、わたしに言った。美智子ちゃんはスズちゃんのほうもちらりと見た。でも、スズちゃんがうつむいたままだったので、目を合わせることもできず、わたしに向き直って、

「『ちどりや』の前で、ちょっと車を停めてもらったりしたから、遅くなっちゃった」と言った。

（中略）「入場券…買えなくて」

わたしは言った。だからここでお別れだね、と続けるつもりだったけど、美智子ちゃんはすぐに「ちょっと待ってて」と言って、bキップの券売機に向かった。

自分のお小遣いで、入場券を二枚買ってくれた。

「はい、いいものあげる」

最初にスズちゃんに差し出した。スズちゃんはうつむいたまま、黙って受け取った。

「はい、中村さん、いいものあげる」

わたしは、「ありがとう」と受け取った。「ごめんね」ではなく、「さよなら」の代わりに言った。笑ったつもりだった。でも、顔をゆるめると、泣き出しそうにもなってしまった。

「じゃあ、ホームに行こうか」

「うん…」

改札を抜けるときも、ホームを歩くときも、スズちゃんは黙り込んでいた。

最初は元気だった美智子ちゃんも、お母さんの待つ乗り口の手前から黙ってしまい、わたしももう、②なにも話せなくなった。

列車がホームに入ってくる。

美智子ちゃんは[注2]デッキからわたしたちを振り向いた。でも、何も言わず、目をちらりと合わせただけで、列車に乗り込んだ。

発車のベルが鳴る。ドアが閉まる。わたしは美智子ちゃんの座った席を探そうと思ったけど、スズちゃんは列車から顔をそむけるように体をよじって、ホームのベンチのほうを見つめていた。

「③どうしたの?」

黙ってベンチの上を指差した。

背もたれの上に、地元の病院やおみやげもの屋の広告が掲げられていた。その中に、『ちどりや』があった。看板と同じ文字の形だった。教室の窓から見ていた看板と、それが取りはずされたあとの広告塔の鉄骨が順に浮かんだ。

「これも……もうすぐ、別のお店のやつになっちゃうんだね……」

わたしがつぶやいたとき、列車が動き出した。最初はゆっくりと、でも、少しずつスピードを上げて。

美智子ちゃんがいた。窓に貼りつくように立って、こっちを見て、手

問四　二重傍線部「異を唱える」の意味として最も適切なものを次のア～エの中から一つ選び、記号で答えなさい。

ア　反対の意見を言う　　イ　別の考え方があることを述べる

ウ　一般論を言う　　エ　正しい意見を述べる

問五　[A]・[B]・[C]に当てはまる接続詞として最も適切なものを次のア～オの中からそれぞれ一つずつ選び、記号で答えなさい。

ア　つまり　　イ　しかし　　ウ　ないし　　エ　そのため

オ　しかも

問六　傍線部②「『赤い』『熱い』『怖い人だ』といった性質」とあるが、これを言い換えた箇所を本文中から八字で抜き出しなさい。

問七　傍線部③「私たちの道徳判断の多くは、推論によらず、また反応依存的だという点で、知覚判断にも似ている」とありますが、「道徳判断」と「知覚判断」の相違点を本文中の言葉を用いて説明しなさい。

問八　次の一文が入る箇所として最も適切な部分を、別紙1の中の[1]～[5]の中から一つ選び、数字で答えなさい。

> このように、そう感じた当人が主語であるかぎりは、その真偽や論拠を問うことは意味をなさない。

問九　この文章の説明として最も適切なものを次のア～オの中から二つ選び、記号で答えなさい。

ア　道徳判断と感情の表明は、真偽を問うことができないという点において同じである。

イ　道徳判断と感情の表明は似ているが、道徳判断に関しては真偽を問うことができる。

ウ　道徳判断と知覚判断には違いがあり、道徳判断は論拠を明示的にして、改めて考え直す対象たりうる。

エ　感情の表明は知覚判断と似ており、真偽を問題にすることはできるが、複雑な推論によらず下される。

オ　感情の表明は道徳判断と似ており、その対象の性質によって真偽を問うことができる。

二　次の文章を読んで後の問一～問六に答えなさい。

主人公の中村（わたし）は、大型ショッピングセンター『シンフォニー』の開発を担当する父とともに、東京から小さな街へと引っ越した。同級生の美智子ちゃんの父が社長を務める『ちどりや』は市内唯一のデパートで、お金持ちの美智子ちゃんはいつも「いいものあげる」と言って様々なものをクラスメートに手渡してくれていた。しかし、『シンフォニー』の好調に影響されて『ちどりや』が閉店することになってしまい、街から出ていくこととなる。以下はこれに続く場面である。

[注1]スズちゃんの席に向かって歩き出した。

あいかわらず読んでもいない算数の教科書をめくりつづけるスズちゃんに、「いいものあげる」と声をかけた。

「……なに？」

「ちょっと来て。外に出ないとあげられないから。」

手をつかむと、スズちゃんは「べつに欲しくないけど」と[a]フキゲンそうに言った。でも、私の手を振りほどこうとはせず、素直に席を立った。

る。[4]

[A] 共通点は、それだけではない。光の波長に反応する視覚器官をもたない異星人がいたとしたら、同じバラに接しても、彼らには「これは赤い」という判断は生じない。

（中略）②「赤い」「熱い」「怖い人だ」といった性質は、対象に備わった性質ではある。しかし、これらの性質の実在性は、一定の反応を生じる器官を備えた生物をc前提とする。

すなわち、「赤い」という性質は、一定の感覚器官をもった者たちに、「赤く見える」という反応を引き起こすという事実を抜きにしては、性質として確定されえない。この意味で、こうした性質は、反応依存的な性質だ、と言われる。もちろん、「赤く見える」という反応は、さらに詳しく調べるならば、「波長いくらいくらの反射光が届いている」といった具合に、物理用語で説明されうる。[B]、そうした説明は、まずもって「赤い」というものの性質が確定しているから、はじめて可能となるのであって、その逆ではない。

③私たちの道徳判断の多くは、推論によらず、また反応依存的だという点で、知覚判断にも似ている。私たちの道徳判断は、「悪いと思う」という反応を生じる感受性、[C] 情報処理回路なしには、生じない。もし、つねに個体で行動し、単独生殖する異星人がいて、彼らは共食いを常としており、なんの痛覚ももっていないとしたら、いじめの現場を見ても、たぶん「悪い」という判断は下すまい。

しかし、道徳判断と知覚判断とのあいだには、大きな違いもある。色の知覚の場合、もし判断が食い違ったなら、私たちは、「もう一度、よく見てみよう」「あちらから見てみよう」と、いろいろ条件を変えながら、見え方を確かめあう。そのようにして確かめあったあげく、何度、見直しても、違いが埋まらなければ、それ以上なしうることはない。あとは一方ないしd双方の視覚回路に異常が生じている、とされるか、なんらかの仕方で視覚をとりまく状況の異常性を持ち出して、食い違いの原因を説明するしかない。[5]

ところが、道徳判断の場合は、必ずしもそうではない。「悪い」「悪くない」という判断の食い違いを生じたなら、私たちは、「もう一度よく考え直してみよう」と、それぞれの判断の理由・論拠を吟味《ぎんみ》しあう。ここで、「考え直す」というのは、色の知覚の場合のように、「目を凝らして見直す」というのとはまったく違う。考え直すとは、判断の論拠を明示的にして吟味することに他ならない。私たちが、特別の推論によらずに道徳判断を下しているとしても、そう判断した理由や論拠は、改めて吟味の対象たりうる。のみならず、そうした吟味しだいによっては、「早《そう》計《けい》であった」「条件づきでしか、そうは言えない」というように、当初の道徳判断も訂正されうる。

このように、判断の論拠や前提の吟味によって、判断が訂正されうる、という点で、私たちの道徳判断は、ある種の法的判断に似てもいる。

（大庭　健『善と悪―倫理学への招待』より一部改めた）

問一　傍線部a「ソクメン」、b「ビミョウ」のカタカナをそれぞれ漢字で書き、c「前提」、d「双方」の漢字の読み方をそれぞれひらがなに直しなさい。

問二　傍線部①「この点」とはどのような点ですか、本文中の言葉を用いて三十字程度で答えなさい。

問三　[X] に共通して当てはまる語を答えなさい。

【国　語】（四五分）　〈満点：五〇点〉

一　次の文章を読んで後の問一～問九に答えなさい。

あなたは、ある人に会うなり、怖いと感じた、としよう。このとき、あなたは「この人は、怖い人だ」と思う。あなたのこの判断は、じっさいに「怖く感じる」という感情の表明であって、なんらかのデータをもとにして推論して得られたのではない。このように私たちが、感情を表明するさいには、なんら込み入った推論によらず、じっさいに抱いた感情をもとに発話している。

　道徳判断の多くは、格別の推論によらず、できごとに接するときに、いわばじかに下される。気弱な子どもがいじめられているのを見れば、私たちは、何とも言えない嫌な気持ちになって、なんら込み入った推論などせずに、とっさに「悪いことが行われている」と思う。①この点で、私たちの道徳判断の多くは、感情の表明に似ている。aソクメンをも有している。

　しかし、そうだとしたら、道徳判断の真偽を問題にしたり、判断の論拠を問うことは、意味をなさないのではあるまいか？　というのも、「あの人は、怖い人だ」という文は、じじつ怖く感じた、ということを表明しているのだから、その真偽を問うことは無意味となるから、である。道徳判断が、感情の表明に似ているのだとしたら、「あなたが感じたのは、いじめの悪さではないのではないか？」と問うことは、怖さを感じた人に向かって「君が感じたのは、怖さではないのではないか？」と問うのと同様、意味をなさないのではあるまいか？　[1]

　これはかなりbビミョウな問題である。しかし、感情を表明するために語った文は、そもそも真偽を問いえない、と言えるだろうか？　もちろん、問うことが無意味な場合もある。しかし、その場合、文の主語は、そう感じた当人になる。つまりそこで発せられるのは、「[X]」は、怖く感じた」という一人称の文である。こうした一人称の文は、「[X]は、胃が痛い」という感覚の表明と、論理的には同じである。怖く感じたから「怖く感じた」、痛みを感じているから「痛い」、ピリオド。[2]

　しかし、同じく感情の表明だ、としても、主語が「[X]」でない場合には、事情は違ってくる。「[X]は怖く感じる」というのではなく、「あの人は怖い人だ」という場合には、この文は、恐怖感を表明するだけでなく、その人物についての判断を表している。この場合には、聞き手は、「どうして、あの人のことを怖い人だ、と思うのか？」と問い返すこともできるし、「あの人は、怖い人ではない」と異を唱えることもできる。すなわち、感情を表明するために語った文について、そう語る理由を問いうるし、真偽を問題にすることもできる。

　（中略）このように、感情を表明する場合でも、そこで発せられる文が、自分でなく対象を主語とする文である場合には、対象がどういう性質を実際に有しているのか否かによって、その文の真偽が問題となる。この点で、多くの感情を表明した文も、多くの道徳判断を表す文も、知覚を報告する文に似てもいる。[3]

　眼前の花を見て、「これは赤い」「これはバラだ」と言ったとき、これらの文は、知覚による判断を表している。知覚による判断（以下「知覚判断」と呼ぶ）もまた、なんら複雑な推論によらず、対象に接してじかに下される、という点で、感情の表明や、多くの道徳判断と共通してい

2021年度

解　答　と　解　説

《2021年度の配点は解答欄に掲載してあります。》

＜数学解答＞《学校からの正答の発表はありません。》

1　(1)　12　(2)　$\frac{5}{24}$　(3)　$-13a+9b$　(4)　4　(5)　$(x,\ y)=(1,\ 1)$　(6)　3
(7)　$x=4$　(8)　35.9℃　(9)　$\frac{1}{6}$　(10)　$x=-3+2\sqrt{6}$　(11)　$a=2b+3$

2　(1)　2　(2)　△AOB：△OEF＝21：4

3　(1)　$\frac{5}{2}\text{cm}^2$　(2)　$\frac{9}{2}\text{cm}^2$　(3)　$\frac{3}{4}$，$\frac{23}{4}$秒後

4　(1)　$\frac{a}{2}$　(2)　$a=3$　(3)　648π

○推定配点○

1　各5点×11　2　各6点×2　3　各6点×3　4　各5点×3　計100点

＜数学解説＞

基本 **1**　(正負の数，式の計算，平方根，連立方程式，式の値，2次方程式，平均，確率，空間図形，文字と式)

(1)　$5-(-3)+2^2=5+3+4=12$

(2)　$\frac{1}{3}+\frac{1}{4}-\frac{3}{8}=\frac{8}{24}+\frac{6}{24}-\frac{9}{24}=\frac{5}{24}$

(3)　$2(a+3b)-3(5a-b)=2a+6b-15a+3b=-13a+9b$

(4)　$(\sqrt{5}+1)(\sqrt{5}-1)=(\sqrt{5})^2-1^2=5-1=4$

(5)　$y=2x-1$…①，$x=-3y+4$…②　①を②に代入して，$x=-3(2x-1)+4$　$x=-6x+3+4$　$7x=7$　$x=1$　これを①に代入して，$y=2\times1-1=1$

重要　(6)　$ab+2a-b-2=b(a-1)+2(a-1)=(a-1)(b+2)=(\sqrt{3}+1-1)(\sqrt{3}-2+2)=\sqrt{3}\times\sqrt{3}=3$

(7)　$(x-3)^2-2(x-3)+1=0$　$X^2-2X+1=0$　$(X-1)^2=0$　$X=1$　$x-3=1$　$x=4$

重要　(8)　仮平均を35.0℃とすると，(最高気温－35.0)の総和は，$0.5+0.2+(-0.7)+(-1.5)+0.8+1.5+2.7+3.0+1.7+0.8=9.0$　よって，平均は，$35.0+\frac{9.0}{10}=35.9$(℃)

(9)　さいころの目の出方の総数は，$6\times6=36$(通り)　このうち，題意を満たすのは，(A，B)＝(4，6)，(5，5)，(5，6)，(6，4)，(6，5)，(6，6)の6通りだから，求める確率は，$\frac{6}{36}=\frac{1}{6}$

(10)　表面積は，$x\times x\times2+x\times4\times3=2x^2+12x$　$2x^2+12x=30$　$x^2+6x=15$　$(x+3)^2=15+9$　$x+3=\pm2\sqrt{6}$　$x=-3\pm2\sqrt{6}$　$x>0$より，$x=-3+2\sqrt{6}$

(11)　$a\div b=2$余り3　$a=2b+3$

重要 **2**　(平面図形)

(1)　辺ABの中点をGとすると，中点連結定理より，$\text{GE}=\frac{1}{2}\text{BC}=\frac{7}{2}$，$\text{GF}=\frac{1}{2}\text{AD}=\frac{3}{2}$　よって，$\text{EF}=\text{GE}-\text{GF}=\frac{7}{2}-\frac{3}{2}=2$

(2)　AD//FE//BCより，DO：OF＝AD：FE＝3：2　DO：OB＝AD：BC＝3：7　2組の角が

それぞれ等しいので，△OAD∽△OEF　相似比は3：2より，面積比は$3^2:2^2=9:4$　△AOB：△OAD＝OB：OD＝7：3＝21：9　よって，△AOB：△OEF＝21：4

3 （点の移動と面積）

基本　(1)　A(1, 0)，B(3, 0)とする。2秒後，P(1, 2)，Q(3, 1)だから，△OPQ＝△OAP＋台形PABQ－△OBQ＝$\frac{1}{2}\times1\times2+\frac{1}{2}\times(2+1)\times(3-1)-\frac{1}{2}\times3\times1=\frac{5}{2}$($cm^2$)

重要　(2)　C(3, 3)，D(1, 3)とする。3秒後，P(1, 3)，Q(3, 0)だから，△OPQ＝$\frac{1}{2}\times3\times3=\frac{9}{2}$　5秒後，P(3, 3)，Q(1, 0)より，3秒後から5秒後の間，点PはDC上を，点QはAB上をそれぞれ移動するから，△OPQの底辺OQは減少し，高さは変わらないので，面積は減少する。よって，最大値は，$\frac{9}{2}$$cm^2$

重要　(3)　点PがAD上を移動するとき，点QはCB上を移動する。t秒後に3点O，P，Qがこの順に1直線上に並び，△OPQの面積が0になるとする。このとき，直線OPの傾きは，$\frac{t-0}{1-0}=t$　直線OQの傾きは，$\frac{(3-t)-0}{3-0}=\frac{3-t}{3}$　よって，$t=\frac{3-t}{3}$　$3t=3-t$　$4t=3$　$t=\frac{3}{4}$(秒後)
点PがCB上を移動するとき，点QはAD上を移動する。t秒後に3点O，Q，Pがこの順に1直線上に並び，△OPQの面積が0になるとする。このとき，直線OPの傾きは，$\frac{(8-t)-0}{3-0}=\frac{8-t}{3}$　直線OQの傾きは，$\frac{(t-5)-0}{1-0}=t-5$　よって，$\frac{8-t}{3}=t-5$　$8-t=3t-15$　$-4t=-23$　$t=\frac{23}{4}$(秒後)

4 （図形と関数・グラフの融合問題）

(1)　$y=\frac{1}{2}x^2$に$x=2a$，$-a$をそれぞれ代入して，$y=2a^2$，$\frac{1}{2}a^2$　よって，A$(2a, 2a^2)$，B$\left(-a, \frac{1}{2}a^2\right)$　直線ABの傾きは，$\left(2a^2-\frac{1}{2}a^2\right)\div\{2a-(-a)\}=\frac{1}{2}a$

(2)　直線ABの式を$y=\frac{1}{2}ax+b$とすると，点Aを通るから，$2a^2=\frac{1}{2}a\times2a+b$　$b=a^2$　よって，$y=\frac{1}{2}ax+a^2$　直線ABはR(－6, 0)を通るから，$0=\frac{1}{2}a\times(-6)+a^2$　$a^2-3a=0$　$a(a-3)=0$　$a>0$より，$a=3$

重要　(3)　A(3, 18)より，C(3, 0)とすると，求める立体の体積は，△ARCと△AOCをそれぞれx軸の周りに1回転させてできる円錐の体積の差に等しいから，$\frac{1}{3}\pi\times18^2\times(3+6)-\frac{1}{3}\pi\times18^2\times3=648\pi$

★ワンポイントアドバイス★

昨年と比べ，大問数が4題になった。出題内容は年度によって変わるが，難易度に大きな変化はない。時間配分を考え，できるところからミスのないように慎重に解いていこう。

＜英語解答＞《学校からの正答の発表はありません。》

1 (1) エ　(2) ア　(3) エ　(4) ア　(5) ア

2 (1) how, get　(2) without　(3) too, busy

3 (2番目，5番目の順)(1) イ，エ　(2) エ，イ　(3) ウ，カ　(4) イ，カ

(5) カ，エ
4 (1) ア ⑥ イ ① ウ ④ エ ③ (2) students wearing uniforms in
(3) same
5 (1) I haven't decided (2) thinking of becoming a patissier in the future
(3) 2，4 (4) エ (5) (例) 他の人々を幸せにすること。
○推定配点○
各2点×25(2(1)・(3)，3各完答) 計50点

＜英語解説＞

1 (語句選択問題：形容詞，前置詞，動詞，副詞，SVOC)

基本 (1) 「私はカナダに数人友達がいる。」 <a few ～>で「少しの～，少数の～」という意味を表す。

(2) 「私たちは冬休み中にオーストラリアに行った。」 during は「～の間に」という意味を表す。

(3) 「私の姉は料理をするときいつも音楽を聞く。」 習慣的行動は現在時制で表すので，三単現の s がつくものを選ぶ。

(4) 「私はトモミに手紙を書いてはいないし，電話をかけてもいない。」 too は「～も」という意味を表すが，否定文では用いない。否定文の場合は either を用いる。

(5) 「この写真集のハンバーガーは本物みたいだ。それは私を空腹にさせる。」 <make A B>で「AをBにする」という意味になる。

2 (書き替え問題：現在完了，名詞，比較)

(1) 「彼は博物館への道を知っていますか。」→「彼は博物館への行き方を知っていますか。」 <how to ～>で「～する方法(仕方)」という意味を表す。また，<get to ～>で「～に着く」という意味になる。

(2) 「すべての生き物は生きるのに空気と水を必要とする。」→「すべての生き物は空気と水なしには生きられない。」 <without ～>で「～なしに」という意味を表す。

(3) 「私は昨日するべきことが多くあって，手紙を書けなかった。」→「私は昨日手紙を書くには忙しすぎた。」 <too ～ to …>で「…するには～すぎる」という意味を表す。

3 (語句整序問題：分詞，接続詞，不定詞，SVOC，助動詞)

(1) (Have you ever) seen the mountain covered with snow (?) 「覆う」が受け身の意味になって「山」を修飾するので，過去分詞の形容詞的用法を使う。

(2) (He was) so hungry that he went straight (home.) <so ～ that …>で「とても～なので…」という意味になる。

(3) (My son) has no friends to play with (.) 不定詞の形容詞的用法は「～するべき」という意味を表す。

重要 (4) I had this bicycle fixed by my brother (last week.) <have + O +過去分詞>で「～を…してもらう」という意味を表す。

(5) (You) had better not eat so many sugary (snacks.) <had better not ～>で「～しない方がいい」という意味を表す。

4 (会話文問題：語句補充，語句整序)

ミキとタロウは放課後職員室でブラウン先生と話している。

ミキ ：来月ニュージーランドから新入生が来ます。彼の名前はポールです。彼のために何か特別なことをしたいです。

ブラウン先生：いいですね。それでは，私の英語の授業で彼のために発表をしましょう。

ミキ　　　　：ブラウン先生，どうもありがとうございます。(①)ポールはニュージーランドから何通かの手紙をくれました。それらの手紙は私たちに大いに役立つと思います。

ブラウン先生：ここに彼から来た写真が何枚かあります。あなたはそれらも使うことができます。私は同じ国の出身なので，あなたを助けることができます。

ミキ　　　　：ありがとうございます。

タロウ　　　：ええと，ぼくに考えがあります。彼の手紙の1つを読んだ後，ぼくたちは彼が自転車に乗るのが好きだと知りました。彼が自転車に乗るときに役立つことをいくつか教えましょう。(③)まず，ぼくたちは彼にぼくたちの町で訪れるのに良い場所を示すことができます。第二に，彼に日本の交通ルールを示すことができます。

ブラウン先生：素晴らしいですね！　ルールの1つを教えてください。

タロウ　　　：はい。日本の道路では車は左側を走ります。(④)しかし，あなたの国では，右側を走ります。それで…

ブラウン先生：待って！　ニュージーランドでも車は左側で運転します！

タロウ　　　：知りませんでした！　外国の映画を見て，海外では車は右を走ると思いました。

ブラウン先生：(⑥)多くの日本人は，海外ではすべてが違うと思っています。しかし，彼らは間違っています。同じことがたくさんあります。運転はその一例です。

(ミキは写真の1つを見ている。)

ミキ　　　　：(⑦)この写真の中の制服を着ている学生を見てください。ポールの学校には制服があり，私たちにも制服があります。彼らは私たちのようです！　これは(⑧)同じことの別の例です。

ブラウン先生：その通りです。

(1)　ア　直後に they're wrong とあり，日本人の考えが間違っていると言っている。　イ　直後にある those letters はイの some letters を指している。　ウ　タロウはニュージーランドでの車の通行方法について間違った意見を言っている。　エ　直後に Second とあるのがヒントになる。

(2) 「制服を着ている」という部分が「生徒たち」を修飾するので，現在分詞の形容詞的用法が使われている。

(3)　ポールの学校の生徒たちが制服を着ている様子は，自分たちと同じようだと，ミキは言っている。

5　(長文読解問題・説明文：語句補充，指示語，内容吟味)

(大意)　先週の土曜日，母と一緒にお気に入りのスイーツショップに行きました。私たちはケーキを買って，そこで働いている若い女性に会いました。

「多くの人が私たちのお菓子を気に入ってくれるので，私はいつも幸せです。」と彼女は言いました。「将来，ケーキ職人になり，自分の店を開くために一生懸命働いています。それが私の夢です。」

私も家族のためにケーキを作るのが好きなので，彼女の仕事と夢についての話は面白かったです。

その夜，私たちがケーキを楽しんでいたとき，母は「若い女性と話しているとき，あなたはとても興味深そうでしたね。ケーキ職人になるのはどう？」と言いました。

私は「お菓子作りに興味はあるけど，(①)まだ自分の将来は決めていません。」と言いました。

それから，父は私にいくつかのアドバイスをくれました。「カズコ，仕事を考えるときは，3つのことを覚えておきなさい。それが役に立てばうれしいです。まず，私たちからひとりだちしなければいけません。つまり，一人で生活しなければなりません。次に，仕事を得ることであなたの夢をやり遂げれば幸せになれます。第三に，これが最も重要です。あなたの仕事が他の人を幸せにするべきだと思います。」と父は言いました。私は「父さん，ありがとう。やってみます。」と言いました。

私は父のアドバイスを何度も考えました。私は「ケーキ職人になるべきだろうか？　お菓子作りは好きだわ。私のお菓子が人々を幸せにするなら，私も幸せに感じるだろうな。」と思いました。

翌朝，私は町の図書館に行き，お菓子を作ることや，ケーキ職人になることについての本を探しました。ある本には，北海道は美味しいお菓子で有名だとありました。北海道には美味しいお店や有名なケーキ職人が多く，北海道はお菓子の最高の材料を生産しています。

(②)私は今，将来ケーキ職人なることを考えています。ケーキ職人になったら，北海道の素晴らしい自然を感じさせる新しいケーキを作りたいです。

(1)　「まだ～していない」という意味は現在完了の否定文で表す。

(2)　<think of ～>で「～について思う」という意味を表す。

重要 (3)　1 「カズコと母親は先週の土曜日にスイーツショップを訪問した。」 第1段落の内容に合うので，正しい。　2 「カズコと母親は土曜日の夜に父親のためにケーキを作った。」 文中に書かれていない内容なので，誤り。　3 「カズコはお菓子を作るのが好きで，若い女性の仕事や夢に興味を持った。」 第3段落の内容に合うので，正しい。　4 「カズコはケーキ職人に会うために町の図書館に行った。」 文中に書かれていない内容なので，誤り。　5 「カズコは新しい種類のケーキを作ることによって北海道の素晴らしい自然を表すことに興味がある。」 最後の段落の内容に合うので，正しい。

(4)　「例えば，日本のバターの80％以上は北海道で作られ，北海道産のバターは日本中の多くの有名なスイーツショップで使われている。」という文を挿入する。北海道が作る材料に関して説明している文なので，エが答え。

(5)　父親のアドバイスは Then から始まる段落に書かれている。this is the most important の後に続く部分の内容をまとめればよい。

★ワンポイントアドバイス★

2の(3)には<too ～ to …>が使われているが，これは<so ～ that S can't …>(とても～なのでSは…できない)で書き換えられる。この文を書き換えると，I was so busy that I could not write a letter yesterday. となる。

<理科解答>《学校からの正答の発表はありません。》

1 (1)　蒸散　(2)　維管束　(3)　水面からの水の蒸発を防ぐため。
(4)　d　(5)　エ　(6)　B　$1.3cm^3$　D　$0.1cm^3$

茎の断面図の模式図

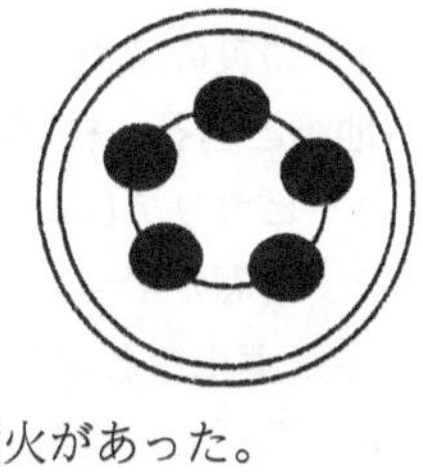

2 (1)　上方置換(法)　(2)　ウ　(3)　アンモニア
(4)　手であおぐようにしてかぎ，直接容器に鼻を近づけない。

3 (1)　駒込ピペット　(2)　$HCl+NaOH \rightarrow NaCl+H_2O$
(3)　アルカリ性　(4)　2本目　(5)　蒸留

4 (1)　新生代　(2)　示準化石　(3)　二酸化炭素　(4)　火山の噴火があった。
(5)　南西

5 (1)　C　(2)　①　電子　②　－　③　電気的に中性　(3)　イ

6 (1) ① 位置エネルギー　② 運動エネルギー　(2) イ，ウ　(3) エ
(4) ア，イ

○推定配点○
1 (2)・(3) 各2点×3　他 各1点×5　2 各2点×4　3 各2点×5　4 各2点×5
5 (1) 2点　他 各1点×4　6 各1点×5　計50点

＜理科解説＞

1 (植物の体のしくみ―蒸散)

基本 (1) 植物の体から水蒸気が放出される現象を蒸散という。主に葉の裏側に多い気孔から水蒸気が蒸発する。

基本 (2) 根から吸い上げた水分が通る道を道管といい，光合成でつくりだした養分などが通る道を師管という。これを合わせて維管束という。双子葉類では維管束が輪状になっている。

(3) メスシリンダー内の水の表面からの蒸発を防ぐため，油を入れる。

(4) 蒸散量が最も多いのはワセリンを塗っていないCであり，bがこれである。次に蒸散量が多いのが葉の表側にワセリンを塗ったAでありdがこれになる。

重要 (5) 蒸散は葉の裏側に多い気孔から行われるので，エの説明が正しい。

(6) Bは葉の裏側にワセリンを塗ったもので，蒸散量が3番目に多い。これはaであり，蒸散量は $28.0-26.7=1.3(cm^3)$ になる。Dは最も蒸散量が少ないcになり，その量は $28.0-27.9=0.1(cm^3)$ である。

2 (気体の発生とその性質―気体の性質)

基本 (1) Aは上方置換法である。

基本 (2) 水上置換法に適する気体は，水に溶けない気体である。

重要 (3) 刺激臭があり，水に非常によく溶けるのは，問題文で与えられた中ではアンモニアである。

(4) 危険防止の観点から，気体の臭いは容器に直接鼻を近づけてかぐのではなく，手であおいで臭いをかぐ。

3 (実験・観察―中和・蒸留)

(1) 駒込ピペットは目盛りのついた器具であり，液体の体積を量ることができる。スポイトは目盛りのないものが多い。

重要 (2) 塩酸と水酸化ナトリウムの中和反応の反応式は，$HCl+NaOH \rightarrow NaCl+H_2O$ である。

基本 (3) このときBTB溶液の色が緑色になっているので，アルカリ性である。

(4) 1本目の試験管には，初めにガラス管に入っていた空気が入っている。2本目はエタノールを多く含む。3本目では，エタノール $3cm^3$ のうちほとんどがすでに集められているので，2本目より少なくなる。

重要 (5) 物質の沸点の違いを利用して分離する方法を蒸留という。

4 (地層と岩石―柱状図)

基本 (1) ビカリアは新生代に繁栄した巻貝である。

基本 (2) 地層ができた年代の推測に役立つ化石を示準化石という。ビカリアのほかに，アンモナイトや三葉虫などがその例である。

基本 (3) 石灰石に塩酸をかけると，二酸化炭素が発生する。

基本 (4) 凝灰岩は火山灰によってできる岩石で，これがあるということから，この地層ができたときに火山の噴火があったことがわかる。

(5) 鍵となる地層として凝灰岩の層の標高を比べると，①では70m，②では64m，③でも64mに凝灰岩層があらわれる。これより，②，③地点では地層の傾きがなく，①がこれらより高いところに凝灰岩層があるので，南西の方角に低くなっている。

5 (その他―陰極線・静電気)

(1) ポリスチレンAを摩擦した布は，Aの球とは逆の電気を帯びている。これと同じ電気を帯びる球はAと引き合うので，答えはCである。

(2) 金属には自由に動き回れる電子が存在する。電子は－の電気を帯びている。しかし，原子核に＋の電気を帯びた粒子があり，全体では電気的に中性になっている。

重要 (3) ア 正しい。陰極線は，さえぎるものがあるとそれに当たって先に進めない。そのためその影ができる。 イ 間違い。陰極線は－の電気を帯びている。それで，電極板の－極から出る電子と反発しあい，＋極側に曲げられる。図4では，曲がる方向が逆である。 ウ 正しい。陰極線に磁石を近づけると，フレミングの左手の法則に従って陰極線が曲げられる。ここでは，図5のように下側に曲がる。

6 (運動とエネルギー―エネルギー)

基本 (1) 高い位置にある物体がもつエネルギーを位置エネルギーといい，運動する物体がもつエネルギーを運動エネルギーという。

重要 (2) 高さが4倍になると，水平面に達した瞬間の速度は2倍になる。また，高さが2倍になると，くいの移動距離も2倍になる。

重要 (3) 表1より，同じ重さの小球では，水平面からの高さとくいの移動距離が比例することがわかる。表2より，同じ高さから落下させるとき，小球の重さとくいの移動距離が比例することがわかる。よって，高さを40cm，重さを40gにすると，くいの移動距離は$3.2\times2=6.4$(cm)になる。

(4) ア 正しい。表1より，くいの移動距離は，小球を手放す水平面からの高さに比例することがわかる。 イ 正しい。表2より，くいの移動距離は小球の重さに比例することがわかる。
ウ 間違い。表1より，くいの移動距離と小球が水平面に達したときの速さは比例しないことがわかる。

★ワンポイントアドバイス★

理科全般からの出題で，基礎的な事柄の理解が問われている。標準レベルの問題集をしっかりと演習して，基本問題を確実に得点したい。

<社会解答> 《学校からの正答の発表はありません。》

1 (1) イ (2) ウ (3) イ (4) イヌイット (5) イ (6) ウ

2 (1) 米 (2) 棚田 (3) 近郊 (4) ア (5) 4 (6) ア

3 (1) 日米和親(条約) (2) 国民 (3) ニューディール(政策) (4) A ③ B ④ C ① D ② E ⑤

4 (1) エ (2) ウ (3) C (4) ① F ② A

5 (1) イ (2) オ (3) カ (4) 経済活動 (5) ウ (6) エ (7) エ (8) ウ

6 (1) 少子化社会対策基本法　(2) イ　(3) ア　(4) B 琉球　C アイヌ
(5) 首里(城)

○推定配点○

1 各1点×6　2 (1)～(3) 各2点×3　他 各1点×3　3 (1)～(3) 各2点×3
他 各1点×5　4 各1点×5　5 (4) 2点　他 各1点×7　6 (2)・(3) 各1点×2
他 各2点×4　計50点

＜社会解説＞

1 (地理―人々の生活・気候など)

基本 (1) エジプトはアフリカ大陸の北東部に位置しピラミッドで有名な古代文明の発祥地。タイはインドシナ半島中央部にある王国。東南アジアで唯一独立を保ったことでも知られる。

(2) 亜寒帯(冷帯)気候に属する亜寒帯冬季少雨気候のソウル。カイロは乾燥帯に属する砂漠気候，ニューデリーは乾燥帯に属するステップ気候。

(3) エジプトの位置する北アフリカから西アジア一帯はほとんどがイスラム教徒。インドはバラモン教から発展した多神教で牛を神聖視しカースト制度と強く結びついたヒンドゥー教。

(4) かつてエスキモーと呼ばれたアジア系の先住民。漁や狩猟を中心に生活し，冬季にはイグルーと呼ばれる雪のブロックで積み上げられた住居で知られる。

(5) 熱の吸収率が低い白い漆喰《しっくい》で塗られた家は温度の上昇を和らげる。

(6) 日差しが強い地域では熱を通しづらい土や石で壁を作りできるだけ窓を小さくする。

2 (日本の地理―農業・産業別人口など)

重要 (1) 戦後生活習慣の変化からコメの消費は激減しコメ余りから生産調整を推進。1995年には輸入が自由化，2018年には長らく続いた減反政策も廃止された。

(2) 山間部の傾斜地に階段状に造られた水田。過疎化の進行で放棄されたものも多いが，水資源の涵養《かんよう》や生態系の維持など多面的な機能が見直され保護活動も進んでいる。

(3) 大消費地を背景に新鮮な野菜や花卉《かき》などを中心に行われる農業。輸送費が安く生産性は高いが土地の値段や人件費が高いなどデメリットも多い。

(4) 農林水産業に従事する人。一般的に経済成長とともに第1次産業の割合が減って第2次・第3次産業の割合が高くなるがこれを産業構造の高度化という。

(5) 第3次産業とは第1次・第2次以外で運輸・通信・商業・金融・公務・サービスなど。

(6) 農業従事者が減少する中，その解決策の一つとして機械化も進んでいった。

3 (日本の歴史―近代の政治・経済史など)

(1) 下田，箱館の2港を開港し漂流民の救助や燃料・食糧の供給などを約した条約。

(2) アメリカ大統領リンカンが南北戦争最大の激戦地・ゲティスバーグで行った演説。民主政治の根本精神を要約した言葉として知られている。

(3) ルーズヴェルト大統領が大恐慌からアメリカ経済を救うために実施した一連の政策で「新規まき直し」の意味。それまでの自由放任から積極的な介入や統制をおこなった。

重要 (4) A ヨーロッパを中心に31か国が戦った最初の世界的規模の戦争。　B 北京郊外で日中両軍が軍事衝突。　C 西郷隆盛を擁して戦われた最大の士族の反乱。　D 朝鮮をめぐる日本と清との争い。　E 仏印への進駐は英米の反発を招き石油禁輸などの経済制裁を招いた。

4 (日本と世界の歴史―近世の政治・文化史など)

A：織田信長，B：コロンブス，C：豊臣秀吉，D：ザビエル，E：千利休，F：ルター。

(1)　ザビエルはアジアを中心に布教，ルターはドイツを中心に教会の批判を展開。

やや難 (2)　b(1492年)→f(1517年)→d(1549年)→a(1560年)→c(1588年)→e(1591年)の順。

(3)　島津氏を降伏させた秀吉はそれまでの方針を撤回してバテレン追放令を発布。キリシタン大名の大村純忠が長崎を教会に寄進したことから彼らの領土的野心を警戒したためともいわれる。

(4)　①　ルターは免罪符の販売に抗議して教会を批判し宗教改革の発端となった。　②　織田信長は美濃国を攻略した後「天下布武」の印を使用，天下を武力で平定する意思を示した。

5　(公民—憲法・政治のしくみなど)

(1)　財政処理や課税の要件，予算や決算などについて規定した章。

(2)　皇室典範は戦前には憲法と並ぶ特別な法であったが戦後は一般の法律となった。天皇は国政に関する権能は一切持たず，すべて内閣の責任の下に一定の儀礼的行為を行う。

(3)　平和主義は前文と9条で規定。自衛隊は憲法の禁ずる戦力には当たらず，自衛権まで放棄したものではないとされる。沖縄の米軍基地は住民の生活に大きな影響を与えている。

(4)　国民の実質的な平等を確保するためある程度の制限が認められる自由権。

(5)　I　1回の延長が認められる。　J　必要に応じて召集。　K　法案審議がない場合もある。

重要 (6)　内閣不信任の決議は衆議院にのみ認められる権利で，可決されると10日以内に衆議院が解散されない限り総辞職しなければならない(日本国憲法69条)。

(7)　起訴不起訴の判断は検察官に任されている(起訴便宜《べんぎ》主義)。被告人は有罪判決が出るまで推定無罪とされ，弁護人選任権，黙秘権などが認められている。

(8)　首長に提出されるのは副知事や副市町村長などの主要な公務員。

6　(公民—少子化・伝統文化など)

やや難 (1)　前文には日本における急速な少子化の進展は有史以来未曽有《みぞう》の事態と記されている。

(2)　人口を維持するには合計特殊出生率2.07が必要といわれる。2005年に1.26と史上最低を記録して以降徐々に上昇していたが最近はまた下降傾向にある。

(3)　生産活動に従事しうる労働力の中核をなす年齢層。少子高齢化に伴い1995年をピークに減少を続け，20年間で1000万人も減り深刻な問題となっている。

(4)　B　琉球王国の下で育まれ，日本・中国・東南アジアなどの文化が融合されて生まれたもの。　C　2019年にはアイヌ新法が制定され初めてアイヌを日本の先住民と認めた。

(5)　琉球王国の王宮。沖縄戦で破壊されたのち1990年代に再建復興，2000年には「琉球王国の城及び関連遺産群」として首里城跡も世界遺産に登録された。

★ワンポイントアドバイス★

選択肢の問題は微妙な言い回しの文言が多い。一つ一つの言葉を丁寧に読み込み，落ち着いて判断することでミスを防いでいこう。

＜国語解答＞《学校からの正答の発表はありません。》

一　問一　a　側面　b　微妙　c　ぜんてい　d　そうほう　問二　(例)　格別の推論によらず，できごとに接するときにじかに下されるという点。　問三　(例)　私
問四　ア　問五　A　オ　B　イ　C　ウ　問六　反応依存的な性質

問七　(例)　知覚判断が食い違った場合は，見直して違いが埋まらなければそれ以上なしうることがないが，道徳判断が食い違った場合は，判断の論拠を吟味することができ，判断が訂正されうる。　問八　2　問九　ウ，オ

二　問一　a　不機嫌　b　切符　c　納得　d　塗装　問二　A　エ　B　ア
問三　ウ　問四　ウ　問五　(一)　ア　(二)　(例)　スズちゃんがホームのベンチのほうを見つめているのを不思議に思ったから。　問六　エ

三　問一　ウ　問二　①　五　②　七　③　九　④　十一　問三　(一)　①　エ
②　イ　③　ア　④　オ　(二)　①　未然形　②　連体形　③　連用形
④　仮定形　問四　①　エ　②　イ　③　オ　④　ウ　問五　とうときおしえ，たまえる　問六　故ニ言ヒテ二事ノ不ルレ合ハレ格ニ者ヲ一為スニ杜撰ト一。

○推定配点○
一　問二・問七　各3点×2　他　各1点×13　二　問五(二)　2点　他　各1点×10
三　各1点×19　計50点

＜国語解説＞

一　(論説文―漢字の読み書き，指示語，空欄補充，語句の意味，接続語，内容理解，脱文補充，要旨)

基本　問一　a「側面」は，さまざまな性質や特質のうちの一つの面，という意味。　b「微妙」は，細かいところに複雑な意味や味が含まれていて，何とも言い表しようのない様子。　c「前提」は，推理を行う場合に結論の基礎となる判断，という意味。　d「双方」は，両方，という意味。

問二　段落の最初の文を指している。「気弱な子どもが……」の文は最初の文に対する具体例である。

問三　空欄のあとに「……という一人称の文」とあることに注目。「一人称」の主語となる言葉を答える。

問四　相手と違う意見を述べる，ということ。

問五　A　空欄の前の事柄にあとの事柄を付け加えているので，累加の接続語が入る。　B　空欄の前後が逆の内容になっているので，逆接の接続語が入る。　C　空欄の前の事柄とあとの事柄のどちらかを選ぶことを表しているので，対比・選択の接続語が入る。

問六　直後の段落に「こうした性質は，反応依存的な性質だ，といわれる」とあることに注目。

やや難　問七　最後から三つ目の段落に「しかし，道徳判断と知覚判断とのあいだには，大きな違いもある」とあることに注目して，そのあとの説明を読み取る。「知覚判断」では，「もし判断が食い違った」場合は，「見直しても，違いが埋まらなければ，それ以上なしうることはない」。その一方で，「道徳判断」では，「判断の食い違いを生じた」場合は，「判断の理由・論拠を吟味しあう」ことができ，「判断が訂正されうる」のである。

問八　抜けている文に「このように，そう感じた当人が主語であるかぎりは，……」とあるので，この文の直前には，一人称の主語である場合について述べている内容があるはずである。

重要　問九　問七で考えた内容から，ウは正しい。また，第五・六段落の内容から，オは正しい。

二　(小説―漢字の読み書き，語句の意味，心情理解，内容理解，主題)

問一　a「不機嫌」は，機嫌が悪いこと。　b「切符」の「符」を「付」としないように注意。　c「納得」は，なるほどと認めること。　d「塗装」は，塗料をぬる，または吹き付けること。

問二　A　思うようにならないで，気がもめること。　B　旗などを風にひらめかせること。

問三　スズちゃんは「不機嫌そうに」していたが，外へ出て「わたし」が走ると，「一緒に走って

くれた」ということに注目。

問四　「わたし」は「ありがとう」という言葉を「『さよなら』の代わりに言った」。しかし，「顔をゆるめると，泣き出しそうにもなってしまった」のである。

やや難　問五　(一)　「わたし」は，スズちゃんの様子について，質問している。　(二)　直前のスズちゃんの様子をとらえる。

重要　問六　美智子ちゃんとスズちゃんが仲直りする機会はなかったが，「わたし」は「相合い傘」に指で二人の名前を書き，ハートマークをつけて「いいもの」としたのである。

三　**(文節，単語，動詞，品詞識別，歴史的仮名遣い，返り点)**

基本　問一　ア「行く／ことに」，イ「机の／上の」はそれぞれ二文節。エ「聞えなかった」で一文節。

問二　①「彼女｜は｜椅子｜に｜座る。」　②「明日｜の｜午後｜は｜美容院｜に｜行く。」　③「風邪｜を｜引い｜て｜熱｜が｜出｜た｜ようだ。」　④「弟｜が｜公園｜で｜犬｜の｜散歩｜を｜し｜て｜いる。」

重要　問三　①　サ行変格活用の動詞は「する」「○○する」。「ない」に続いているので未然形。　②「ない」を付けた直前の音が「起きない」とイ段の音になるので上一段活用。「つもり」(体言)に続いているので連体形。　③「ない」を付けた直前の音が「走り去らない」とア段の音になるので五段活用。「た」に続いているので連用形。　④「ない」を付けた直前の音が「混ぜない」とエ段の音になるので下一段活用。「ば」に続いているので仮定形。

問四　①　応答を表す感動詞。　②「少女が」を連体修飾している。　③「話して」を連用修飾している。　④　説明・補足の接続詞。

問五　「たふ」を「とう」に，「を」を「お」に直す。語頭と助詞以外の「は・ひ・ふ・へ・ほ」は「わ・い・う・え・お」に直す。

問六　書き下し文を見て，「故→事→格→合→不→者→言→杜→撰→為」の順番で読むことをとらえる。

★ワンポイントアドバイス★

論説文はキーワードに注目して，論理の展開をとらえよう。小説は場面に注目して話の展開や人物の考えをとらえることが必要。文法，そして，古文や漢文の知識問題も出題されるので，いろいろな問題にあたり，基礎力を保持しよう！

MEMO

大切なことはメモしておこうネ！

2020年度

入　試　問　題

2020年度

2020年度

津田学園高等学校入試問題

【数　学】（45分）　　＜満点：50点＞

1　次の(1)～(10)の □ にあてはまるものを答えなさい。

(1)　$5-3\times(-2)=$ □ である。

(2)　$(a+2b)(a-2b)=$ □ である。

(3)　$\sqrt{75}+\sqrt{12}-\dfrac{27}{\sqrt{3}}=$ □ である。

(4)　一次方程式 $\dfrac{2x+1}{3}-\dfrac{x+a}{2}=2$ の解が4であるとき，$a=$ □ である。

(5)　24と30と45の最小公倍数は □ である。

(6)　数学の参考書Aが，消費税が８％から10％になって税込み価格が20円高くなった。この数学の参考書Aの税抜き価格は □ 円である。

(7)　連立方程式 $\begin{cases} 2x+3y=1 \\ 3x+2y=4 \end{cases}$ の解は，$(x,\ y)=$ □ である。

(8)　$x=1-\sqrt{5}$ のとき，$x^2-2x+10$ の値は □ である。

(9)　コインを３回投げるとき，表が２回以上出る場合は全部で □ 通りである。

(10)　３辺の長さの比が　３：４：５　であり周の長さが36cmの三角形の面積は □ cm^2である。

2　A君を含む10人の生徒に100点満点の数学のテストを実施した。次の表はA君をのぞく９人の生徒の得点をまとめたものである。

得点(点)	60	74	66	62	82	38	45	41	67

このとき，次の各問いに答えなさい。

(1)　表中の９人の生徒の得点について，中央値を求めなさい。

(2)　A君を含む10人の数学のテストの平均点は61点であった。このとき，A君の得点および，10人の得点の中央値を求めなさい。

3　次の各問いに答えなさい。

(1)　式 $x-2y+xy-2$ を因数分解せよ。

(2)　x，y は自然数とする。このとき，$x-2y+xy-2=33$ を満たす値の組 $(x,\ y)$ を全て求めなさい。

4　右の図のように中心O，長さ10の線分ABを直径とする円がある。この円周上にA，Bと異なる２点C，Dをとり，線分CDと線分ABが円の内部で交わる点をＰとする。

PC＝４，PD＝２　のとき，次の各問いに答えなさい。

(1)　右の図で相似である三角形の組をすべて求めなさい。

(2)　線分OPの長さを求めなさい。

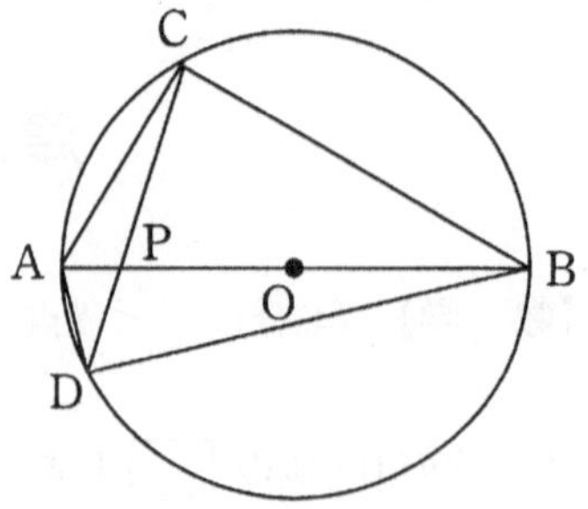

5　右の図で，①，②，③はそれぞれ $y = ax^2$，$y = \frac{1}{2}x^2$，$y = -x$ の式が表すグラフであり，$a < 0$　とする。また，点Aは放物線①と直線③の原点以外の交点であり，点Bは放物線②と直線③の原点以外の交点である。

このとき，次の各問いに答えなさい。

(1)　点Bの座標を求めなさい。

(2)　点Aと点Bから x 軸にひいた垂線をそれぞれAH，BPとする。このとき，△OAHと△OBPが相似となることを次のように証明した。

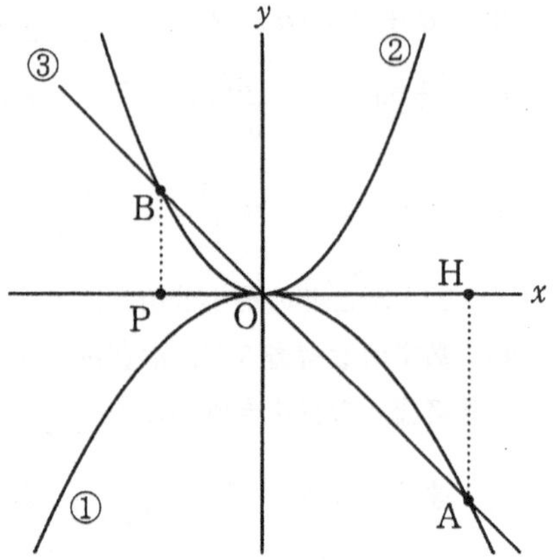

> 証明　△OAHと△OBPにおいて
> ∠AHO＝∠BPO＝90°　…①
> ［　ア　］　…②
> ①，②より，直角三角形において
> ［　イ　］ので　△OAH∽△OBP

［ア］，［イ］にあてはまる適切なことがらを答えなさい。

(3)　△OAHと△OBPの面積比が　１：４　であるとき，a の値を求めなさい。

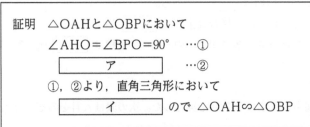

【英　語】（45分）　＜満点：50点＞

1　次の⑴～⑸の（　）内に入る語として，最も適切なものを次のア～エの中から１つ選び，記号で答えなさい。

⑴ This is not Lisa's bag. It's（ア I ／ イ my ／ ウ me ／ エ mine）.

⑵ The pictures（ア on ／ イ in ／ ウ to ／ エ for）the wall were painted by my father.

⑶ Who's that girl（ア read ／ イ reads ／ ウ reading ／ エ is reading）a book in the corner?

⑷（ア Eat ／ イ Eats ／ ウ Ate ／ エ To eat） too much is not good.

⑸ At lunch you can choose（ア every ／ イ either ／ ウ ever ／ エ never）chicken or fish.

2　次の⑴～⑶の各組の文がほぼ同じ意味になるように（　）内に入る適切な語を答えなさい。

⑴ Mary's grandmother died five years ago.
Mary's grandmother（　　）（　　）dead for five years.

⑵ What day of the month is it today?
What is the（　　）today?

⑶ Ken is not as tall as Mike.
Mike is（　　）（　　）Ken.

3　次の⑴～⑸の各文を日本語の意味にあうように正しい語順に並べ替え，（　）内で２番目と５番目にくる語を，それぞれ記号で答えなさい。ただし，文頭にくる語も小文字で示してある。

⑴ 私はその男性がだれか知りません。
（ア know ／ イ who ／ ウ I ／ エ the man ／ オ don't ／ カ is）.

⑵ 彼はちょうど手紙を書き終えたところです。
（ア just ／ イ he ／ ウ has ／ エ a letter ／ オ writing ／ カ finished）.

⑶ 彼女はときどき妹の宿題を手伝わなければならないことがあります。
She sometimes has（ア help ／ イ her sister ／ ウ with ／ エ homework ／ オ to ／ カ her）.

⑷ ケビンは去年アメリカへ行ったそうです。
I（ア Kevin ／ イ to ／ ウ America ／ エ that ／ オ hear ／ カ went）last year.

⑸ そんなことは公共で話題とするべきではない。
Such things（ア should not ／ イ spoken ／ ウ in ／ エ about ／ オ public ／ カ be）.

4　次の電子メールで送られてきた英文を読んで，(1)～(3)の設問に答えなさい。

From　: Hiro Suzuki
To　　: John Austin
Date　: December 24, 2019
Subject : Re: My pictures

Dear John,

Hi, John. Thank you (①) your letter and pictures. Two years have passed since I came back to Japan. While I stayed at your house, I did a lot of things that I had never experienced in Japan. I'll never forget visiting a lot of places with you and your parents.

By the way, I'm looking at the pictures. In the pictures, you wear a swimming wear. ② You (can / like / swim / very / look / fast / you). But it is very strange to me. December, January and February are winter in Japan. These months are the summer months in Australia.

I am sending two pictures, too. One of them is a picture of my family. Mother and my little sister Miki are sitting on the chair. Father and I are standing by them. You can see our house at the back of us. In the other picture, father and I are working on a farm. We have many sheep and cows. I often help my father. The work is very hard, but I like it very much.

Now, I'm very happy to know that you will come to Japan on January 10 and stay here during your vacation. We will welcome you to our home. Will you let me know what time you will arrive at the airport on that day? I'll pick you up at the airport with my parents. I'm really looking forward to seeing you.

Your friend,
Hiro

［注］ details　詳細

(1)　文中（①）に入る最も適切な語を１語で答えなさい。

(2)　下線部②の（　）内の語を意味があうように並べ替えなさい。

(3)　本文の内容に合うように次の各問いにそれぞれ英語，または数字で答えなさい。

Ⓐ　When did Hiro come back to Japan from Australia?
→ Hiro came back to Japan in (　　　　).

Ⓑ　Why did Hiro feel the pictures strange?
→ Because December, January and February are (　　　　) in Japan.

Ⓒ　What does Hiro want John to do?
→ Hiro wants John to let him know (　　　　) he will (　　　　) at the airport.

5　次の英文を読んで，(1)～(4)の設問に答えなさい。

Robots have been used for many years. They are used in factories to make big machines. Maybe the car which your mother or father drives was built by robots. These robots can move arms and fingers but the robots are fixed in one place and can't (①).

Today, however, there are robots which can move like humans. They can help people with ②many kinds of work. For example, they can work at the places which an accident has happened. They are able to go into buildings which have been damaged by earthquakes and look for people who got hurt. They also enter places the air has become very dirty and help to clean them.

Robots also help in facilities for old people. Some robots help people living there to eat their food, and others help them when they walk. ③This is good for those people because they don't have to depend on human helpers for everything. They can eat and walk as slowly as they want, and feel relaxed.

In the near future, robots will be used in restaurants and cafeterias. Even now there are robots which can pour drinks and carry dishes for people.

All of these robots do physical work. But now another use for robots has been discovered. "Paro", a robot shaped like a seal, was developed in Tsukuba, Japan, and first sold in 2005. Since then, more than 2,200 have been sold to hospitals and old people's facilities in Japan and all over the world. It has become quite popular in both the United States and Europe.

［注］ factories 工場　facilities 施設　depend on ～に頼る　pour 注ぐ
physical 肉体的な　seal アザラシ

(1) 文中（①）に入る最も適切なものを次のア～エの中から１つ選び，記号で答えなさい。

ア make a big machine　　イ drive a car
ウ work for humans　　エ move around

(2) 次の文章が下線部②の具体的な説明となるように次の（Ⓐ）～（Ⓒ）に入る適切な語をそれぞれ日本語で答えなさい。

ロボットは事故が起きた場所で働くことができる。（ Ⓐ ）によって破損した建物の中に入り，（ Ⓑ ）を探す能力もある。また空気が非常に（ Ⓒ ）ところに入り，そこをきれいにする手助けもできる。

(3) 下線部③の指す内容についてロボットが高齢者に対して行う行動を具体的に日本語で２つ答えなさい。

(4) 本文の内容として最も適切なものを次のア～エの中から１つ選び，記号で答えなさい。

ア For a long time, robots have been used to make factories for cars.
イ Robots can help humans by doing dangerous kinds of work.
ウ Old people's facilities are not needed human helpers.
エ In restaurants, robots are used to take orders and carry dishes for people.

【理　科】（45分）　＜満点：50点＞

1　図１はヒトの体内での血液循環を表した模式図，図２は心臓の断面図である。あとの⑴～⑷の問いに答えなさい。ただし，血管Aの ⟶，Bの ⟵ は血液の流れの方向を表している。

図１

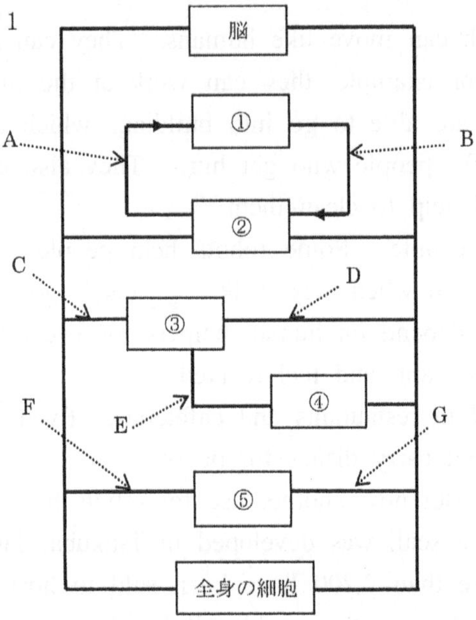

図２

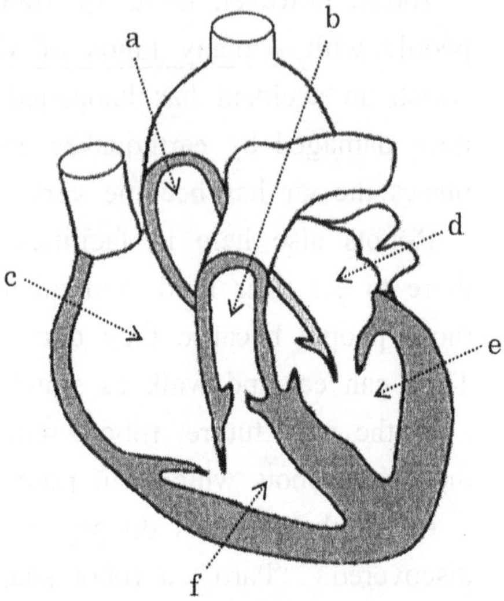

⑴　図１の①～⑤の名称として正しいものを次のア～カから１つ選び，記号で答えなさい。

	①	②	③	④	⑤		①	②	③	④	⑤
ア	肺	心臓	肝臓《かんぞう》	腎臓《じんぞう》	小腸	イ	心臓	肺	小腸	肝臓	腎臓
ウ	肺	心臓	肝臓	小腸	腎臓	エ	心臓	肺	小腸	腎臓	肝臓
オ	肺	心臓	腎臓	小腸	肝臓	カ	心臓	肺	腎臓	肝臓	小腸

⑵　次のア～ウの血液が流れている血管を，図１のA～Gのうちからそれぞれ選び，記号で答えなさい。

ア　二酸化炭素を最も多く含む血液。

イ　アンモニアが最も少ない血液。

ウ　栄養分を最も多く含む血液。

⑶　血液の流れを図２のa～fを用いて順番に並びかえなさい。ただし，循環は大静脈で始まり，心臓を通って大動脈で終わるものとする。

大静脈→（　　　）→（　　　）→（　　　）→（　　　）→（　　　）→（　　　）→大動脈

⑷　心臓は血液の循環で重要な役割をしており，ポンプのはたらきをしている。１分間に心臓から送り出される血液量（cm^3）を答えなさい。ただし，１回の拍動《はくどう》によって送り出される血液量を$70cm^3$，１秒間の拍動数を1.2回とする。

2　6つの気体A二酸化炭素，B水素，C窒素，Dアンモニア，E塩化水素，F酸素について，あとの(1)～(3)の問いに答えなさい。

(1)　次のア，イの性質を表す文にあてはまるものを，気体A～Fからそれぞれ選び，記号で答えなさい。

ア　この気体が入った試験管に火のついた線香を入れると線香は激しく燃えた。

イ　この気体は空気より重く，刺激臭がある。この気体はよく水に溶け，その水溶液は酸性を示す。

(2)　気体A，Bを発生させるために，それぞれ何と何を反応させればよいか。次のア～キから選び，記号で答えなさい。ただし，同じ記号を何度選んでもよいものとする。

ア　うすい塩酸　　イ　石灰石　　ウ　塩化アンモニウム　　エ　亜鉛
オ　二酸化マンガン　　カ　オキシドール　　キ　水酸化カルシウム

(3)　気体C，Dを発生させたとき，その捕集方法として正しいものを次のア～ウからそれぞれ選び，記号で答えなさい。

ア　水上置換法　　イ　上方置換法　　ウ　下方置換法

3　蒸留《じょうりゅう》水が何からできているかを調べるために，右の装置で蒸留水を電気分解したところ，陽極に気体Aが，陰極に気体Bが発生した。これについてあとの(1)～(6)の問いに答えなさい。

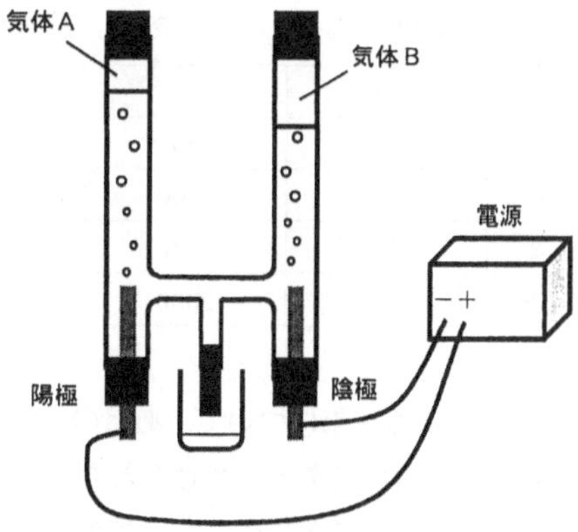

(1)　蒸留水は電流が流れにくく，電気分解しにくい。蒸留水に入れると電気分解しやすくなる物質を次のア～オからすべて選び，記号で答えなさい。

ア　水酸化カリウム　　イ　食塩　　ウ　硫酸
エ　水酸化ナトリウム　　オ　砂糖

(2)　発生した気体Aは何か化学式で答えなさい。

(3)　気体Bが何であるかを調べる方法とその結果を簡単に答えなさい。

(4)　気体Aと気体Bの発生する体積の比はどのようになるか。最も簡単な整数比で答えなさい。

(5)　上の実験装置内に蒸留水ではなく，10％塩化銅水溶液150cm^3を入れて実験を行った。陽極には何が発生するか化学式で答えなさい。

(6)　(5)で加えた10％塩化銅水溶液150cm^3に含まれている塩化銅は何gか答えなさい。ただし，密度は$1.08\,\text{g/cm}^3$とする。

4　天体について，あとの(1)～(5)の問いに答えなさい。ただし，図1は，オリオン座を日本のある場所で11月10日の午後8時（図1のA）から2時間ごとに4回観察して記録したものである。次のページの図2は銀河系を真横から見たものである。

図1

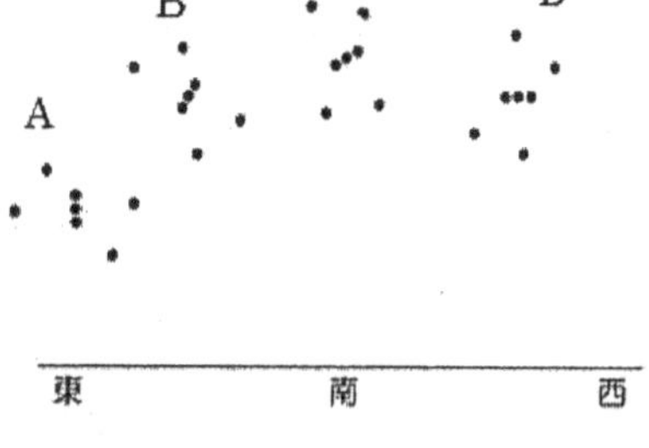

(1)　図1の星座の形は変わらずに，時間とともに動いたように見えるのはなぜか。正しいものをあとのア～エから

１つ選び，記号で答えなさい。

ア　地球の地軸が傾いているため。　　イ　地球から恒星までの距離が遠いため。

ウ　地球は公転しているため。　　　　エ　地球は自転しているため。

⑵　恒星の南中時刻は１日に約何分ずつはやくなるか答えなさい。

⑶　太陽が地平線に沈んでから２時間後にオリオン座が太陽と同じ位置に沈んだとすると，地球から見た太陽の方向とオリオン座の方向のなす角はおよそ何度か答えなさい。

⑷　１月10日の午後８時に南中したオリオン座が，その後午前２時に初めて南中するのはおよそ何か月後か答えなさい。

⑸　次の文中の（あ）～（う）にあてはまる語句の組み合わせとして正しいものを下の表のア～クから１つ選び，記号で答えなさい。

地球から見える太陽や星座の大部分は，半径が約（　あ　）万光年の銀河系とよばれる恒星の集まりの中に分布している。銀河系には，約（　い　）億個の恒星があり，真横から見ると図２のように，上からみるとうずまき状の形をしている。太陽系のある場所は図２の①～④のなかで（　う　）である。銀河系は，地球をとり巻く天の川として見える。

図２

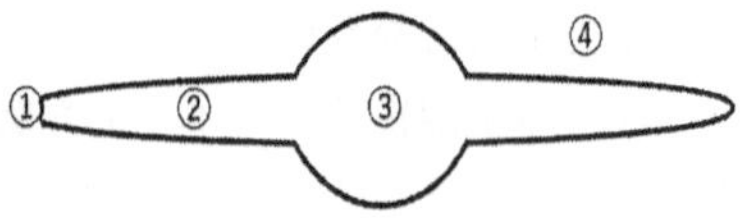

	あ	い	う		あ	い	う
ア	5	20	①	イ	500	20	①
ウ	5	2000	②	エ	500	2000	②
オ	50	200	③	カ	5000	200	③
キ	50	2000	④	ク	5000	2000	④

5　光による現象について，あとの⑴～⑸の問いに答えなさい。ただし，図１，図２は，２種類の形状のガラスに光を入射させたときの光の進路を表しており，次のページの図３は凸レンズの左側に物体を置いてできる像について調べるために物体とレンズの位置関係を示したものである。

⑴　図１の光の進路として正しいものはどれか。
図１のａ～ｄから１つ選び，記号で答えなさい。

図１

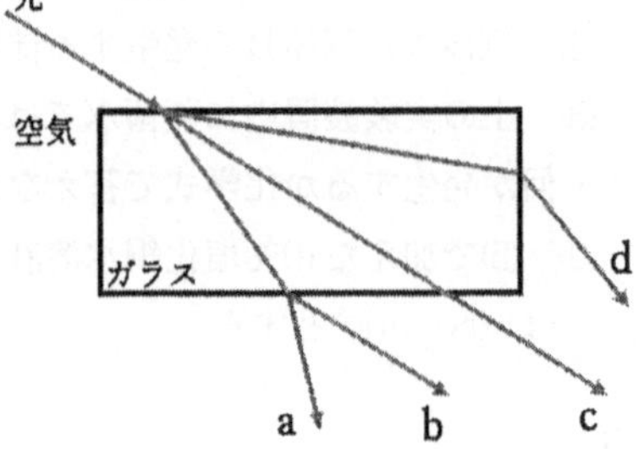

⑵　図２の光の進路として正しいものはどれか。
図２のａ～ｄから１つ選び，記号で答えなさい。

図２

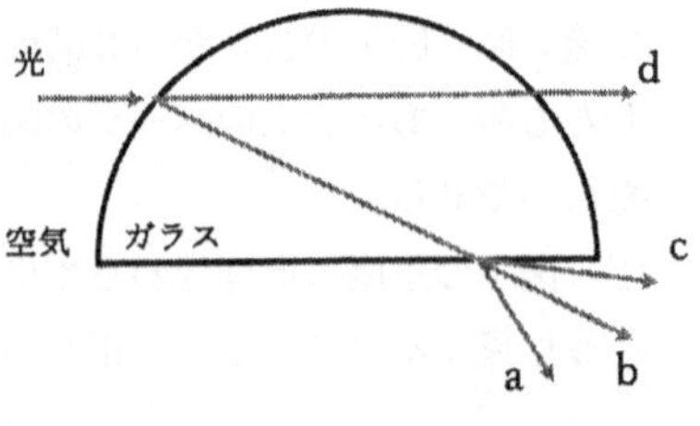

図３

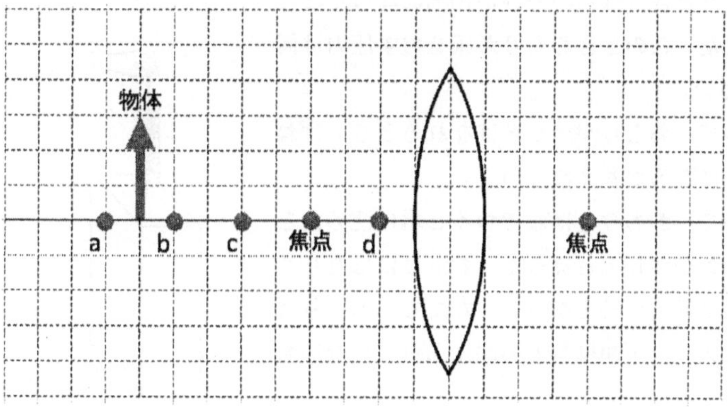

⑶　図３において実際の物体の大きさよりも小さい像ができるのは，物体をａ～ｄのどの位置に置いたときか答えなさい。

⑷　図３において実際の物体と同じ大きさの像ができるのは，物体をａ～ｄのどの位置に置いたときか答えなさい。

⑸　図３においてａ点に物体を置き，できた像を観察した。次に物体の位置は変えずに，凸レンズの上半分を紙で完全におおうと，できる像はどのように変化するか。次のア～エから１つ選び，記号で答えなさい。

ア　像の大きさが小さくなる。

イ　像の大きさは変わらないが，明るさが暗くなる。

ウ　像の上半分が消える。

エ　像がすべて消える。

6　力の現象について，あとの⑴～⑹の問いに答えなさい。図１は，質量200ｇの直方体の形をしたおもり，図２は，図１のおもりのＡ面を下にしてばねでつるしたものである。図３は，図２のおもりをばねにつるし水中に沈《しず》めたものである。このとき使用するばねは10ｇのおもりを持ち上げたとき１㎝のびることがわかっている。ただし，100ｇの物体にはたらく重力の大きさは１Ｎとして計算しなさい。（図２・図３は次のページにあります。）

⑴　図１のおもりのＡ面を下にして置いたとき，おもりが床をおす圧力は何Paか答えなさい。

⑵　図１のおもりのＡ面を下にして置き，さらにその上に別のおもりをのせたとき，床をおす圧力が500Paになった。上にのせたおもりの質量は何ｇか答えなさい。

図１

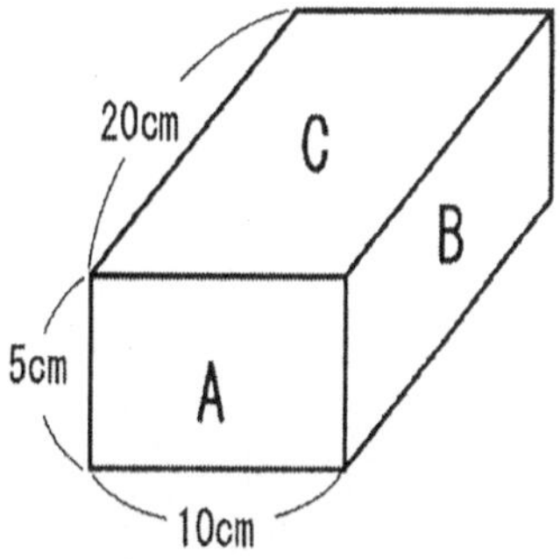

⑶　図２において，床に置いてあるおもりをばねで持ち上げようとしたとき，ばねののびが10㎝になったところで静止させた。このときおもりが床をおす圧力は何Paか答えなさい。

⑷　図２において，おもりが床からはなれるとき，ばねののびは何㎝になるか答えなさい。

⑸　図３において，おもりをばねでつるし水に沈めたところ，ばねののびが15㎝となった。おもりにはたらく浮力の大きさは何Nか答えなさい。ただし，おもりは完全に水中に入り，下端《かたん》は容器の底にふれていないものとする。

図２

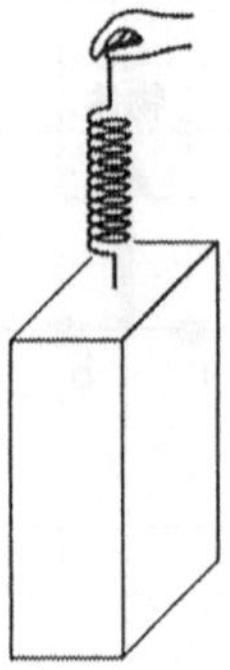

図３

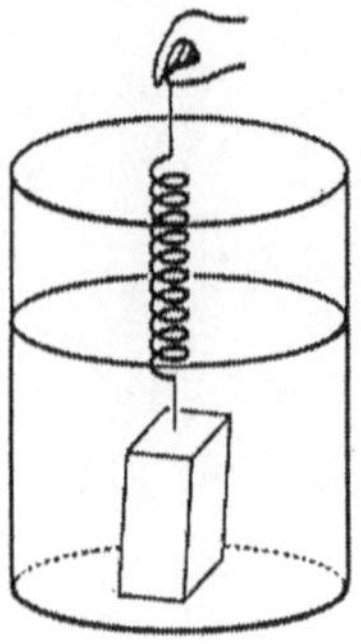

⑹　前のページの図１のおもりと同じ体積で質量50ｇのおもりを完全に水に沈めた。このとき，ばねののびはどのようになるか。次のア～エから１つ選び，記号で答えなさい。

ア　ばねののびは５㎝になる。　　イ　ばねののびは10㎝になる。

ウ　ばねののびは20㎝になる。　　エ　ばねはのびない。

【社 会】（45分） ＜満点：50点＞

1 次の文章をよく読み，あとの⑴～⑺の各問いに答えなさい。

右の写真は，三重県の青山高原でみられる風景です。a この施設では，自然の力を利用して電気を発生させています。自然界の中で，このように繰り返し利用できるエネルギーは，b「自然エネルギーとよばれています。

現在，日本の発電の中心は火力発電で，c 石油や石炭などを燃焼させることで発電機を動かして電力を得ています。これらの資源は，やがてなくなることが予想され，またd 燃焼時に発生する二酸化炭素が地球の環境を悪化させるので，他の方法による発電を行おうとする考え方が広がりました。

また，石油にかわって，e とうもろこしやさとうきびを原料にした燃料も開発され，自動車などの燃料として実用化されています。

資源保護は，エネルギー以外の分野でも重要な問題になっています。f 海に囲まれた日本では漁業が盛んで，遠洋漁業や沖合漁業がその中心でしたが，近年，さまざまな理由でこれらの方法による漁獲量は減少しています。こうしたなかで，捕る漁業からg 育てる漁業への転換も進められています。

⑴ 下線部aに関して，この方法は，何の力を利用しているか答えなさい。

⑵ 下線部bに関して，繰り返し利用できるこのようなエネルギーを何とよぶか，答えなさい。

⑶ 下線部cに関して，現在，火力発電の燃料として石油・石炭に次いで多い燃料を答えなさい。

⑷ 下線部dに関して，このようなガスが地球をおおい，地球にとどまる熱と宇宙に放出される熱のバランスが崩れることによって生じる環境問題を何とよぶか，答えなさい。

⑸ 下線部eに関して，このような燃料を何とよぶか，答えなさい。

⑹ 下線部fに関して，［グラフ］を見て，あとの各問いに答えなさい。

[グラフ]

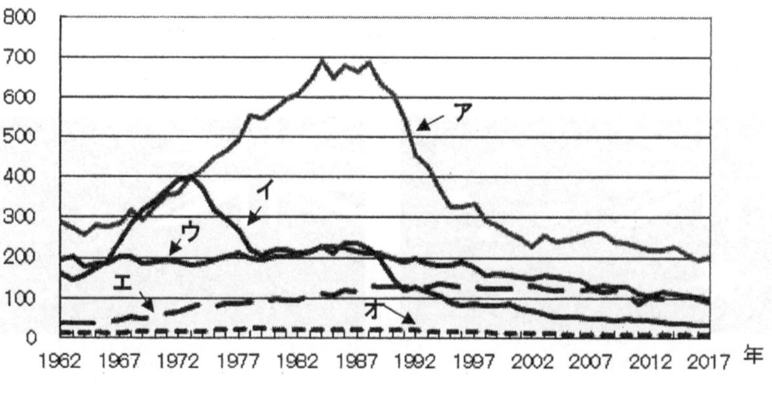

① 前のページのグラフは，日本の漁業種類（方法）別の漁獲量の変化を示したものです。沖合漁業の漁獲量推移を示しているものをグラフ中の**ア**～**オ**より一つ選び，記号で答えなさい。

② 遠洋漁業が衰退した理由として誤っているものを，**ア**～**エ**より一つ選び，記号で答えなさい。

ア 排他的経済水域が設定されて漁場が縮小した。

イ 漁船に使用する燃料費が値上がりしたため収益が減少した。

ウ 日本人の魚の消費量が大幅に減少した。

エ 外国で捕獲された安価な魚類が輸入されるようになった。

(7) 下線部 g に関して，このような漁業を何とよぶか，一つ答えなさい。

2 次の図は南半球にある国の地図である。あとの(1)～(5)の各問いに答えなさい。

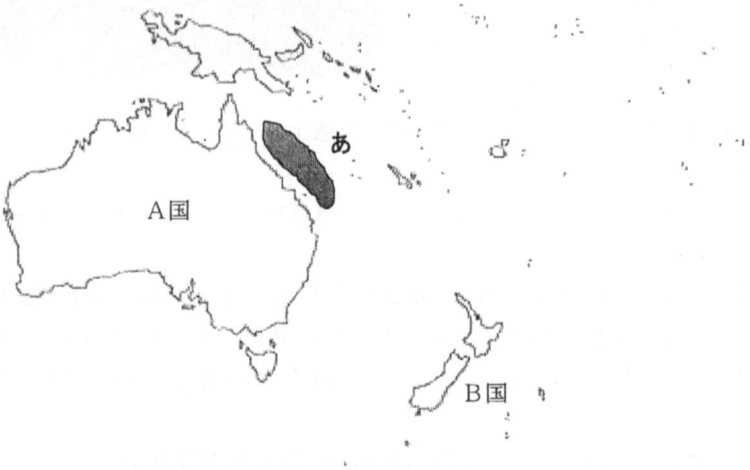

(1) 地図中のA国について書かれた次の文章について，（①）～（③）にあてはまる適語をそれぞれ答えなさい。

この国は，大陸全体の降水量が500mm 未満の乾燥した地域が３分の２をしめており，人口の多い都市は南東部や南西部の比較的海に近い場所に集中しています。地図中の「**あ**」の海域はグレートバリアリーフとよばれ美しい（ ① ）が発達しており，多くの観光客が訪れます。この国の学校では，さまざまな国の文化が学ばれています。それはこの国が，さまざまな国の文化を尊重する（ ② ）社会だからです。しかし，1970年代までは，外国からの移民を厳しく制限する（ ③ ）主義政策をとっていました。

(2) 次の図は，A国とB国の国旗です。この国旗の中には，ある国の国旗が描かれています。ある国の名前を答えなさい。

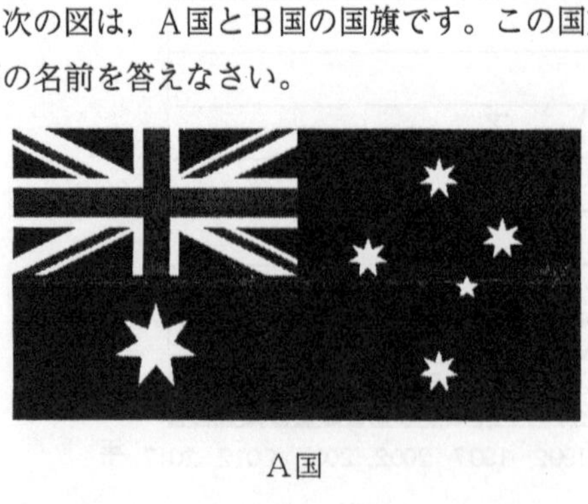

A国

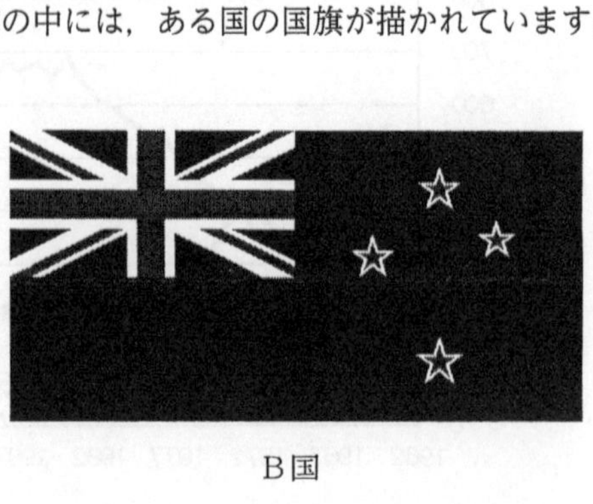

B国

(3) 地図中のB国は，ラグビーが盛んなことで有名です。この国の説明として**誤っているもの**を，**ア**～**エ**より一つ選び，記号で答えなさい。

ア この国のラグビーチームは，試合前に「ハカ」とよばれる先住民の踊りを舞う。

イ この国の公用語は，英語だけである。

ウ この国の重要な輸出品は，乳製品や肉類である。

エ この国の気候は，日本とよく似ており，同じ気候帯に属している。

(4) 地図中のA国とB国はともに移民と先住民が共存しています。国と先住民の組合せとして最も正しいものを，**ア**～**エ**より一つ選び，記号で答えなさい。

ア A国－マオリ　**イ** A国－イヌイット　**ウ** B国－アボリジニ　**エ** B国－マオリ

(5) 地図中のA国の首都を答えなさい。

3 次の交通に関する略年表を見て，あとの(1)～(6)の各問いに答えなさい。

時代	おもなできごと
8世紀	a都と地方の国々を結ぶ道路が整備され，途中に設けられた［A］では役人が乗り継ぐための馬が用意された。
11世紀	b平清盛は，［B］貿易に力を入れ，航海の安全を確保するために瀬戸内海の航路を整え，現在の兵庫の港を整備した。
13世紀	水陸の交通の要所には，年貢などを運ぶ［C］が現れ，商品を交換する場として，市が定期的に開かれるようになった。
17世紀	c大阪から江戸に大量に米などを輸送するため，海路が運送の中心となり，木綿や油，しょうゆを運ぶ菱垣廻船が定期的に往復するようになった。
19世紀	d新橋・横浜間に初めて鉄道が開通し，数年後には神戸・大阪・京都間も開通した。
20世紀	東京でアジア初の開催となる［D］が開かれ，それに合わせて各地に高速道路がつくられ，東海道新幹線も開通した。

(1) 下線部aに関連して，右の［資料］に関して述べた文章甲・乙について，その正誤の組合せとして最も正しいものを，**ア**～**エ**より一つ選び，記号で答えなさい。

甲 桓武天皇によって移されたこの都は，中央に朱雀大路が通り，東西には市がおかれていた。

乙 聖武天皇は，仏教の力で国家を守ろうと考え，この都に大仏をまつる東大寺を建てた。

［資料］

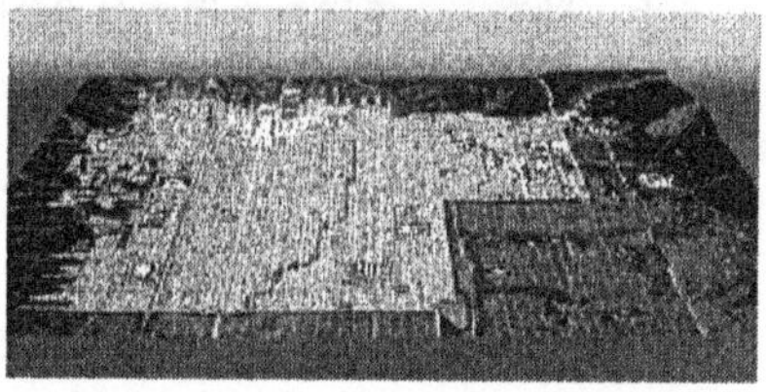

ア 甲－正　乙－正　**イ** 甲－正　乙－誤

ウ 甲－誤　乙－正　**エ** 甲－誤　乙－誤

(2) 表中の空欄［A］～［C］にあてはまる語句の組み合わせとして最も正しいものを，**ア**～**カ**より一つ選び，記号で答えなさい。

ア A－関所　B－日宋　C－問丸

イ A－関所　B－日明　C－問屋

ウ A－関所　B－日明　C－問丸

エ A－駅　B－日明　C－問屋

オ A－駅　B－日宋　C－問丸

カ A－駅　B－日宋　C－問屋

(3) 下線部bに関して，次の［史料］を，各地をめぐって語り広めたとされる盲目の僧たちを何とよぶか，答えなさい。

［史料］

> 祇園精舎の鐘の声，諸行無常の響きあり。
>
> 沙羅双樹の花の色，盛者必衰のことわりをあらわす。
>
> おごれる者も久しからず，只春の夜の夢のごとし。
>
> たけき者も遂にはほろびぬ，ひとえに風の前の塵に同じ。（冒頭部分）

(4) 下線部cに関して，大阪の歴史として誤っているものを，**ア**～**エ**より一つ選び，記号で答えなさい。

ア 5世紀には全長約486mある日本で最も大きい前方後円墳である大仙古墳が造られた。

イ 白村江の戦いで敗れた後，朝廷は畿内防衛のため，山城である大野城を築いた。

ウ 「天下の台所」といわれ，諸藩の蔵屋敷がおかれ，全国から集められた年貢米や特産物の取り引きが行われた。

エ 各地の自由民権運動の代表者が集まり，国会期成同盟を結成し，国会開設の請願書を政府に提出した。

(5) 下線部dに関して，この頃の出来事として最も正しいものを，**ア**～**エ**より一つ選び，記号で答えなさい。

ア 差別からの解放と自由平等を求める運動を進めた全国水平社が設立された。

イ 政府は清から得た賠償金などを用いて官営の八幡製鉄所を設立し，鉄鋼の生産を始めた。

ウ 労働者や農民の立場で社会問題を描く，小林多喜二らのプロレタリア文学が生まれた。

エ 日本はロシアと樺太・千島交換条約を結び，両国の国境を画定した。

(6) 表中の空欄 D にあてはまる語句を答えなさい。

4 次の文章は，各時代の日本の生活についてまとめたものである。あとの(1)～(7)の各問いに答えなさい。

縄文時代には，狩りや漁・採集で得た食料の保存や煮炊きのために土器を使うようになり，a食生活が豊かになった。食生活の充実で人口も増え，地面に穴を掘り屋根をつけた住居に定住するようになった。

古墳時代は，人々は，太陽神や水を支配する神など稲作に関係の深い自然神のほか，一族を守る神を信仰していた。また，b朝鮮半島から日本列島に移り住んだ人々によって，新しい技術が伝えられた。

平安時代になると，社会がゆれ動き，人々の不安が高まったため，念仏を唱えて阿弥陀如来にすがり死後に極楽浄土へ生まれ変わることを願う，浄土信仰がおこった。c貴族たちは，阿弥陀堂を盛んにつくった。

室町時代になると，ｄ有力な農民や年長者を中心に，自治的な組織をつくり，寺や神社で寄合を開いてもめごとなどを解決したり，独自に村のおきてを作ったりした。用水路の維持・管理なども村単位で行った。

江戸時代には，衣服は，じょうぶで扱いやすい木綿が急速に普及し，小袖も一般的となった。伊勢神宮への参詣などの旅の習慣が広まったほか，ｅ郷土色の豊かな芸能や工芸品が発展した。

ｆ大正時代になると，工場労働者や，役所・会社に勤める給与生活者が増えたことで，都市の人口が急増した。都市化にともなって，衣食住の生活様式も西洋化が進んだ。郊外には，洋間を設けた「[g]住宅」が建てられた。

(1)　下線部ａに関して，当時の人々が食べていた動物や魚の骨などを捨てていた場所を何とよぶか，答えなさい。

(2)　下線部ｂに関して，朝鮮半島より移り住んだ渡来人によって製法が伝えられた，硬く黒っぽい土器を何とよぶか，答えなさい。

(3)　下線部ｃに関して，平安時代末期に，東北地方の平泉を拠点に繁栄した奥州藤原氏によって建てられた阿弥陀堂を何とよぶか，答えなさい。

(4)　下線部ｄに関して，このような村の自治組織を何とよぶか，答えなさい。

(5)　下線部ｅに関して，京都で発達した伝統的な高級織物を何とよぶか，答えなさい。

(6)　下線部ｆに関して，この時代の説明として正しいものを，**ア**～**エ**よりすべて選び，記号で答えなさい。

ア　タイピストやバスの車掌，電話交換手などの職業に就く女性も増え，「職業婦人」とよばれた。

イ　小学校の授業料が免除になったことで，進学率が急速に上昇し，男女とも100％近くに達した。

ウ　納税額による制限を廃止して，満25歳以上の男子に選挙権をあたえる普通選挙法が成立した。

エ　それまでの暦にかわって欧米と同じ太陽暦が採用され，７日を１週間とする制度が始まった。

(7)　文中の空欄 [g] にあてはまる語句を答えなさい。

5　次の会話文について，あとの(1)～(8)の各問いに答えなさい。

先　生：令和の時代を迎え，世界や日本の社会はさらにａ情報化・多様化が進むと考えられます。そのような社会でみなさんは将来，どのような職業に就いて働きたいと考えていますか。一人ひとりに考えを聞いてみたいと思います。

生徒Ａ：わたしは，日本の社会が [A] 歳未満の年少人口の割合が低く，[B] 歳以上の老年人口の割合が高いｂ少子高齢社会になっていることを考えて，保育士や介護福祉士のような職業に就きたいと考えています。

生徒Ｂ：わたしは，今の時代，携帯電話の普及をはじめ，ｃ情報化が進展しているので，より簡単で便利にｄ多種多様な情報を手に入れることができるような情報通信機器の開発に携わる技術者になりたいと考えています。

生徒C：わたしは，新たな技術や高度な知識で挑戦するｅベンチャー企業のｆ経営者になってみたいと思っています。私と同じように考えている人も多く，ｇ競争が激しい世界だとは思いますが，海外にも広く展開できるようにしていきたいです。

先　生：みなさんの考えはわかりました。今後さらに大きな変革が進む日本や世界の社会の中で，自分らしさを大切にして，それぞれの夢の実現に向かって努力をしてください。

⑴　下線部ａに関して，行政機関が持つ私たちに必要な情報を見ることができる制度を何とよぶか，答えなさい。

⑵　空欄 A B にあてはまる数字の組合せとして最も正しいものを，**ア**～**カ**より一つ選び，記号で答えなさい。

ア　A－20　B－70　**イ**　A－15　B－65　**ウ**　A－18　B－60

エ　A－20　B－65　**オ**　A－15　B－60　**カ**　A－18　B－70

⑶　下線部ｂに関して，次の空欄 C にあてはまる語句を答えなさい。

年齢構成の変化などにより，三世代家族は減少し，夫婦のみあるいは夫婦と子どもだけなどの C に加えて，ひとりで暮らす人も増え，さまざまな家族の形態が見られるようになりました。

⑷　下線部ｃに関して，次の携帯電話の年代別の特徴を示した表（D）（E）にあてはまる語句の組合せとして最も正しいものを，**ア**～**カ**より一つ選び，記号で答えなさい。

携帯電話の年代別特徴

1991年（平成3年）	重量約230gの小型携帯電話が登場する
1999年（平成11年）	（　D　）接続サービス利用が開始される
2000年（平成12年）	初のカメラつき携帯電話が登場する
2006年（平成18年）	携帯電話でのテレビ視聴が可能になる
2013年（平成25年）	（　E　）を保有する世帯の割合が約半分になる

ア　D－ショルダーホン　E－インターネット

イ　D－インターネット　E－ワンセグ

ウ　D－ワンセグ　E－ショルダーホン

エ　D－インターネット　E－スマートフォン

オ　D－ショルダーホン　E－スマートフォン

カ　D－ワンセグ　E－インターネット

⑸　下線部ｄに関して，個人情報をはじめとした情報の受信や発信に対してよく考えて行動する能力として最も正しいものを，**ア**～**エ**より一つ選び，記号で答えなさい。

ア　情報モラル　**イ**　情報ネットワーク　**ウ**　情報リテラシー　**エ**　情報ネチケット

⑹　下線部ｅに関して，日本のベンチャー企業の多くをしめる中小企業の数は，日本全体の約何％を占めるか。最も正しいものを，**ア**～**エ**より一つ選び，記号で答えなさい。

ア　39%　**イ**　59%　**ウ**　79%　**エ**　99%

⑺　下線部ｆに関して，経営する側にとって消費者との関わりの中で，価格の設定は重要な意味を持っている。この価格のうち，少数の売り手が決めた価格の名前として最も正しいものを，**ア**～**エ**より一つ選び，記号で答えなさい。

ア　寡占価格　　**イ**　市場価格　　**ウ**　独占価格　　**エ**　均衡価格

⑻　下線部ｇに関して，過剰な競争が，多くの消費者被害を生み出している中，2001年に施行された契約上のトラブルから消費者を保護するために制定された法律の名前として最も正しいものを，**ア**～**エ**より一つ選び，記号で答えなさい。

ア　消費者基本法　　**イ**　製造物責任法（PL法）

ウ　消費者契約法　　**エ**　消費者教育推進法

6　次の裁判員制度についてまとめた［資料］について，あとの⑴～⑹の各問いに答えなさい。

［資料］

【裁判員制度について】

・選挙人名簿から無作為に選ばれたａ一定年齢以上の国民が，裁判官とともにｂ刑事裁判の審理に加わる。

・ｃ都道府県知事および市町村長，国会議員，ｄ国務大臣などは，裁判員になれない。

・1999年（平成11年）７月に国民にとって身近で信頼される司法制度をつくる目的で司法制度改革が始まり，2009年（平成21年）５月に裁判員制度がスタートした。

【裁判員制度を導入した理由】

・［　　　　ｅ　　　　］

【裁判員制度に期待されること】

・国民が刑事裁判に参加することによって，司法に対する理解と信頼が深まることが期待できる。

⑴　下線部ａに関して，年齢とそれに関わることがらについて，次のＡ～Ｄにはことがらが，①～④にはそのことがらに関わる年齢が示されている。ことがらと年齢の組合せとして最も正しいものを，**ア**～**カ**より一つ選び，記号で答えなさい。

ことがら	
Ａ	参議院議員・都道府県知事の被選挙権
Ｂ	衆議院議員・市（区）町村長の被選挙権
Ｃ	憲法改正国民投票法における投票年齢
Ｄ	裁判員制度で裁判員として選ばれる年齢

年齢	
①	20 歳以上
②	30 歳以上
③	18 歳以上
④	25 歳以上

ア　Ａ－①　Ｂ－③　Ｃ－④　Ｄ－②

イ　Ａ－①　Ｂ－③　Ｃ－②　Ｄ－④

ウ　Ａ－②　Ｂ－④　Ｃ－③　Ｄ－①

エ　Ａ－②　Ｂ－④　Ｃ－①　Ｄ－③

オ　Ａ－③　Ｂ－②　Ｃ－④　Ｄ－①

カ　Ａ－③　Ｂ－②　Ｃ－①　Ｄ－④

⑵　下線部bに関して，次の空欄［A］にあてはまる語句を答えなさい。

> 裁判には，罪を犯した人を裁く刑事裁判と，［A］裁判があります。［A］裁判は，貸したお金を返してもらえない，建てた家に欠陥があったなど，私人（個人や企業など）の間の争いについて行われる裁判です。

⑶　下線部cに関して，都道府県知事および市町村長などが首長として徴税実務を行う地方公共団体（地方自治体）が運営している事業に対して支払う料金として最も正しいものを，**ア**～**エ**より一つ選び，記号で答えなさい。

ア　電気料金　　**イ**　水道料金　　**ウ**　ガス料金　　**エ**　電話料金

⑷　下線部cに関して，都道府県知事および市町村長などが首長として行政実務を行う地方公共団体（地方自治体）に対して，義務教育や道路整備など国が使いみちを指定して支出するものを特に何とよぶか，漢字5文字で答えなさい。

⑸　下線部dに関して，国務大臣に関して書かれた文として最も正しいものを，**ア**～**エ**より一つ選び，記号で答えなさい。

ア　国務大臣は，必ず国会議員から選ばれる。

イ　国務大臣を任命するのは内閣総理大臣だが，やめさせる場合は，閣議を開いて多数決で決める。

ウ　国務大臣全員と内閣総理大臣が出席する閣議は，参加者の3分の2の賛成で決定される。

エ　国務大臣の中には，府や省に属さない「無任所大臣」もいる。

⑹　空欄［e］に関して，ここにあてはまる理由として最も正しいものを，**ア**～**エ**より一つ選び，記号で答えなさい。

ア　裁判件数の増加による裁判官の負担を減らすため。

イ　裁判に国民の視点や感覚を反映させるため。

ウ　裁判を経験することにより新たな裁判官を育成するため。

エ　裁判にアメリカの制度を導入したため。

ア　ジローに自分が思っていたことと違うことを言われ、ばかばかしくて反論する気になれなかったから。
イ　ジローに自分が言おうとしたことを先に言われ、得意げな態度を取られたことに腹が立ったから。
ウ　ジローに自分が言おうとしていたことを先に言われ、自分が考えていたことがジローにも伝わっていて照れくさいから。
エ　ジローに自分が言おうとしていたことを先に言われ、心を読まれた太田はジローにはかなわないと思ったから。

三　次の問一～問六の各問いに答えなさい。

問一　次のア～エの文の中で、文節の区切り方として最も適切なものを一つ選び、記号で答えなさい。
ア　犬が　前足で　僕の　足を　ぎゅっと踏んだ。
イ　船の　上で　ひざをかかえて　すわる。
ウ　ひろしは　彼女たちの　下の階に　住んで　いる。
エ　妹は　目を　さまし　ふとんを　出た。

問二　次の①～④の文はいくつの単語からできていますか。単語の数を算用数字で答えなさい。
①　僕は自転車からおりる。
②　弟はずっとわたしの隣にいる。
③　明日は午前中に雨が降るらしい。
④　公園にコオロギがたくさんいるようだ。

問三　次の①～④の文の傍線部の動詞について、次の各問いに答えなさい。
①　少し休憩することにした。
②　全員が先生のほうを向いている。
③　そんなことに私にはできない。
④　あの試験の結果が届くのを待ち続けた。
（一）　活用の種類を後のア～オの中からそれぞれ一つずつ選び、記号で答えなさい。
ア　五段活用　　イ　上一段活用　　ウ　下一段活用
エ　カ行変格活用　　オ　サ行変格活用
（二）　活用形をそれぞれ答えなさい。

問四　次の①～④の文の傍線部の語の品詞名として最も適切なものを後のア～オの中からそれぞれ一つずつ選び、記号で答えなさい。
①　こっそりその場を立ち去る。
②　どうもおかしな話だ。
③　国語および数学のテストを行う。
④　ちょっと、どうなっているの。
ア　連体詞　　イ　名詞　　ウ　感動詞　　エ　接続詞　　オ　副詞

問五　次の古文の傍線部分を現代かなづかいに直して、解答用紙の傍線部の右側に全てひらがなで書きなさい。

物におそはるるやうにて、あひ戦はむ心もなかりけり。

（『竹取物語』による）

問六　次の漢文を書き下し文にし、解答用紙に全てひらがなで書きなさい。

有リレ朋《とも》自リ二遠方一来タル。

（『論語』による）

言葉。だけど、小野田のは少しだけ違う。本当はやれるやつじゃなくて、本当にやれるやつ。注2ジローも注3渡部も小野田のクラスの生徒だ。でも、この場所で応援することを選んでくれたんだ。

「おお。」

　俺はほえた。俺の最大限の力はこんなもんじゃない。もっともっと走れるんだ。俺は足がちぎれそうになるのを感じながら、体を前に倒すように走り、そのまま三位の選手を捕えた。小野田の声はまだ聞こえる。いったいどれだけでかい声で叫んでるんだ。でも、その声に押されて俺は、加速する。

　応えたい。小野田の声に、④俺にこんな機会を与えてくれた桝井に、俺に襷《たすき》を繋いでくれた注4設楽《したら》に。そしてジローに襷を繋げたい。

「本番なんだから、当然だろ?ちょっとでも空気抵抗を省くためだぜ」

　今朝のジローの言葉は、俺の用意していた言い訳と同じだった。金髪じゃ出られないからじゃない。まじめになったわけじゃない。ただ速く走るために剃《そ》っただけだ。そう言う予定だっただけど、ジローに「な、太田」と言われて⑤俺はただうなずくだけだった。

　丸坊主のジローはもう手を伸ばしている。そうだ、あの手に襷を渡すんだ。

　俺はもう一度ほえて、転がり込むように前のやつを捕えた。

（瀬尾まいこ『あと少し、もう少し』より）

注1　小野田……太田のクラス担任。
注2　ジロー……太田の同級生。駅伝で太田の次を走る。
注3　渡部……太田の同級生。駅伝の第四走者。
注4　設楽……太田の同級生。駅伝で太田の前を走った。

問一　傍線部a「沿道」、d「無駄」の漢字の読み方をそれぞれひらがなで書き、b「フンイキ」、c「イッシュン」、e「キョリ」のカタカナをそれぞれ漢字で書きなさい。

問二　傍線部A「決まり文句」の意味として最も適切なものを次のア～エの中から一つ選び、記号で答えなさい。

ア　相手に悪意をもって使う文句。
イ　いつも使われる型にはまった文句。
ウ　不満を持っているときに使う文句。
エ　特定の人にだけ使う文句。

問三　傍線部①「俺はこういうの得意じゃねえか」とありますが、どういうことが得意だと言っていますか。解答欄の「こと。」に続くように答えなさい。

問四　傍線部②「妙な返答」とありますが、太田が言ったことに対する桝井の「妙な返答」を本文中から抜き出しなさい。

問五　傍線部③「翌日、五つ下の弟しかいない桝井は『いやあ、小一でも男って力が強いねえ』と軽口を叩いていた」とありますが、桝井がこのように軽口を叩いた理由を答えなさい。

問六　傍線部④「俺にこんな機会を与えてくれた桝井」とありますが、これに関して次の各問いに答えなさい。

（一）「こんな機会」とは、どのような機会のことか答えなさい。
（二）「機会」と同じ意味の言葉を本文中から抜き出して答えなさい。

問七　傍線部⑤「俺はただうなずくだけだった」とありますが、その理由として最も適切なものを次のア～エの中から一つ選び、記号で答えなさい。

二　次の文章を読んで、後の問一～問七に答えなさい。

中学三年生の太田は小学校駅伝で挫折《ざせつ》をして以来勉強からも走ることからも逃げて「ヤンキー」になった。そんな時小学校からの同級生桝井《ますい》に駅伝に出ようとしつこく誘われ、太田は再び駅伝を走ることとなった。

二キロを越えたあたりで、田んぼが広がる大きな道に出た。a沿道には応援のやつらもたくさんいる。「がんばれ！」「行け！」などと、声が聞こえて、前のやつらのスピードが上がった。細い道を黙々と走っていた時とはレースのbフンイキが違う。応援されてペースを上げるなんて甘い走りだ。俺は今こそ間を縮めてやろうと腕を大きく振った。ところがその分「後ろきてるぞ！」と前を走るやつらへの声援も大きくなって加瀬中も幾多中も加速した。残念ながら市野中の応援団はここにはいない。駅伝は六区間あるのだ。わざわざ俺が走る区間を選んで応援するやつなんているわけがない。

　そのうち後ろのやつらへの声援も聞こえてきた。さっき抜いたやつらが近づいてくるのだ。ちきしょう。応援されて張り切りやがって。そう思いながらもさすがに孤立無援な気分になってきた。いや、待て。大丈夫だ。①俺はこういうの得意じゃねえか。全員敵で結構。喧嘩《けんか》上等だ。そう自分に言い聞かせているうちに、頭に小学校駅伝のことが浮かんできた。

　駅伝練習に参加していたころ桝井と喧嘩をしたことがあった。俺が「お前、ケンカ売ってんのか?」とからむのに、桝井は「いや、ケンカは売ってないよ。ヤクルトだったらお母さんが売ってるけどね。」と言いやがったのだ。当時「ケンカ売ってんのか?」は俺のA決まり文句で、みんなのびびっている姿を見るだけで満足だったのだ。それなのに、桝井に②妙な返答をされた俺はすっかりキレてそのまま桝井を殴っていた。頬が赤くはれ口の横に切り傷ができた桝井はcイッシュン痛がっていたけど、すぐに「先生に見られたら面倒なことになるから帰るわ。太田だって駅伝には、かけてるだろ。」と言って帰っていった。③翌日、五つ下の弟しかいない桝井は「いやあ、小一でも男って力が強いねえ」と軽口を叩いていた。

　あの時も桝井は走るチャンスをくれたのかもしれない。それなのに俺はたかが捻挫《ねんざ》でそのチャンスを見送った。でも今度はd無駄にしない。今度は俺が桝井にチャンスを与えてやる。

　大きな道が終わり緩やかな細い道にさしかかると声援も消えレースも元のペースに戻った。ここからが勝負だ。三位とのeキョリは五十メートル、二位とも百メートルとはなれていない。これくらいなら何とかできる。やつらはさっきの声援に応えたせいでスタミナが減っているはずだ。俺は一歩の幅を広げた。だけど、キョリは縮まらない。何度もスパートをかけたせいで、俺の走りも乱れているのだ。

　ここで、へばっちゃだめだ。しかし、足を速く動かそうと奮い立たせてみても、走り始めたころのようにエンジンがかからず、最後の坂に差し掛かってしまった。さすがに中継地点には声援が多い。またもやレースが乱される。その時だった。聞きなれた声がした。

「太田、お前ならやれる！」

注1小野田《おのだ》だ。沿道では小野田が叫びながら大きく手を振っている。

「お前は本当にやれるやつなんだからな！走れ！」

　小野田は馬鹿みたいに叫んでいた。一つ覚えみたいに教師が口にする

密度が勝負である。お互いに好きなものを知りあっている状態の方が、アイディアは生まれやすく、コミュニケーションはスムーズになるのである。

（斎藤　孝『コミュニケーション力』より一部改めた）

問一　傍線部ａ「奥義」、ｂ「誘導」の漢字の読み方をそれぞれひらがなで書き、ｃ「スイシン」ｄ「ダカイ」ｅ「ソウホウ」のカタカナをそれぞれ漢字で書きなさい。

問二　空欄【Ⅰ】～【Ⅲ】に入る語として最も適切なものを次のア～オの中からそれぞれ一つずつ選び、記号で答えなさい。

ア　たとえば　　イ　さらに

ウ　逆に　　エ　そもそも

オ　また

問三　傍線部Ａ「堂々巡り」、Ｂ「晴れ晴れ」の本文中での意味として最も適切なものを次のア～エの中からそれぞれ一つずつ選び、記号で答えなさい。

Ａ「堂々巡り」

ア　同じことの繰り返しで先に進まないこと

イ　同じことばかりを好んで繰り返すこと

ウ　繰り返し行うことで効果を得ること

エ　繰り返し行うことで失敗すること

Ｂ「晴れ晴れ」

ア　悩みが解消し喜んでいるさま

イ　悩みが解消せず諦めているさま

ウ　わだかまりがなく、さっぱりとしたさま

エ　新しい解決策が思い浮かんでいるさま

問四　傍線部①「ある感情の状態」とありますが、「ある感情の状態」を指している箇所を本文中から九字で抜き出しなさい。

問五　傍線部②「コミュニケーションがうまくいく基本は、相手の好きなことを巡って話をすることだ」とありますが、なぜ筆者はそのように考えているのですか。本文中の言葉を用いて六十字以内で説明しなさい。

問六　本文中で「コミュニケーション」をとる上で重要なことについて、作者が比喩的に表現している箇所があります。その箇所として適切なものを、本文中から二つ抜き出しなさい。

問七　この文章には「また逆に、相手に同意ばかりしているのでは、話が展開しない。」という一文が抜けています。その一文が当てはまる場所として最も適切なものを本文中（1）～（5）の中から一つ選び、数字で答えなさい。

問八　本文に述べられている筆者の考えとして最も適切なものを次のア～エの中から一つ選び、記号で答えなさい。

ア　コミュニケーションは相手の好きなことを話題にし、常に相手に沿い、共感するとよい。

イ　コミュニケーションはずらすことを意識し、いかに自分が話しやすい流れを作ることができるかが重要である。

ウ　コミュニケーションはずらすことを意識しすぎずに、相手に沿いながら相手の好きなことを聞いてあげることが重要である。

エ　コミュニケーションは相手の好きなことを話題にし、時に相手に沿い、時にずらしながら会話をするとよい。

【国　語】（四五分）〈満点：五〇点〉

一　次の文章を読んで、後の問一～問八に答えなさい。

　コミュニケーションという言葉は、現代日本にあふれている。コミュニケーション力が重要だという認識は、とみに高まっている。

　では、コミュニケーションとは何か。それは、端的に言って、意味や感情をやりとりする行為である。一方通行で情報が流れるだけでは、コミュニケーションと呼ばない。テレビのニュースを見ている行為をコミュニケーションとは呼ばないだろう。（ 1 ）やりとりする相互性があるからこそコミュニケーションと呼べる。

　コミュニケーションの基本かつa奥義は、「沿いつつずらす」ことである。相手の話に沿うことなく、自分の話ばかりをし続けるのではコミュニケーションとは言えない。（ 2 ）相手の話を聞きながら同方向に移動し、その二人が勢いを同じくしたところで、方向性を少しずらす。一見、自分にとって都合のいいところへ話を持っていくずるいやり方のようだが、お互いにこれを行えば問題はない。「ずらす」といっても、自分の利益のある方へ相手をb誘導するということを意味するわけではない。ごまかすということではなく、話を広げ、cスイシンさせるということだ。

　【 Ⅰ 】、川を渡るときの置石のようなものとも言える。石を置いていくことで、川が渡りやすくなる。どの程度の距離にどのくらいの石を置くかにセンスが問われる。気分良く、テンポ良くわたっていきたい。時に深みもある。そのときには大きな石を持って来なければ渡れない。行き詰まりをdダカイできる言葉を提示できるかどうか、ここにハイレベルなコミュニケーション力が必要とされる。

　「沿いつつずらす」というのは、合気道的な技法でもある。相手の攻撃の勢いを利用し、そこに一度は寄り添い、動きを一体化させておいて、方向性をずらし、決める。（ 3 ）上手にずらし、決めることで、話がA堂々巡りにならなくなる。きちんと沿ってもらえると、話している方も嬉しい。きちんと受け取ってもらえなかった、あるいははぐらかされた、という思いを抱くと、次にその人と話をしたくなくなる。【 Ⅱ 】、理解してもらった上で、自分では思ってもいなかった角度から光を投げかけられると、心がB晴れ晴れとする。「ずらそう、ずらそう」とはじめから構えるのではなく、沿いながら自然な展開を探るのがいい。悲しみに暮れている人に対しては、その悲しみに共に浸ることだけでも、力になる。①ある感情の状態を共有することによって、自然に事態が展開する。沿うことによってずれる、というケースだ。

　「沿う」技には、いくつかのヴァリエーションがある。と、同時に、沿うことばかりをeソウホウが考えていては話が進まない。（ 4 ）自分からしっかりと考えを提示（プレゼンテーション）していくことも必要だ。

（中略）

②コミュニケーションがうまくいく基本は、相手の好きなことを巡って話をすることだ。相手が【 Ⅲ 】興味・関心を持っていないことについて話しても、会話は活性化しにくい。興味のあるところから始めて、徐々に共通の基盤を作っていき、発展させていく。まず考えるべきは、相手が何を好むのかということである。

（ 5 ）私が考えるには、仕事はアイディアやコミュニケーションの

MEMO

大切なことはメモしておこうネ！

2020年度

解　答　と　解　説

《2020年度の配点は解答欄に掲載してあります。》

＜数学解答＞ 《学校からの正答の発表はありません。》

1 (1) 11　(2) a^2-4b^2　(3) $-2\sqrt{3}$　(4) -2　(5) 360　(6) 1000
(7) $(2,\ -1)$　(8) 14　(9) 4　(10) 54

2 (1) 62(点)　(2) (A君の得点) 75(点)　(中央値) 64(点)

3 (1) $(x-2)(y+1)$　(2) $(x,\ y)=(3,\ 32),\ (5,\ 10),\ (13,\ 2)$

4 (1) △PCA∽△PBD, △PBC∽△PDA　(2) $\sqrt{17}$

5 (1) $(-2,\ 2)$　(2) ア ∠AOH＝∠BOP　イ 2組の角がそれぞれ等しい
(3) $a=-1$

○推定配点○
1 各2点×10　2 各3点×2　3 (1) 3点　(2) 各1点×3　4 各3点×2((1)完答)
5 各3点×4　計50点

＜数学解説＞

基本 **1** (小問群一数・式の計算，式の展開公式，根号を含む計算，一次方程式の利用，最小公倍数，一次方程式の応用と割合，連立方程式，式の値，確率，一次方程式の応用と三角形の面積)

(1) $5-3\times(-2)=5+6=11$

(2) $(a+2b)(a-2b)=a^2-(2b)^2=a^2-4b^2$

(3) $\sqrt{75}+\sqrt{12}-\dfrac{27}{\sqrt{3}}=5\sqrt{3}+2\sqrt{3}-9\sqrt{3}=-2\sqrt{3}$

(4) $x=4$を代入して，$\dfrac{8+1}{3}-\dfrac{4+a}{2}=2$　$3-\dfrac{4+a}{2}=2$　$\dfrac{4+a}{2}=1$　$4+a=2$　$a=-2$

(5) $24=2^3\times3$，$30=2\times3\times5$，$45=3^2\times5$より，最小公倍数は$2^3\times3^2\times5=360$

(6) 参考書Aの税抜き価格をx円とすると，2%の増加で20円高くなっているので，$x\times\dfrac{2}{100}=20$
よって，$x=1000$(円)

(7) $2x+3y=1$…①，$3x+2y=4$…②とすると，①×2－②×3より，$-5x=-10$　$x=2$　これを①に代入して，$4+3y=1$　$y=-1$

(8) $x=1-\sqrt{5}$より，$x-1=-\sqrt{5}$　両辺を2乗して，$(x-1)^2=(-\sqrt{5})^2$　$x^2-2x+1=5$　よって，両辺に9を加えると，$x^2-2x+10=14$

(9) コインを3回投げたときの表裏の出方は，次の8通りである。(1回目，2回目，3回目)＝(表，表，表)，(表，表，裏)，(表，裏，表)，(裏，表，表)，(表，裏，裏)，(裏，表，裏)，(裏，裏，表)，(裏，裏，裏)　この中で，表が2回以上出ているのは，下線を引いた4通りである。

(10) 3辺の長さをそれぞれ$3x$，$4x$，$5x$とすると，その和は36cmとなるので，$3x+4x+5x=36$
$12x=36$　$x=3$　したがって，3辺の長さは9cm，12cm，15cm。さらに，3：4：5の3辺の比を持つ三角形は直角三角形なので，底辺を9cmとすると，高さが12cm，斜辺が15cmとなるので，そ

の三角形の面積は，$9\times12\times\frac{1}{2}=54(\mathrm{cm}^2)$

基本 **2 （資料の活用―中央値，平均値）**

(1)　表中の9人の生徒の得点を小さい順に並べると，38，41，45，60，62，66，67，74，82となる。したがって，中央値は62(点)

(2)　A君の点数をx点とすると，10人の平均点は61点となるので，$(38+41+45+60+62+66+67+74+82+x)\div10=61$が成り立つ。これより，$535+x=610$　　$x=75$となるので，A君の得点は75点。さらに，A君を含めた10人の得点を小さい順に並べると，38，41，45，60，62，66，67，74，75，82となるので，その中央値は，$\frac{62+66}{2}=64$(点)である。

3 （因数分解，整数の性質の利用と一次不定方程式）

基本 (1)　$x-2y+xy-2=x+xy-2y-2=x(1+y)-2(y+1)=(x-2)(y+1)$

(2)　$x-2y+xy-2=33$は(1)より，$(x-2)(y+1)=33$となる。ここで，$33=3\times11$であり，x，yは自然数であることから，$x-2\geqq-1$，$y+1\geqq2$なので，$x-2$，$y+1$にあてはまる数の組み合わせは，$(x-2,\ y+1)=(11,\ 3)$，$(3,\ 11)$，$(1,\ 33)$の3組である。したがって，$(x,\ y)=(13,\ 2)$，$(5,\ 10)$，$(3,\ 32)$

4 （平面図形―相似な三角形，相似な図形の性質の利用）

基本 (1)　同じ弧に対する円周角は等しいので，$\overset{\frown}{\mathrm{AD}}$に着目して，$\angle\mathrm{PCA}=\angle\mathrm{PBD}$　　また，$\overset{\frown}{\mathrm{BC}}$に着目して，$\angle\mathrm{PAC}=\angle\mathrm{PDB}$　　よって，2組の角がそれぞれ等しいので，$\triangle\mathrm{PCA}\backsim\triangle\mathrm{PBD}$　　また，$\overset{\frown}{\mathrm{AC}}$に着目して，$\angle\mathrm{PBC}=\angle\mathrm{PDA}$　　$\overset{\frown}{\mathrm{BD}}$に着目して，$\angle\mathrm{PCB}=\angle\mathrm{PAD}$　　よって，2組の角がそれぞれ等しいので，$\triangle\mathrm{PBC}\backsim\triangle\mathrm{PDA}$

重要 (2)　$\mathrm{OP}=x$とすると，$\triangle\mathrm{PCA}\backsim\triangle\mathrm{PBD}$より，対応する辺の比は等しいので，PC：PB＝PA：PD　すなわち，$4:(x+5)=(5-x):2$　　これより，$(5+x)(5-x)=8$　　$25-x^2=8$　　$x^2=17$　$x>0$より，$x=\sqrt{17}$

5 （平面図形―円の性質の利用と角度の求値）

基本 (1)　$y=\frac{1}{2}x^2$と$y=-x$よりyを消去して，$\frac{1}{2}x^2=-x$　　$x^2+2x=0$　　$x(x+2)=0$　　$x=0,\ -2$　点Bのx座標は-2とわかり，点Bの座標は$(-2,\ 2)$

基本 (2)　△OAHと△OBPにおいて，仮定より，∠AHO＝∠BPO＝90°…①　　対頂角が等しいことから，∠AOH＝∠BOP…②㋐　　①，②より，直角三角形において，2組の角がそれぞれ等しい㋑ので，$\triangle\mathrm{OAH}\backsim\triangle\mathrm{OBP}$

(3)　(2)より，$\triangle\mathrm{OAH}\backsim\triangle\mathrm{OBP}$であり，面積比が1：4であるので，相似比は1：2とわかる。したがって，OH：OP＝1：2　　OP＝2より，OH＝1となり，点Aのx座標は1　　よって，点Aは直線$y=-x$のグラフ上にあるので，その座標はA$(1,\ -1)$　　これは$y=ax^2$のグラフ上にもあるので，代入して，$-1=a\times1^2$　　$a=-1$

★ワンポイントアドバイス★

中学数学の基本事項でほぼすべてが構成されているので，まずは基本公式と教科書の例題をすべて理解することが大事である。それだけでかなり高得点がとれる。それができたら，入試問題集で基礎～標準レベルの問題を解けるように練習していこう。

<英語解答> 《学校からの正答の発表はありません。》

1 (1) エ　(2) ア　(3) ウ　(4) エ　(5) イ

2 (1) has, been　(2) date　(3) taller, than

3 (2番目, 5番目の順で) (1) オ, エ　(2) ウ, オ　(3) ア, カ　(4) エ, イ　(5) カ, ウ

4 (1) for　(2) look like you can swim very fast　(3) Ⓐ 2017　Ⓑ winter　Ⓒ when, arrive

5 (1) エ　(2) Ⓐ 地震　Ⓑ 負傷者　Ⓒ 汚れた　(3) 老人の食事を助ける, 老人の歩行を助ける　(4) イ

○推定配点○

各2点×25(3各完答)　計50点

<英語解説>

1 (語句選択問題：代名詞, 前置詞, 分詞, 不定詞)

基本 (1) 「これはリサのバッグではありません。それは私のです。」 mine は「私のもの」という意味を表す。

(2) 「壁にかかっている絵は私の父によって描かれました。」 〈on the wall〉で「壁にかかっている」という意味を表す。

(3) 「角のところで本を読んでいるあの少女は誰ですか。」 現在分詞は「～しつつある」という意味を表す。

(4) 「食べ過ぎることは体によくありません。」 不定詞の名詞的用法は「～すること」という意味を表す。

(5) 「昼食では, チキンと魚のどちらかを選べます。」 〈either A or B〉で「AかBのどちらか」という意味を表す。

2 (書き換え問題：現在完了, 名詞, 比較)

(1) 「メアリーの祖父は5年前に亡くなりました。」→「メアリーの祖父は5年間ずっと死んでいます。」 「ずっと～である」という意味は, 現在完了の継続用法で表す。

(2) 「今日は月の何日ですか。」→「今日の日付は何ですか。」 date は「日付」という意味。

(3) 「ケンはマイクほど背が高くありません。」→「マイクはケンより背が高いです。」 〈not as ～ as …〉は「…ほど～でない」という意味を表し, 比較級で書き換えることができる。

3 (語句整序問題：間接疑問文, 現在完了, 動名詞, 助動詞, 接続詞, 受動態)

(1) 間接疑問文なので, 〈疑問詞＋主語＋動詞〉の形になる。

(2) 現在完了の文なので, 〈have ＋過去分詞〉の形になる。just は have と過去分詞の間に置く。〈finish ～ ing〉で「～することを終える」という意味を表す。

(3) 〈have to ～〉で「～しなければならない」という意味を表す。〈help A with B〉で「Bについて Aを手伝う」という意味を表す。

基本 (4) 〈hear that ～〉で「～のことを聞いた」という意味になり, 「～そうだ, ～らしい」と訳せる。

(5) 〈should not ～〉は「～するべきでない」という意味。受動態の部分は〈be動詞＋過去分詞〉という形にする。

4 (メール文問題：語句補充, 語句整序, 内容吟味)

(大意) 送信者： ヒロ・スズキ

受信者：　ジョン・オースティン
日付　：　2019年12月24日
件名　：　返信：ぼくの写真
親愛なるジョン，

こんにちは，ジョン。手紙と写真①をありがとう。日本に帰ってから2年が経ちました。君の家に滞在中，日本では経験したことのないことをたくさんしました。ぼくは君と君の両親と一緒に多くの場所を訪れたことを決して忘れません。

ところで，ぼくは写真を見ています。写真では，君は水着を着ています。②君は非常に速く泳ぐことができるように見えます。でも，それはぼくにとってはとても奇妙です。12月，1月，2月は日本では冬です。これらの月はオーストラリアの夏の月ですね。

ぼくも2枚の写真を送ります。そのうちの一つはぼくの家族の写真です。母と妹のミキが椅子に座り，父とぼくは彼女たちのそばに立っています。もう一つの写真では，父親とぼくが農場で働いています。羊と牛をたくさん飼っていて，仕事はとても大変ですが，とても気に入っています。

さて，君が1月10日に日本に来て，休暇中にここに滞在することを知ってとてもうれしいです。ぼくたちは君をぼくたちの家に歓迎します。その日，空港に何時に着くのか教えてくれませんか。両親と一緒に空港に迎えに行きます。会えるのをとても楽しみにしています。

あなたの友人，
ヒロ

(1)　〈thank you for ～〉で「～をありがとう」という意味を表す。

(2)　〈look like ～〉で「～のように見える」という意味を表す。

(3)　Ⓐ 「ヒロはいつオーストラリアから日本に帰ったか。」→「ヒロは2017年に日本に帰った。」「日本に帰ってから2年が経った」とある。

Ⓑ 「ヒロはなぜ写真が妙だと感じたのか。」→「12月，1月，2月は日本では冬だから。」 日本では冬の季節なのに，オーストラリアでは夏であるため，ジョンは水着姿だった。

Ⓒ 「ヒロはジョンに何をしてほしいか。」→「ヒロはジョンにいつ空港に着くのか知らせてほしい。」 間接疑問文なので，〈疑問詞＋主語＋動詞〉の形になる。

5　**(長文読解問題・説明文：語句補充，指示語，内容吟味)**

(大意)　ロボットは長年使用されてきました。彼らは大きな機械を作るために工場で使用されています。たぶん，あなたのお母さんやお父さんが運転する車はロボットによって作られました。これらのロボットは腕と指を動かすことができますが，ロボットは1つの場所に固定され，(①)動き回ることはできません。

しかし，今日では，人間のように動くことができるロボットがあります。それらは②多くの種類の仕事で人々を助けることができます。たとえば，事故が起きた場所で働くことができます。地震で被害を受けた建物に入り，けがをした人を探せます。それらはまた，空気が非常に汚れている場所に入り，それをきれいにするのに役立ちます。

ロボットはまたお年寄りのための施設でも助けます。そこに住む人々が食べ物を食べるのを手伝うロボットもいれば，歩くときに手伝うロボットもいます。お年寄りたちはすべてを人間の介助者たちに頼る必要がなくなるので，③これはそういう人々のために良いことです。彼らは，望むようにゆっくりと食べたり歩いたりして，リラックスできます。

近い将来，レストランや食堂でロボットが使われるでしょう。今でも，飲み物を注ぎ，料理を運ぶことのできるロボットがあります。

これらのロボットはすべて物理的な作業を行います。しかし，今，ロボットのための別の用途が発見されました。「パロ」は，日本の筑波で開発され，2005年に初めて販売された，アザラシのような形をしたロボットです。それ以来，2,200体以上が日本および世界中の病院や高齢者施設に販売されています。アメリカとヨーロッパの両方で非常に人気となっています。

(1)　「固定されている」とあるので，エが答え。

(2)　第2段落の第4文以降に書かれている2つの例から考える。

(3)　第3段落の第2文の内容を使ってまとめる。

重要 (4)　ア　「長い間，ロボットは車の工場を作るために用いられてきた。」 工場ではなく，車を作るのに用いられてきたと言っているので，誤り。　イ　「ロボットは危険な種類の仕事をすることによって人間を助けることができる。」 第2段落の内容に合うので，正しい。　ウ　「老人の施設は人間のヘルパーさんたちを必要としていない。」 文中に書かれていない内容なので，誤り。　エ　「レストランでは，ロボットは人々のために注文を取ったり，料理を運んだりするのに使われる。」 注文を取るとは言っていないので，誤り。

★ワンポイントアドバイス★

1の(5)には〈either A or B〉があるが，AとBの両方を打ち消すときには〈neither A nor B〉を使うことを覚えておこう。(例) You can choose neither chicken nor fish.「あなたはチキンも魚も選ぶことができません。」

＜理科解答＞ 《学校からの正答の発表はありません。》

1　(1)　ウ　(2)　(ア)　A　(イ)　C　(ウ)　E　(3)　c→f→b→d→e→a
(4)　5040(cm^3)

2　(1)　(ア)　F　(イ)　エ　(2)　(A)　アとイ　(B)　アとエ　(3)　(C)　ア
(D)　イ

3　(1)　ア，ウ，エ　(2)　O_2　(3)　(方法)　(例)　マッチの火を近づける。
(結果)　(例)　気体が音を出して燃える。　(4)　1：2　(5)　Cl_2　(6)　16.2(g)

4　(1)　エ　(2)　4(分)　(3)　30(度)　(4)　9か月後　(5)　ウ

5　(1)　b　(2)　b　(3)　a，b　(4)　c　(5)　イ

6　(1)　400(Pa)　(2)　50(g)　(3)　200(Pa)　(4)　20(cm)　(5)　0.5(N)　(6)　エ

○推定配点○

1　(3)・(4)　各2点×2　他　各1点×4　2　各1点×6　3　(1)・(4)・(6)　各2点×3
他　各1点×4　4　(1)・(2)　各1点×2　他　各2点×3　5　(2)　2点　各1点×4
6　各2点×6　計50点

＜理科解説＞

1　(ヒトの体のしくみ―血液循環)

基本 (1)　①は肺，②は心臓，③は肝臓，④は小腸，⑤は腎臓である。

重要 (2)　ア…二酸化炭素は肺で血液から空気中に出されるので，肺(①)に向かう血液が流れる血管Aに二酸化炭素を最も多く含む血液が流れる。　イ…有害なアンモニアは肝臓で無害な尿素に変えられるので，肝臓(③)を出てすぐの血液が流れる血管Cにアンモニアが最も少ない血液が流れる。

ウ…栄養分は小腸で吸収されるので，小腸(④)を出て肝臓(③)に向かう血液が流れる血管Eに栄養分を最も多く含む血液が流れる。

重要 (3) 大静脈からの血液は，まず，右心房(c)に流れこむ。そして，血液は，右心室(f)から肺動脈(b)を通って肺へ送られる。肺からの血液は肺静脈を通って，左心房(d)に流れこみ，左心室(e)から大動脈(a)を通って全身へと送られる。

やや難 (4) 1秒間の拍動数が1.2回なので，1分間の拍動数は1.2(回)×60=72(回)となる。よって，1回の拍動によって送り出される血液量は70cm^3なので，1分間の心臓から送り出される血液量は70×72=5040(cm^3)となる。

2 (気体の発生とその性質―いろいろな気体)

基本 (1) ア…ものを燃やすはたらきのある気体は酸素(F)である。 イ…空気より重く，刺激臭があり，水溶液が酸性を示すのは，塩化水素(E)である。塩化水素の水溶液は塩酸である。

重要 (2) A…二酸化炭素は，石灰石や貝殻などの炭酸カルシウムを含むものとうすい塩酸を反応させると発生する。 B…水素は，亜鉛や鉄，アルミニウムなどとうすい塩酸を反応させると発生する。また，塩化アンモニウムと水酸化カルシウムを反応させるとアンモニアが，二酸化マンガンとオキシドールを反応させると酸素がそれぞれ発生する。

重要 (3) 窒素は水にとけにくい気体なので，水上置換法で集めることができる。アンモニアは，水にとけやすい気体なので，水上置換法では集めることができず，空気より密度が小さい気体なので，上方置換法で集める。

3 (電気分解―水の電気分解)

(1) 水酸化カリウム，硫酸，水酸化ナトリウムをそれぞれ蒸留水に入れると，水が電気分解されて酸素(気体A)と水素(気体B)が発生する。砂糖を蒸留水に入れても電流は流れない。また，食塩を入れると電流は流れるが，陽極からは酸素ではなく，塩素が発生する。

重要 (2) 陽極から発生した気体A(酸素)の化学式はO_2，陰極から発生した気体B(水素)の化学式はH_2である。

重要 (3) 水素(気体B)に火をつけると，音を出して燃えて水ができる。酸素(気体A)は，火のついた線香を近づけると，線香の炎が激しく燃えることで確認できる。

(4) 水が分解されて酸素と水素ができるとき，その体積の比は酸素(気体A)：水素(気体)=1：2となる。これは，水の分解の化学反応式$2H_2O \rightarrow O_2 + 2H_2$の右辺の係数の比と等しい。

(5) 塩化銅水溶液を電気分解すると，陽極からは塩素が発生し，陰極には銅が付着する。

やや難 (6) 10%塩化銅水溶液150cm^3の質量は，1.08(g/cm^3)×150(cm^3)=162(g)である。この質量の10%が塩化銅の質量になるので，含まれている塩化銅は162×0.1=16.2(g)

4 (天体―星の動き，地球と太陽系)

基本 (1) 星座の星は位置を変えないが，地球が地軸を軸にして自転していることから，星座の星は動いているように見える。

(2) 星の南中時刻は1年後に同じ時刻になるので，1年=12か月で24時間早くなると考えることができる。1か月では，24÷12=2(時間)=120(分)早くなるので，1日では，120÷30=4(分)早くなる。

やや難 (3) 太陽や星座の星は，1日=24時間で360°動いて見えるので，1時間で360÷24=15(°)動いて見えることから，2時間では15×2=30(°)動いて見える。よって，太陽が沈んだ2時間後に太陽と同じ位置に沈んだオリオン座と太陽のなす角は30°とわかる。

やや難 (4) (2)より，星の南中時刻は1か月で約2時間ずつ早くなる。午前2時(2時)は，午後8時(20時)の20−2=18(時間)前なので，18÷2=9より，1月10日の午後8時に南中したオリオン座は，およそ9

か月後の午前2時に南中する。

(5)　銀河系の半径は約5万光年で，太陽系は銀河系の中心部から約2万8000光年のところにある。また，銀河系には約2000億個の恒星がある。

5　**(光の性質―光の進み方，凸レンズ)**

重要　(1)・(2)　次の図のように，光が空気中からガラスに進むとき，「入射角＞屈折角」となるように屈折し，ガラスから空気中へ進むとき，「入射角＜屈折角」となるように屈折する。

図1

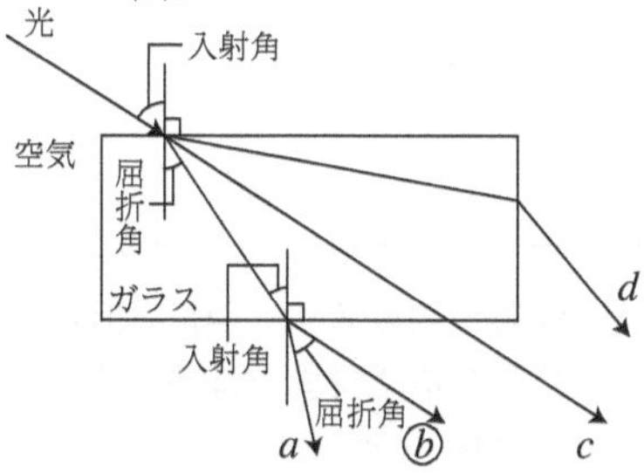

図2

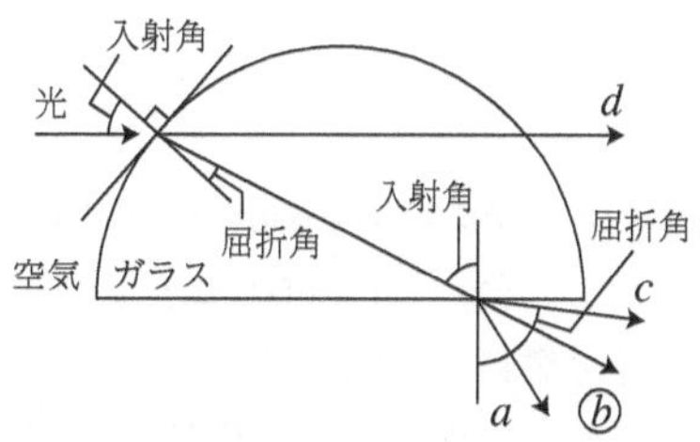

重要　(3)・(4)　物体を焦点距離の2倍の位置に置くと，実際の物体と同じ大きさの実像が，焦点と焦点距離の2倍の位置の間に物体を置くと，実際の物体よりも大きな実像が，焦点距離の2倍よりも遠い位置に物体を置くと，実際の物体よりも小さな実像がスクリーンにうつる。また，焦点上に物体を置くと像はできず，焦点よりも内側に物体を置くと，実際の物体よりも大きな虚像が凸レンズを通して見える。

(5)　物体からの光は凸レンズのすべての面にあたるので，レンズの上半分を紙で完全におおっても，レンズの下半分を光は通過できる。そのため，像の大きさは変わらず，明るさだけが暗くなる。

6　**(力・圧力―圧力，浮力，フックの法則)**

基本　(1)　おもりの質量は200gなので，おもりが床をおす力は2Nである。また，A面の面積は0.05×0.10＝0.005(m²)である。よって，おもりが床をおす圧力は，2(N)÷0.005(m²)＝400(Pa)

(2)　床をおす力の大きさは500(Pa)×0.005(m²)＝2.5(N)である。よって，直方体の形をしたおもりと別のおもりの質量の和は250gである。したがって，上にのせたおもりの質量は250－200＝50(g)

やや難　(3)　ばねは10gのおもりを持ち上げたときに1cmのびることから，0.1Nで1cmのびることがわかる。ばねののびが10cmになるのは，ばねが0.1×10＝1(N)の力で引かれているときである。おもりにはたらく重力の大きさは，2Nなので，おもりが床をおす力の大きさは2－1＝1(N)である。したがって，おもりが床をおす圧力の大きさは，1(N)÷0.005(m²)＝200(Pa)

(4)　おもりが床からはなれるとき，おもりにはたらく重力の大きさと，おもりがばねを引く力の大きさは等しくなるので，ばねは2Nの力で引かれる。よって，ばねは0.1Nで1cmのびるので，2Nでは，$1\times\frac{2}{0.1}=20$(cm)のびる。

重要　(5)　ばねののびが15cmになるとき，ばねがxNの力で引かれているとすると，0.1：1＝x：15　x＝1.5(N)である。おもりにはたらく重力の大きさは2Nなので，浮力の大きさは，2－1.5＝0.5(N)である。

やや難　(6)　質量50gのおもりにはたらく重力の大きさは0.5Nである。また，浮力の大きさは，水中にある物体の体積によってきまるので，図1のおもりと同じ体積の場合，浮力の大きさも同じになる。よって，(5)より，質量50gのおもりにはたらく浮力の大きさも0.5Nとわかる。したがって，おもりにはたらく重力の大きさと浮力の大きさが等しいので，ばねを引く力は0Nとなり，ばねはのびないことがわかる。

★ワンポイントアドバイス★

基礎～標準レベルの問題が中心だが，教科書のやや細かい部分からの出題もあるので，ていねいに学習を進めていこう。また，計算問題では，複雑なものも出題されるので，いろいろなパターンの問題にとり組んで慣れておこう。

<社会解答> 《学校からの正答の発表はありません。》

1　(1)　風力　(2)　再生可能エネルギー　(3)　液化天然ガス　(4)　地球温暖化
(5)　バイオ燃料　(6)　①　ア　②　ウ　(7)　栽培漁業または養殖漁業

2　(1)　①　サンゴ礁　②　多文化　③　白豪　(2)　イギリス　(3)　イ　(4)　エ
(5)　キャンベラ

3　(1)　ウ　(2)　オ　(3)　琵琶法師　(4)　イ　(5)　エ　(6)　オリンピック

4　(1)　貝塚　(2)　須恵器　(3)　中尊寺金色堂　(4)　惣　(5)　西陣織
(6)　ア・ウ　(7)　文化

5　(1)　情報公開　(2)　イ　(3)　核家族　(4)　エ　(5)　ウ　(6)　エ　(7)　ア
(8)　ウ

6　(1)　ウ　(2)　民事　(3)　イ　(4)　国庫支出金　(5)　エ　(6)　イ

○推定配点○

1　(2)・(3)・(4)　各2点×3　他　各1点×5　2　各1点×7　3　(1)・(2)　各2点×2
他　各1点×4　4　(6)　2点　他　各1点×6　5　各1点×8　6　(1)・(4)　各2点×2
他　各1点×4　計50点

<社会解説>

1　(日本の地理―資源・エネルギー，産業)

(1)　写真は風車であり，風力を利用して発電している様子である。

やや難　(2)　資源が有限でやがて枯渇してしまう石炭・石油などの化石燃料や原子力とは異なり，自然の活動によってエネルギー源が半永久的に供給され，継続して利用できるエネルギーのことを，再生可能エネルギーという。太陽光・風力・地熱・波力などが再生可能エネルギーである。

(3)　日本では主成分がメタンである，LNGと呼ばれる液化天然ガスが火力発電の燃料として用いられている。液化天然ガスの用途としては，輸入量の7割近くが火力発電所の燃料，残り3割強が都市ガス用として使われている。天然ガスは冷却すると液体になり，気体の状態に比べて体積が減るという特徴がある。

基本　(4)　化石燃料などが燃焼することによって排出される二酸化炭素などのガスは，温室効果ガスと言われ，地球をつつみこむことによって，地球温暖化を引き起こす。

(5)　とうもろこし・さとうきびなど植物由来の燃料が，バイオ燃料である。バイオ燃料は，原料の供給が容易なため，石油・石炭・天然ガスなどの有限な化石燃料と異なり，再生可能なエネルギー源とみなされている。

重要 (6) ① 沿岸漁業よりも遠く，遠洋漁業よりも近く，沖合の海域で行われる漁業が沖合漁業である。日本の総漁獲量の過半を占める。沖合漁業の漁獲量は，1980年代から大幅に減少した。グラフのアである。 ② 遠洋漁業とは，数百トンの大型船で，南太平洋，アフリカ近海のインド洋，さらに北大西洋を漁場とし，マグロ・カツオ等を捕獲する漁業である。遠洋漁業はグラフのイで示されており，1970年代半ばから急激に衰退した。これには，各国の排他的経済水域の設定，石油危機による燃料費の高騰，外国からの安価な魚類の輸入等が理由としてあげられる。日本人の魚の消費量が減少し始めたのは，1970年代ではなく，2001年からである。遠洋漁業の衰退理由としては，日本人の魚の消費量の減少はあてはまらない。よって，誤っているのはウである。

(7) 魚介類を人為的な設備，環境下で育成し保護した後，自然へ戻して，漁業の促進を図るのが栽培漁業である。育てた魚介類を自然に戻すことなく人工的に育て，収獲までするのが養殖漁業である。

2 (地理一世界の地形・人々の生活と環境・諸地域の特色など)

重要 (1) ① グレートバリアリーフは，オーストラリア北東岸に広がるサンゴ礁地帯である。世界最大のサンゴ礁地帯であるが，地球温暖化の影響により，海水温が上昇して白化現象が起こり，サンゴの死滅が進んでいる。 ② オーストラリアは，イギリスの植民地であったが，1901年にイギリス自治領として連邦を形成し，事実上独立した。2011年にはヨーロッパ州以外の出身者である移民は65%を超え，多文化社会化が進められた。 ③ 1880年代に始まり，1970年代半ばまでオーストラリアがとった，有色人種の移民を排斥する政策を，白豪主義という。

基本 (2) オーストラリアとニュージーランドは，かつてイギリスの植民地であったために，イギリスの国旗を一部に描いた国旗を用いている。

(3) ニュージーランドの公用語は，英語だけでなく，先住民族のマオリ語と「ニュージーランド手話」である。

(4) マオリは，13世紀から14世紀に南太平洋から移ってきた，ニュージーランドの先住民である。ニュージーランドは，1840年にイギリスの植民地となり，イギリスから多くの移民が入植した。イギリスから独立したのは1907年のことである。現代も，マオリの文化とイギリスからの移民の文化の両方を尊重する政策をとっている。

(5) オーストラリアの首都は，最大の都市シドニーや，経済・文化の中心地メルボルンでなく，キャンベラである。

3 (歴史一日本の政治・外交史，文化史，社会史など)

重要 (1) 右の資料は，左京の東に外京が設けられているところから，平城京を表しているとわかる。8世紀末に平安京に都を移した桓武天皇は関係がない。8世紀の多くの期間，都であったのは平城京である。聖武天皇は，国家を守るという仏教の鎮護国家の働きに頼ろうとし，平城京に東大寺を，諸国に国分寺・国分尼寺を建立させた。甲は誤りであり，乙は正しい。正しい組み合わせは，ウである。

やや難 (2) 律令国家が，都と地方の国を結ぶ道路を整備し，役人が乗り継ぐための馬を用意したのが，駅である。平清盛は日宋貿易のために，音戸の瀬戸を開削し，大輪田泊(おおわだのとまり＝現在の神戸港)を整備した。中世に，港や重要都市にあって，年貢などの物資の輸送・保管・中継取引，船舶の準備などを行った業者を，問丸という。

(3) 「祇園精舎の鐘の声，諸行無常の響きあり」で始まるのは，12世紀の平家の栄枯盛衰を描いた軍記物語である「平家物語」である。平家物語は，琵琶法師によって中世に長く語り継がれた。

(4) ア・ウ・エは正しい。誤っているのは，イである。白村江の戦の後，大野城が築城されたのは筑前国である。大野城は日本初の山城である。

(5) 新橋・横浜間に初めて鉄道が開通したのは，1872年のことである。ア 全国水平社が設立されたのは，1922年のことである。イ 官営の八幡製鉄所が操業を開始したのは，1901年のことである。ウ 小林多喜二らのプロレタリア文学が生まれたのは，1920年代のことである。ア・イ・ウのどれも時期が異なる。エが正しい。日本がロシアと樺太・千島交換条約を結んだのが，1875年のことである。

(6) 1964年に，アジアで初めてのオリンピックが東京で開催された。

4 (歴史－日本の社会史，文化史，各時代の特色など)

基本 (1) 縄文人が食べた貝や動物の骨とともに，壊れた土器や石器，ていねいに埋葬された人骨までも見つかるのが，貝塚である。

(2) 古墳時代中頃に朝鮮半島を通じて伝来した，窯で高温で焼かれる硬質の焼物が須恵器である。須恵器が生産されるまでの土器は，弥生式土器の流れをくむ土師器(はじき)で，野焼きで焼かれる素焼きで赤茶色の軟質の焼物のみであった。須恵器が伝来したのち，須恵器と土師器は併用された。

基本 (3) 陸奥国の平泉に奥州藤原氏によって建立されたのが，中尊寺金色堂である。中尊寺金色堂は，阿弥陀如来像を本尊とする阿弥陀堂建築であり，極楽浄土を現世に表現することを目指している。

(4) 室町時代の農民の自治組織を惣という。惣では，寄合を開き，乙名・沙汰人などと呼ばれる代表者や掟を定めて，自治を行っていた。

(5) 中国の明から伝わった技術をとりいれて，新しい織物が発案され，江戸時代に京都で西陣織として発展し，京都の伝統的工芸品となった。

(6) イ 小学校の授業料が免除になったのは，明治後期のことである。エ 欧米にならって太陽暦が採用されたのは，明治初期である。イ・エのどちらも別の時代のことであり，ア・ウが大正時代のこととして正しい。

重要 (7) 大正時代中期以降に流行した，合理的な生活に合うように設計された，和風に洋風を取り入れた近代的な感じの住宅のことを，当時「文化住宅」といった。

5 (公民－政治のしくみ，家族と社会生活，その他)

(1) 行政機関の保有する情報を開示請求する権利を国民に認める制度を，情報公開制度という。

(2) 0歳から14歳が年少人口，15歳から64歳が生産年齢人口，65歳以上が老年人口とされる。正しい組み合わせは，イである。日本では，少子高齢化が進み，老年人口の生活を支える，生産年齢人口の割合が減少している。

(3) 「夫婦のみ」「夫婦と未婚の子供」「父親また母親とその未婚の子供」の世帯を指して，核家族という。現代の日本では，核家族化が急激に進行している。

重要 (4) 1999年，NTTドコモは，世界に先駆けて携帯電話によるインターネット利用サービスを始めた。また，スマートフォンを保有する世帯の割合は，2013年で全世帯の約半分となった。

(5) 情報技術を使いこなす能力と，情報を読み解き活用する能力の2つの意味を持つのが，情報リテラシーである。後者のうち，特に様々なメディアから発信される情報の取り扱いに関する様々な知識と能力のことを，メディアリテラシーという。

やや難 (6) 日本の中小企業の事業所数は，全事業所数の99%にあたる。従業員数では，約70%にあたる。

(7) 少数の企業が市場を支配している場合の価格を，寡占価格という。自由な競争が行われにくく，価格が硬直しやすく，生産費が下がっても価格が維持されやすいという特徴を持つ。

(8) 商品の売り手と買い手の意思表示の合致によって成立する法律行為を契約という。売り手が不適切な勧誘を行った場合には，買い手は契約を取り消せることを定めているのが，2001年の消費者契約法である。

6 （公民－政治のしくみ，裁判制度，日本経済など）

基本 (1) A 参議院議員・都道府県知事の被選挙権年齢は，満30歳以上である。 B 衆議院議員・市(区)町村長の被選挙権年齢は，満25歳以上である。 C 選挙権年齢が2015年に18歳以上に引き下げられる改正公職選挙法が成立し，憲法改正国民投票法における投票年齢は，2018年に満20歳以上から満18歳以上に引き下げられた。この3つは投票日における年齢を定めている。 D 公職選挙法の改正によって，選挙権年齢が18歳以上に引き下げられるが，裁判員は，当分の間，満20歳以上の人から選任されることとなっている。

(2) 個人の間の争いについて行われる裁判が，民事裁判である。民事裁判には，原告と被告が存在し，検察官はいない。なお，民事裁判には，裁判員制度は取り入れられていない。

(3) 国会や政府及び地方公共団体が，その料金の決定や改定に直接関与する料金のことを，公共料金という。主なものとして，政府が認可する電気料金・ガス料金等がある。しかし，その支払先は事業を運営する電気会社・ガス会社である。水道事業は地方自治体が独自で運営しており，料金水準にも大きな地域差があり，その支払先は地方自治体である。

やや難 (4) 国が使途を特定して，地方公共団体に交付する支出金を総称して，国庫支出金という。これに対し，地方交付税交付金は使途が特定されない。

(5) ア 日本国憲法第68条で，「内閣総理大臣は，国務大臣を任命する。但し，その過半数は，国会議員の中から選ばれなければならない。」と規定されている。 イ 日本国憲法第68条2項で「内閣総理大臣は，任意に国務大臣を罷免することができる。」と規定されている。 ウ 内閣法の「内閣は，行政権の行使について，全国民を代表する議員からなる国会に対し連帯して責任を負う。」という条文が根拠となって，閣議の決定は全会一致でなされる。ア・イ・ウのどれも誤りであり，エが正しい。すべての国務大臣が，必ずいずれかの府や省の行政事務を分担管理しなければならないというわけではなく，いわゆる「無任所大臣」が存在する。

(6) ア 裁判員制度を導入しても，裁判官の負担が減るわけではない。 ウ 裁判を経験した裁判員が新たな裁判官として育成されることはない。 エ アメリカの裁判制度は，陪審員制度であり，日本はこれを導入したのではない。ア・ウ・エのどれも誤りであり，イが正しい。

★ワンポイントアドバイス★

大問1(1)，大問2(2)，大問3(1)は，写真・図版の問題である。初めて見ると答えがたい問題だが，地図帳・資料集・図説等をよく見る習慣があればできる問題である。一通り確認しておくことが必須である。

＜国語解答＞ 《学校からの正答の発表はありません。》

一 問一 a おうぎ b ゆうどう c 推進 d 打開 e 双方 問二 Ⅰ ア Ⅱ ウ Ⅲ エ 問三 A ア B ウ 問四 悲しみに暮れている
問五 (例) 相手と，お互いに好きなものを知りあっている状態だとアイデアが生まれやすく，コミュニケーションがスムーズになるから。(57字) 問六 川を渡るときの置石，合気道的な技法 問七 2 問八 エ

二 問一 a えんどう d むだ b 雰囲気 c 一瞬 e 距離 問二 イ
問三 (例) 周りが全員敵の孤立無援で，誰からも応援されていない(こと。)

問四 「(いや，ケンカは売ってないよ。)ヤクルトだったらお母さんが売ってるけどね。」
問五 (例) 太田が，昨日自分を殴ったことに罪悪感を抱かないように気遣ったから。
問六 (一) (例) 駅伝を走って，自分は本当にやれるということを示す機会。
(二) チャンス 問七 ウ

三 問一 エ 問二 ① 5 ② 8 ③ 8 ④ 7 問三 (一) ① オ ② ア ③ イ ④ ウ (二) ① 連体形 ② 連用形 ③ 未然形 ④ 連用形
問四 ① オ ② ア ③ エ ④ ウ 問五 おそわるるよう，あい，わん
問六 ともありえんぽうよりきたる

○推定配点○
一 問五・問六 各2点×2 他 各1点×13(問六完答) 二 問三・問五 各2点×2 他 各1点×10 三 各1点×19(問五・問六各完答) 計50点

＜国語解説＞

一 (論説文一漢字の読み書き，空欄補充，接続語，語句の意味，内容理解，要旨)

問一 a 「奥義」は，学芸・武術などの奥深い肝要な事柄のこと。 b 「誘導」は，目的に向かっていざない導くこと。 c 「推進」は，おし進めること。 d 「打開」は，切り開いて解決するようにすること。 e 「双方」は，両方，という意味。

基本 問二 Ⅰ 空欄の前の内容の具体例を空欄のあとで挙げているので，「たとえば」が入る。
Ⅱ 空欄の前後が逆の内容になっているので，「逆に」が入る。
Ⅲ 「そもそも」は，元来，という意味。

問三 A 同じ議論などをいつまでも繰り返して，はてしのないこと。 B 心にくもりがなくさっぱりしている様子。

問四 直前の文に注目する。

問五 傍線部②を含む段落全体に注目してとらえる。

やや難 問六 相手に「沿いつつずらす」ことで「話を広げ，推進する」ことを，「川を渡るときの置石」にたとえて説明している。また，「沿いつつずらす」ことを「合気道的な技法」にもたとえている。

問七 抜けている文の冒頭に「また逆に」とあるので，何と「逆」なのかを手がかりにして，適切な箇所を選ぶ。

重要 問八 最後の段落の内容が，エの「コミュニケーションは相手の好きなことを話題にし」の部分に合う。また，本文中で「沿いつつずらす」ことについて述べられている内容が，エの「時に相手に沿い，時にずらしながら会話をするとよい」の部分に合う。

二 (小説一漢字の読み書き，語句の意味，内容理解，心情理解，主題)

問一 a 「沿道」は，道路に沿った所，という意味。 d 「無駄」は，役に立たないこと。
b 「雰囲気」は，その場面などにある気分のこと。 c 「瞬」の「舛」の部分の形に注意。
e 「離」の「离」の部分の形に注意。

問二 いつも決まって言う言葉のこと。

問三 前後の「孤立無援な気分」「全員敵」に注目する。

問四 桝井が言った言葉をさがす。

重要 問五 桝井は明るくふるまいながら，太田に気遣いをしている。

問六 「あの時も桝井はチャンスをくれたのかもしれない」「今度は無駄にしない」とあることに注

目。太田は，自分が駅伝を走って，自分の本当の力を発揮する機会(チャンス)を与えられたのだと思っている。

重要 問七 「今朝のジローの言葉は，俺の用意していた言い訳と同じだった」に注目。太田は，「ただ速く走るために剃っただけだ」と言おうとしたのに，それと同じことをジローに先に言われてしまい，気恥ずかしかったのである。

三 **(文節，単語，動詞，品詞識別，歴史的仮名遣い，書き下し文)**

基本 問一 ア「ぎゅっと／踏んだ」，イ「ひざを／かかえて」，ウ「下の／階に」はそれぞれ二文節。

問二 ① 「僕／は／自転車／から／おりる。」 ② 「弟／は／ずっと／わたし／の／隣／に／いる。」 ③ 「明日／は／午前中／に／雨／が／降る／らしい。」 ④ 「公園／に／コオロギ／が／たくさん／いる／ようだ。」

重要 問三 ① サ行変格活用の動詞は「する」「○○する」。「こと」に続いているので連体形。
② 「ない」を付けた直前の音が「向かない」とア段の音になるので五段活用。「て」に続いているので連用形。 ③ 「ない」が付いて直前の音が「できない」とイ段の音になるので上一段活用。「ない」に続いているので未然形。 ④ 「ない」を付けた直前の音が「待ち続けない」とエ段の音になるので下一段活用。「た」に続いているので連用形。

問四 ① 「立ち去る」を連用修飾している。 ② 「話」を連体修飾している。形容動詞のように「おかしだ」とはならず，活用がないので連体詞。 ③ 並立の接続詞。 ④ 呼びかけを表す感動詞。

問五 語頭と助詞以外の「は・ひ・ふ・へ・ほ」は「わ・い・う・え・お」に直す。「やう」は「よう」に直す。「む」は「ん」に直すことがある。

問五 「朋→有→遠方→自→来」の順番で読む。「自り」(より)など，付属語はひらがなに直す。

★ワンポイントアドバイス★

読解問題には空欄補充や語句の意味を問う選択問題のほかに，抜き出しや自由記述の問題が多い。時間内で解答を書き終える訓練を重ねよう。文法，古文や漢文の知識問題も出題されるので，いろいろな問題にあたり，基礎力を保持しよう！

MEMO

大切なことはメモしておこうネ！

2019年度

★★★★★★★★★★★★★★★★★★★★★★★★

入　試　問　題

2019年度

津田学園高等学校入試問題

【数　学】（45分）　＜満点：50点＞

1　次の(1)～(15)の □ にあてはまるものを答えなさい。

(1)　$-54 \div (-3)^3 + (-5) \times 6 \div (-10) =$ □ である。

(2)　$\dfrac{a+b}{6} - \dfrac{3a-4b}{4} + \dfrac{2a-3b}{3} =$ □ である。

(3)　$5(2x+3y)=3(4x-y)$ のとき，$x : y =$ □ である。

(4)　方程式 $\dfrac{13}{10}x - \dfrac{6}{5}\left(x - \dfrac{3}{2}\right) = \dfrac{3}{2}$ の解は，$x =$ □ である。

(5)　連立方程式 $\begin{cases} 4x+3y=11 \\ 2x-ay=-3 \end{cases}$ の解が $(x,\ y)=(b,\ 1)$ のとき，$(a,\ b)=$ □ である。

(6)　半径6㎝の鉄球を二等分し2つの半球にしたとき，2つの半球の表面積の合計は □ ㎝^{2} である。

(7)　関数 $y=-\dfrac{3}{x}$ について，x の値が－6から－2まで増加するときの変化の割合は □ である。

(8)　$a=\sqrt{2}+\sqrt{3}$，$b=\sqrt{2}-\sqrt{3}$，$c=\sqrt{3}$ のとき，$a^2+b^2-c^2+2ab=$ □ である。

(9)　2次方程式 $x^2+ax-12=0$ の解が $x=b,\ 4-b$ のとき，$b=$ □ である。

(10)　1辺が6㎝の立方体の各面の対角線の交点6個を結んで作られる立体の体積は □ ㎝^{3}である。

(11)　式 x^2-2x-3 が素数を表すとき，その素数は □ である。ただし，x は整数とする。

(12)　大，小2つのさいころを同時に投げ，それぞれのさいころの出た目の数 x，y と表すとき，$y=x+2$ となる確率は □ である。

(13)　男子生徒18人，女子生徒22人のクラスで，男子生徒の平均点は52点，クラスの平均点は63点のとき，女子生徒の平均点は □ 点である。

(14)　3辺の長さが6㎝，8㎝，10㎝の直角三角形の内接円の半径は □ ㎝である。

(15)　時計の長針と単針の針が2時と3時とのあいだで重なる時刻は □ である。

2　1，2，3，4から異なる2個の数字を選んで2けたの整数を作る。このとき，次の各問いに答えなさい。

(1)　2けたの整数は何通りできるか求めなさい。

(2)　(1)でできた2けたの整数の総和を求めなさい。

3　右の資料は，25人の生徒が受けた５点満点の小テストの結果である。このとき，次の問いに答えなさい。

点　数	0	1	2	3	4	5
人　数	3	5	5	6	3	3

⑴　得点の平均値を求めなさい。

⑵　得点の中央値を求めなさい。

⑶　得点の最頻値を求めなさい。

4　下の図において，放物線①は $y=-\frac{1}{2}x^2$ $(-6 \leqq x \leqq 4)$，直線②は $y=ax-3$ のグラフである。このとき，次の各問いに答えなさい。

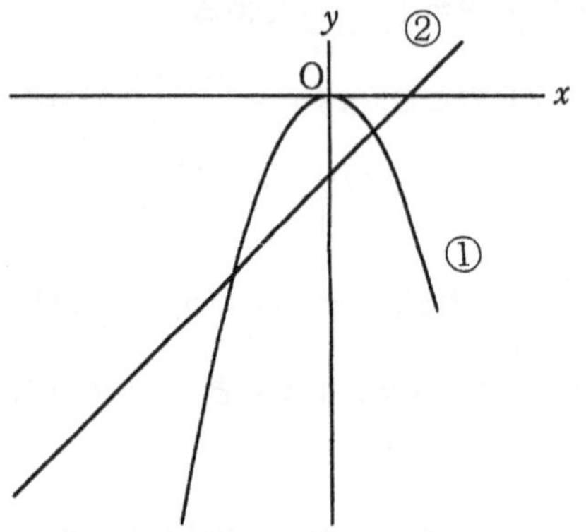

⑴　放物線①のグラフにおいて，y の値の範囲を求めなさい。

⑵　直線②の傾きが１のとき，放物線①との２つの交点と原点Ｏとでできる三角形の面積を求めなさい。

ただし，１目盛りを１㎝とする。

⑶　放物線①と直線②が２点で交わるような a の値の範囲を求めなさい。

5　下の図において，BD：DC＝DE：EF＝１：２ である。

このとき，次の問いに答えなさい。

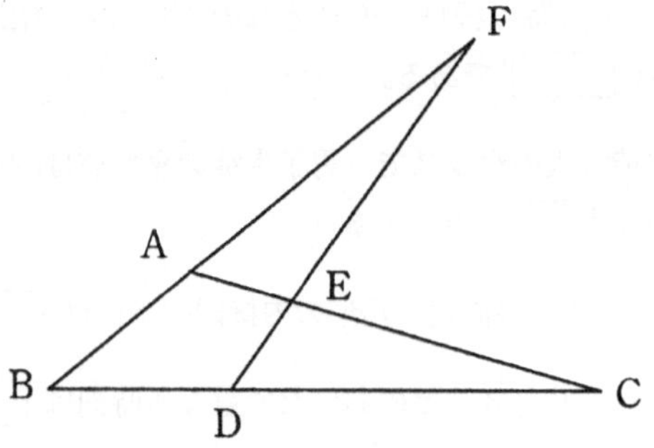

⑴　AE：EC の比を求めなさい。

⑵　△BDFの面積は，△ABCの面積の何倍か求めなさい。

【英　語】（45分）　＜満点：50点＞

1　次の(1)から(5)の（　）内に入る語として，適切なものをアからウの中から１つ選び，記号で答えなさい。

(1) He took care（ア　for／イ　in／ウ　of）my dog last Sunday.
(2) This girl is the smallest（ア　in／イ　of／ウ　than）the four.
(3) I hope（ア　seeing／イ　to see／ウ　see）you soon.
(4) She lives in a house（ア　which／イ　what／ウ　who）has a big garden.
(5) This book is（ア　very／イ　to／ウ　too）difficult for my brother to read.

2　次の(1)から(5)の（　）内の語を適切な形に直して答えなさい。

(1) He (be) busy since last week.
(2) Your computer is (good) than mine.
(3) (Woman) who are sitting over there are beautiful.
(4) These dictionaries (use) by my mother in 1980.
(5) Look at the bird (fly) over the tree.

3　次の(1)から(5)の各文を日本語の意味にあうように正しい語順に並べ替え，（　）内で２番目と４番目にくる語をそれぞれ記号で答えなさい。ただし，文頭にくる語も小文字で示してある。

(1) オーストラリアでは何語が話されていますか。
(ア　language / イ　spoken / ウ　is / エ　what / オ　in) Australia?
(2) あなたは夕食に何を作ればよいかわかりますか。
(ア　know / イ　to / ウ　you / エ　cook / オ　do / カ　what) for dinner?
(3) グリーン先生は2016年から私たちに英語を教えている。
(ア　has / イ　English / ウ　taught / エ　Mr. Green / オ　us) since 2016.
(4) 私は何か温かい食べ物がほしいです。
(ア　hot / イ　I / ウ　to / エ　something / オ　want / カ　eat).
(5) 私が話していた少女はリサだ。
(ア　is / イ　was / ウ　the girl / エ　I / オ　with / カ　talking) Lisa.

4　次の英文を読んで，(1)から(4)の設問に答えなさい。

Ken　　　: Mr. Smith, in class today, you said your son is an editor for magazines.
Mr. Smith : That's right.
Ken　　　: What does he do?
Mr. Smith : He checks the spelling and grammar of writers.　He also writes ①headlines.
Ken　　　: What are headlines?
Mr. Smith : Do you see the big words before the story?　That's a headline.　When people read magazines, they usually read the headlines first.　If

the headline sounds good, they read the story. Headlines are very important for magazines.

Ken : That sounds like an interesting job. Is it hard work?

Mr. Smith : Yes, my son works very hard. He works on a computer every day, so he is often tired. But he likes working with words, so (②).

Ken : How did he become an editor for a magazine? I don't know how to become an editor in Japan.

Mr. Smith : Well, he studied English and journalism. Do you like studying Japanese language and writing?

Ken : Yes, I do. I like reading books and magazines, too.

Mr. Smith : My son likes magazines better than books. He enjoys looking at pictures and words together.

Ken : I see. I want to know more about the job.

Mr. Smith : Maybe you should visit my son. You can see what he is doing. I will ask him and tell you tomorrow. Is that a good (③)?

Ken : Yes, thank you, Mr. Smith!

［注］ editor 編集者　grammar 文法　journalism ジャーナリズム

⑴ 下線部①について本文の内容と一致するように次の（A）から（C）に入る日本語を答えなさい。

headlinesとは（　A　）で書かれていて，読み手は（　B　）に見るものである。また headlinesが良ければ読者は興味を持って文章を読むため，（　C　）にとってとても重要である。

⑵ （②）に適切な文を次のアからエの中から１つ選び，記号で答えなさい。

ア he wants to read them　　イ it is the best job for him

ウ he was sick　　エ it is not a popular job

⑶ （③）に適切な語を次のアからエの中から１つ選び，記号で答えなさい。

ア dream　イ example　ウ idea　エ life

⑷ 本文の内容に適するものを次のアからオの中から２つ選び，記号で答えなさい。

ア Ken often meets Mr. Smith's son at school.

イ Mr. Smith's son doesn't use a computer every day.

ウ Ken wants to know how to become an editor.

エ Mr. Smith thinks that Ken should see his son's work.

オ Ken likes reading, but doesn't like writing.

5 次の英文を読んで，⑴から⑹の設問に答えなさい。

Aya sometimes climbs mountains with her mother. While walking together, she and her mother talk about various things. She has learned many important lessons from her hiking. When they climb mountains, her mother always tells her, "You should have goals and be patient in life like climbing mountains."

Aya believes climbing is really good. She can learn not only about nature but also to be patient and keep on trying. It also ①(to / her / time / think / gives). She loves the feeling when she arrives at the top of the mountains and getting away from the noise and the pollution in the big city. It is wonderful to breathe the fresh air, too.

When she climbed a mountain last fall, it was hard for her because it took a long time to go up to the top. During the first few hours of climbing, ②she enjoyed listening to songs of birds and looking at beautiful wild flowers, but later, she got pains in her legs. She wanted to stop climbing. Her mother told her, "At the top of the mountain, you can see more things like rivers, valleys, villages, other mountains and the whole of the sky. If you give up before you arrive ③there, you can't see them. ④It's like a life, isn't it? Which will you choose, giving up or trying to reach the top? Aya decided to (⑤). Finally, she could stand at the top of the mountain. She thought, "⑥The air here is very fresh. The view from here is the most beautiful of all the views I have ever seen!"

［注］ patient 我慢強い　valley(s) 谷　reach ～に到着する

⑴ 下線部①の（ ）内の語を意味が通るように並べ替えなさい。

⑵ 下線部②を日本語に直しなさい。

⑶ 下線部③の指しているものを日本語で答えなさい。

⑷ 下線部④のように彩（Aya）のお母さんが述べたのはなぜか。次のアからエの中から最も適切なものを１つ選び，記号で答えなさい。

ア Life at the mountains is good because there are lots of nature and you can hear songs of birds.

イ Like climbing, life is easy at first and you can enjoy it when you are young.

ウ Like climbing, life can be sometimes hard, but if you don't give up, you can experience and learn more things.

エ Like climbing, it is difficult to choose the way in our life, so you must be very careful when you do something.

⑸ 本文の内容から，(⑤)に入る適切な語句を次のアからエの中から１つ選び，記号で答えなさい。

ア give up　イ stop climbing　ウ breathe the fresh air　エ keep on trying

⑹ 下線部⑥のように彩（Aya）が思ったのはなぜか。次のアからエの中から最も適切なものを１つ選び，記号で答えなさい。

ア Because she couldn't stand at the top of the mountain.

イ Because she got away from the noise and the pollution in the big city.

ウ Because she could finally arrive there though she got pains in her legs and wanted to stop climbing.

エ Because fall is the most beautiful season, the air is the freshest at that time of the year.

【理　科】（45分）　＜満点：50点＞

1　タマネギの根がどのように成長するかを調べるために，次の実験を行った。あとの⑴～⑸の問いに答えなさい。ただし，図１は顕微鏡で観察した図であり，図２は根の先端の断面の模式図，図３は細胞Ａの細胞分裂前の模式図である。

図１
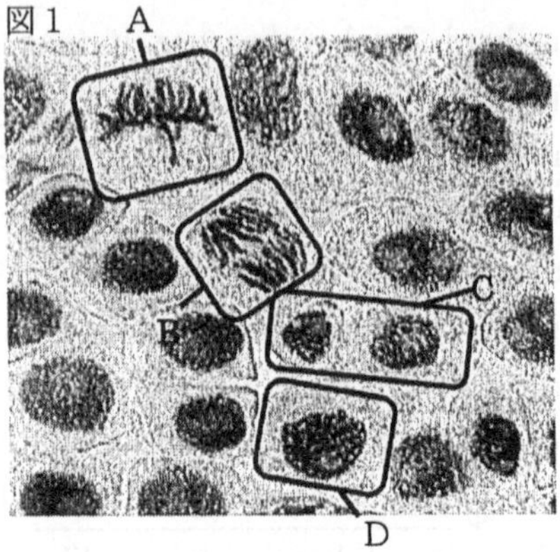

図２
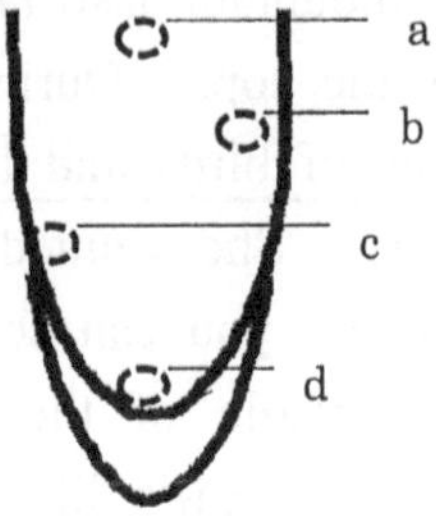

図３
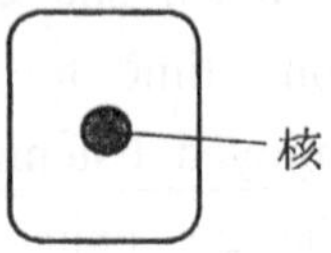

［実験］

①　タマネギの根の先端を約３㎜切り取り，(ア)うすい塩酸にひたし約60℃の湯で２分間あたためた。

②　根をスライドガラスにのせ，柄《え》つき針で細かくくずした。

③　核を染色するために，(イ)Ｘ液を１滴落として，５分間放置した。

④　カバーガラスをかけ，その上からろ紙をかぶせ，指で押しつぶした。

⑤　作成したプレパラートを顕微鏡で観察すると，上の図１のような結果が得られた。

⑴　下線部（ア）について，塩酸にひたし数分間あたためるのはなぜか。簡潔《かんけつ》に答えなさい。

⑵　下線部（イ）について，核を染色するときに使う薬品として適当なものを１つ答えなさい。

⑶　図１のＡ～Ｄを細胞分裂の進む順に並べかえなさい。

⑷　図１のような細胞分裂を観察するのに，最も適している部分を図２のａ～ｄから１つ選び，記号で答えなさい。また，その部分を何というか漢字で答えなさい。

⑸　図３の細胞が７回分裂を繰り返したとき，7回目の分裂で細胞の数は何個になるか答えなさい。

2　次のページの［グラフ］は水100ｇに対してとける物質の質量を表している。これについて，あとの⑴～⑹の問いに答えなさい。ただし，答えが割り切れない場合は，小数第２位を四捨五入し，小数第１位まで求めなさい。

⑴　60℃の水100ｇにミョウバン40ｇを入れると，ミョウバンはあと何ｇとけるか答えなさい。

⑵　50℃の水100ｇに硝酸《しょうさん》カリウムを加え，飽和水溶液を作った。このときの質量パーセント濃度は何％か答えなさい。

⑶　⑵の水溶液を20℃まで冷やした。このとき水溶液中に固体として出てくる質量は何ｇか答えなさい。

⑷　⑶の水溶液の質量パーセント濃度は何％か答えなさい。

⑸　30℃の水100ｇにそれぞれ硝酸カリウム，ミョウバン，食塩をとかし飽和水溶液を作ったとき，いちばん濃度が大きいものはどれか答えなさい。

⑹　７％の食塩水を150cm³作るには食塩が何ｇ必要か答えなさい。ただし，この食塩水の密度は，1.1ｇ／cm³とする。

［ グラフ ］

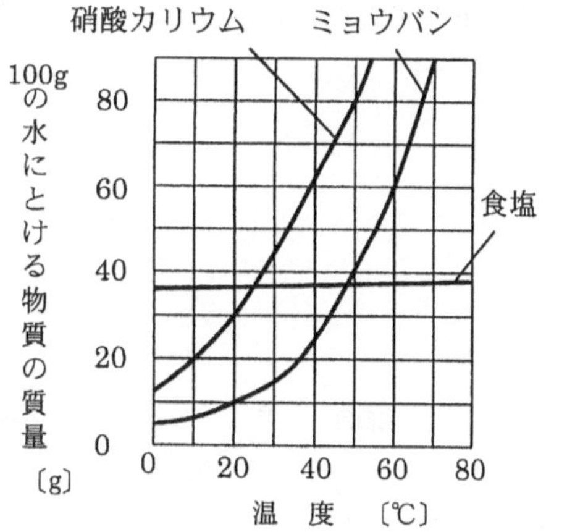

3　右図のように鉄粉3.5ｇと硫黄《いおう》2.0ｇの混合物を試験管に入れたあと，ガスバーナーで加熱する。これについて，あとの⑴～⑸の問いに答えなさい。

図

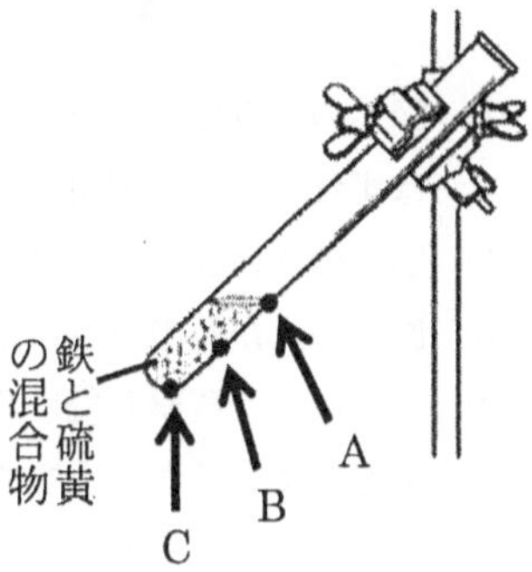

⑴　試験管を加熱する部分として最も適している部分を図のＡ～Ｃから１つ選び，記号で答えなさい。

⑵　加熱を始めてしばらくすると，どのような反応が起こるか正しいものを次のア～エから１つ選び，記号で答えなさい。

ア　液体になってとけ，混ざり合い，加熱をやめると褐色《かっしょく》の固体ができた。

イ　煙《けむり》が出始め，卵の腐《くさ》ったようなにおいがしてきたが，加熱をやめると反応は止まり，最初と同じような黒色の粉末《ふんまつ》状の固体ができていた。

ウ　煙が出始め，加熱していた場所が赤熱し，加熱をやめても赤熱した場所が広がり，反応が進んでいった。試験管の中には黒色の固体ができた。

エ　特に変わった様子は見られなかったが，卵の腐ったにおいがでてきた。

⑶　加熱後にできた物質は何というか。物質名を漢字で答えなさい。

⑷　加熱後の物質の磁石への反応を次のア，イから選び，記号で答えなさい。また，加熱後の物質に塩酸を加えると，何という気体が発生するか。物質名を化学式で答えなさい。

ア　磁石につく　　イ　磁石につかない

⑸　⑷の気体はどのようなにおいか。次のア～エから１つ選び，記号で答えなさい。

ア　刺激臭《しげきしゅう》　　イ　無《む》臭　　ウ　腐卵《ふらん》臭

エ　特異《とくい》臭

4　太陽の観察について次の図1，図2を参照《さんしょう》にしてあとの⑴～⑹の問いに答えなさい。ただし，図1は，望遠鏡に投影《とうえい》板と遮光《しゃこう》板を取り付けたものである。図2は，接眼レンズと投影板との距離を調節し，太陽の像と記録用紙にかいた円の大きさを合わせ，記録用紙に映《うつ》るAのようすを1日おきの同じ時刻に観察しスケッチしたものである。

図1

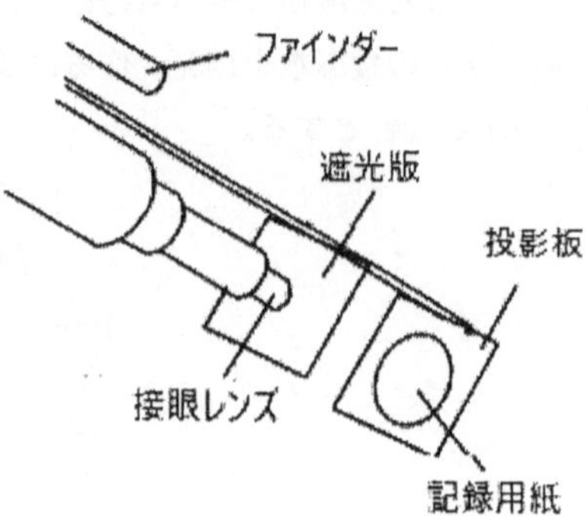

図2

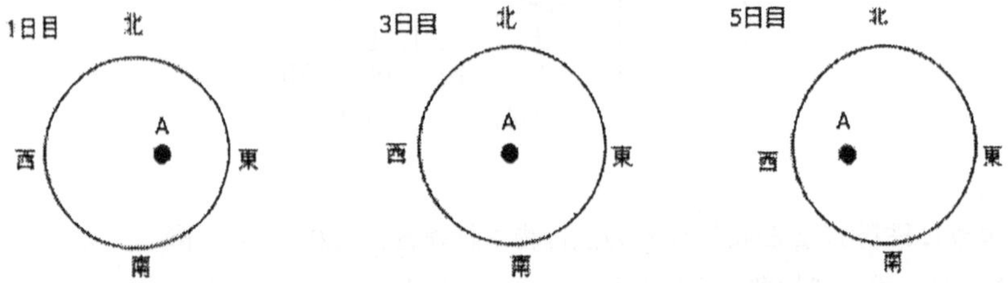

⑴　図1のように望遠鏡筒と投影板を固定しておくと，投影板に映る太陽の像は，数分で投影板からはずれた。その理由を答えなさい。

⑵　図2のAは周囲よりも温度が低く，約4000℃である。Aの名称を漢字で答えなさい。

⑶　図2のAが西の方へ移動している理由を答えなさい。

⑷　さらにAを観察し続けると，太陽の周辺部ではだ円形に見えた。このことから太陽がどのような形をしているか答えなさい。

⑸　図2で，太陽の直径は10㎝，Aの直径は2㎜であった。このことから，Aの直径は地球の直径の何倍か答えなさい。ただし，太陽の直径は地球の109倍であるとし，答えは，小数第2位を四捨五入し，小数第1位まで求めなさい。

⑹　次の文中の（あ）～（う）にあてはまる語句の組み合わせとして正しいものを下の表のア～カから1つ選び，記号で答えなさい。

太陽は半径約70万㎞でそのほとんどが（　あ　）（約92%）や（　い　）（約8%）からできているガス（気体）のかたまりである。図2のAは周囲よりも温度が低く，Aの位置を観察し続けると，約（　う　）日で1周していることがわかる。

	あ	い	う		あ	い	う
ア	ヘリウム	水素	20	イ	水素	ヘリウム	20
ウ	ヘリウム	水素	28	エ	水素	ヘリウム	28
オ	ヘリウム	水素	36	カ	水素	ヘリウム	36

5　下の図１のような回路で，棒《ぼう》磁石のＳ極を矢印の向きに動かしたところ，検流計の針は右に振《ふ》れた。これについて，あとの⑴～⑸の問いに答えなさい。

図１
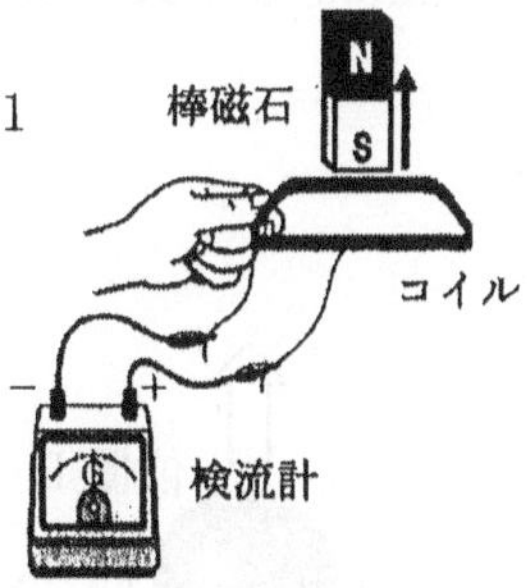

図２
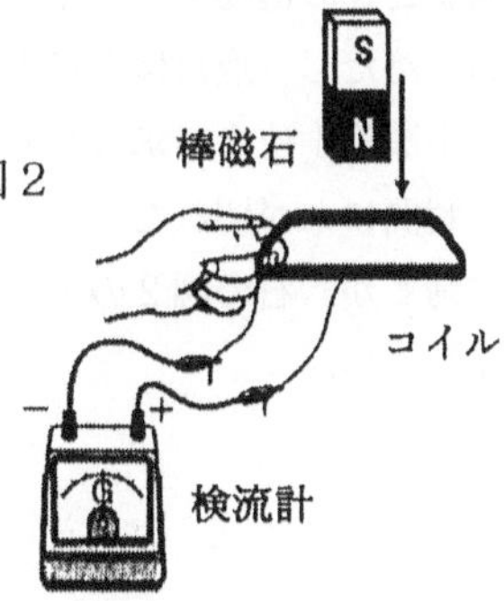

図３
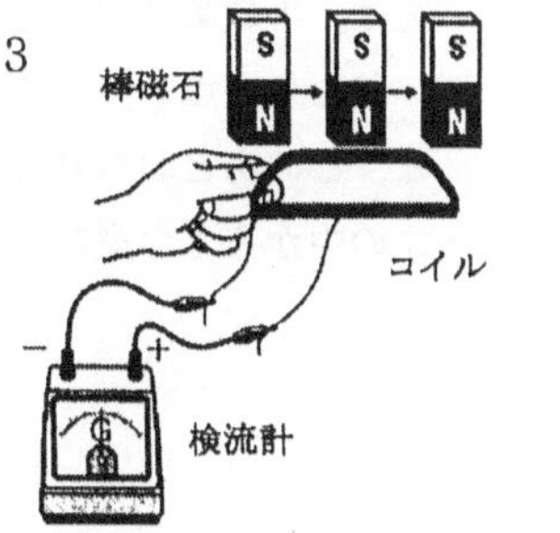

⑴　図１のときのように，磁界の変化により，コイルに電流を流そうとする電圧が生じる現象を何というか答えなさい。

⑵　図１の状態で，棒磁石を静止させたまま，コイルを棒磁石から遠ざけていくと，検流計の針は，右，左のどちらに振れるか答えなさい。

⑶　図２のように，棒磁石のＮ極を下にして，棒磁石をコイルに近づけると，検流計の針は，右，左のどちらに振れるか答えなさい。

⑷　図３のように，棒磁石を水平方向に速く動かした。このとき，検流計の針はどのように振れるか。次のア～エから１つ選び，記号で答えなさい。

ア　右に振れた。　　　　　　　　イ　左に振れた。

ウ　右に振れてから左に振れた。　エ　左に振れてから右に振れた。

⑸　図１や図２，図３のような実験で，コイルに流れる電流を大きくするためにはどうすればよいか。２つ答えなさい。

6　右の図１のように，伸び縮《ちぢ》みしない50㎝の糸の一方の端《はし》を固定し，もう一方の端に質量200ｇのおもりをつけた。糸がたるまないようにして(ア)おもりを最下点Ｃから15㎝の高さにある点Ａの位置でおもりを静かにはなしたところ，おもりは左右に往復《おうふく》運動を始めた。図１はおもりが点Ａ～点Ｅの位置まで運動するようすを記録したものである。ただし，点Ａと点Ｅの位置はともに基準面から15㎝の高さである。これについて，あとの⑴～⑺の問いに答えなさい。

図１
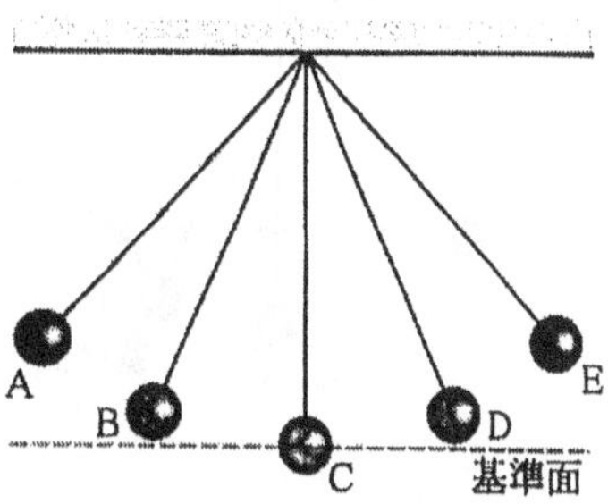

⑴　おもりの運動エネルギーが最大になる位置はどこか。点Ａ～点Ｅからすべて選び，記号で答えなさい。

⑵　おもりの位置エネルギーが最大になる位置はどこか。点Ａ～点Ｅからすべて選び，記号で答えなさい。

⑶　⑴と⑵のエネルギーの和が一定に保たれていることを何というか答えなさい。

⑷　下線部（ア）において，おもりを点Cの位置から15㎝の高さにある点Aの位置まで移動させたときの仕事は何Jか答えなさい。

⑸　おもりが図1の点Dの位置を通るときの運動エネルギーは，点Cの位置を通るときの運動エネルギーの何倍になるか答えなさい。ただし，点Dは点Cより5㎝高い位置にあるものとする。答えは，小数第2位を四捨五入し，小数第1位まで求めなさい。

⑹　おもりが点Eの位置に到達《とうたつ》した瞬間《しゅんかん》に糸が切れたとすると，このあとおもりはどの方向に動くか。右の図2のア～エの中から1つ選び，記号で答えなさい。

図2

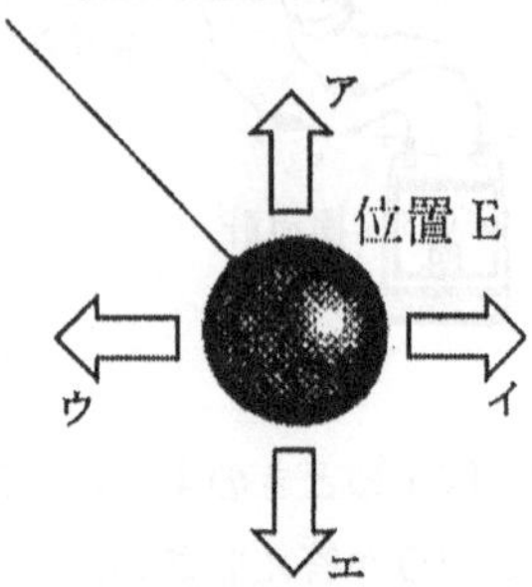

⑺　おもりが点Dの位置に到達した瞬間に糸が切れた。この後，おもりの運動が描いた軌道《きどう》として正しく表されているものはどれか。次のア～ウから選び，記号で答えなさい。

ア

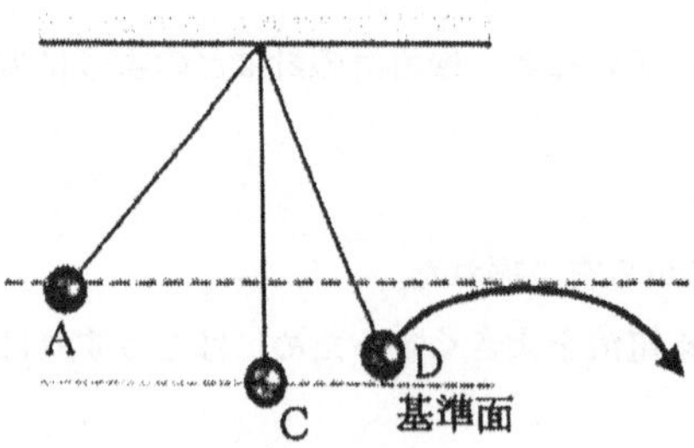

イ

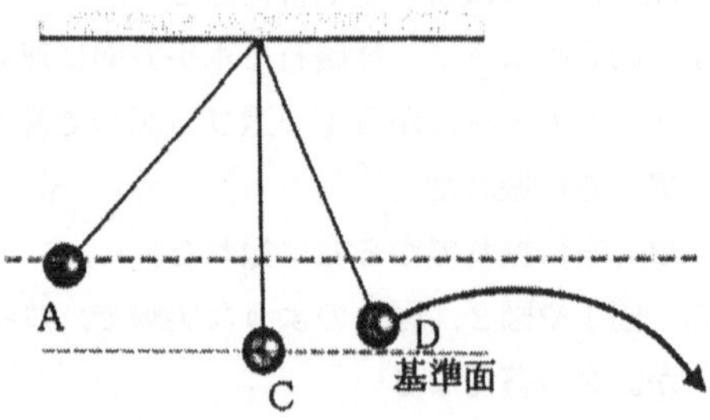

ウ

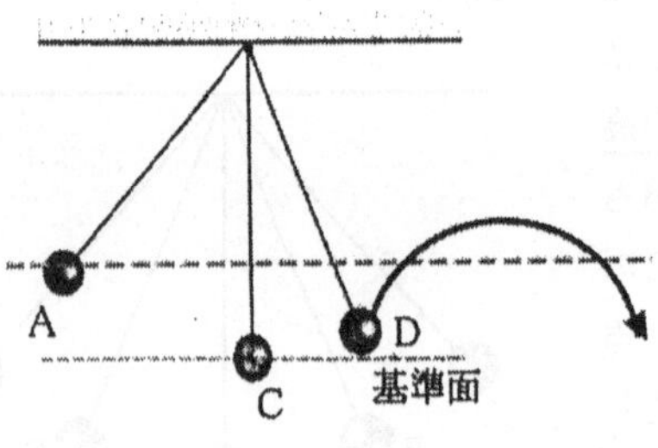

【社　会】（45分）　＜満点：50点＞

1　次の文章は，日本の４つの都市について簡単にまとめたものである。あとの⑴～⑺の各問いに答えなさい。

Ａ市は，1963年に５つの都市が合併して誕生し，九州地方で第２位の人口になった。かつては，筑豊炭田に近い(a)地区に官営製鉄所が建設され，日本の製鉄業を発展させた。現在は九州地方に(b)半導体関連企業も集まっており，九州地方の産業構造が変化している。

Ｂ市は，都道府県庁所在地の中で日本最北の政令指定都市である。1972年には，この市を中心にアジアで初となる冬季オリンピックが開催された。Ｂ市を含む地域では，2018年９月上旬に発生した(c)地震により地面が流動化して沈むなどの大きな被害を受けた。

Ｃ市は，日本の中で最大の人口を持つ都道府県庁所在地である。臨海エリアの開発が進んでおり，港湾都市としても発展している。テレビや映画のロケ地に使われるなど観光地としても有名である。日米修好通商条約で開かれた港の一つである。

Ｄ市は，12世紀の一時期を除き1000年以上の長い期間，天皇の住む都として栄えた。現在も碁盤の目のような当時の通りが残り，歴史ある寺社を訪ねる多くの観光客でにぎわっている。Ｄ市には，(d)日本最大の湖から水が供給されている。

⑴　下線部(a)に関して，この地区として正しいものを**ア**～**エ**より一つ選び，記号で答えなさい。

ア　小倉　　**イ**　八幡　　**ウ**　門司　　**エ**　博多

⑵　下線部(b)に関して，このような産業が集まったことで，九州地方は何とよばれるようになったか，答えなさい。

⑶　下線部(c)に関して，このような現象を何というか，答えなさい。

⑷　下線部(d)に関して，この湖名を答えなさい。

⑸　Ａ市～Ｄ市について述べた下記の文について，誤っているものを**ア**～**エ**より一つ選び，記号で答えなさい。

ア　Ａ市は，エコタウンとしての取り組みをしている。

イ　Ｂ市は，都道府県内の人口や産業が過度に集中している。

ウ　Ｃ市は，大阪大都市圏を形成している。

エ　Ｄ市は，町並み保存に取り組んでいる。

⑹　右の雨温図は，Ａ市～Ｄ市のどの都市のものか。一つ選び，記号で答えなさい。

⑺　かつては四大工業地帯に属し，現在の三大工業地帯に属さない都市をＡ市～Ｄ市より一つ選び，記号で答えなさい。

雨温図

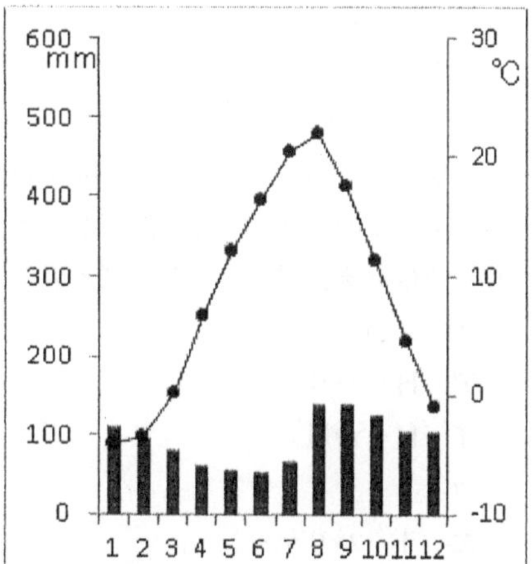

2　次の文章を読み，あとの⑴～⑸の各問いに答えなさい。

右の世界地図は，東京を中心に(a)正距方位図法で描いたものである。東京から南に向かうと（　A　）大陸を通過して（　B　）大陸に到達する。東京から西に向かうと（　C　）大陸を通過して（　D　）大陸に到達する。

この図法は，中心の東京から地図上の任意の地点への（　E　）と（　F　）を正しく表すことができる。

世界地図

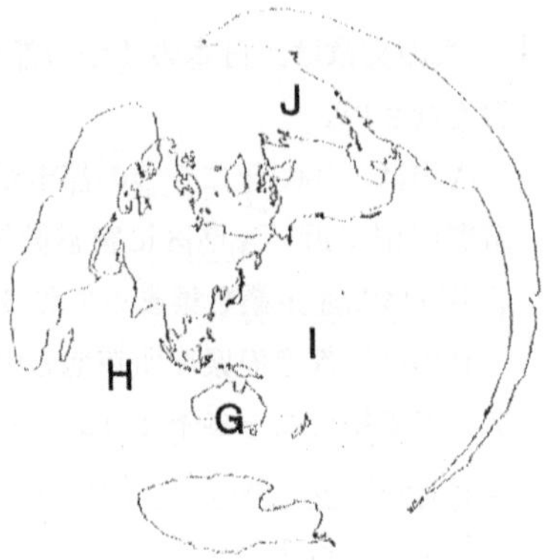

⑴　（A）～（D）にあてはまる大陸の組合せとして正しいものを**ア**～**エ**より一つ選び，記号で答えなさい。

ア	A　ユーラシア	B　オーストラリア	C　南極	D　アフリカ
イ	A　オーストラリア	B　南極	C　ユーラシア	D　アフリカ
ウ	A　北アメリカ	B　南アメリカ	C　オーストラリア	D　南極
エ	A　オーストラリア	B　南極	C　北アメリカ	D　南アメリカ

⑵　下線部(a)に関して，この図法で描かれている世界地図を旗のデザインとしている国際組織の名称を答えなさい。

⑶　（E）（F）にあてはまる語句をそれぞれ答えなさい。（順序は問いません）

⑷　地図中の**G**の国に関して，あとの各問いに答えなさい。

①　この国の国旗の一部には，他国の国旗が描かれている。その国を**ア**～**エ**より一つ選び，記号で答えなさい。

ア　イギリス
イ　アメリカ
ウ　フランス
エ　スペイン

②　この国に関して述べた下記の文章について，誤っているものを**ア**～**エ**より一つ選び，記号で答えなさい。

ア　この国は，白豪主義を行っていたが現在は多文化社会を目指している。
イ　この国は，さんご礁やエアーズロックなど自然環境を魅力とした観光業が盛んである。
ウ　この国は，主要な輸出品が羊毛から石炭・鉄鉱石に変化した。
エ　この国は，一部の都市を除き，人口のほとんどが内陸部に集中している。

⑸　熱帯低気圧が発生する海域と名前の組合せとして正しいものを**ア**～**エ**より一つ選び，記号で答えなさい。

ア　**H**－ハリケーン
イ　**H**－台風
ウ　**I**－サイクロン
エ　**J**－ハリケーン

3　Tさんは，歴史分野の調べ学習として，日本の古代から近代における文化について調べ，その内容を次のA～Fのカードにまとめた。あとの⑴～⑿の各問いに答えなさい。

A　飛鳥時代 皇族や中央の豪族の間に仏教信仰が広まり，朝廷のあった飛鳥を中心に，(a)日本で最初の仏教文化がおこった。この文化には，朝鮮半島や南北朝時代の中国の文化が大きく影響している。	B　平安時代 (b)中国との正式な国交がとだえたことから，貴族たちはそれまでに取り入れた中国の文化を自由につくり変え，(c)日本の風土や生活にあった文化を発達させた。
C　鎌倉時代 武士や民衆の力が伸びるにつれ，文化にも新しい動きがおこり，(d)武士の活躍を描いた軍記物や，(e)力強く雄大な建築物，合戦の様子や(f)僧の伝記を描いた絵画が多くつくられた。	D　江戸時代 (g)江戸の町人の好みを反映して，旅の道中をこっけいに描いた小説や，錦絵とよばれる多色刷りの版画が人気を集めた。また，浮世絵などが木版刷りで出版されて広まった。
E　(h)明治時代 政府による(i)学校教育の普及を背景として，西洋の文化に学んで，その刺激を受けた人たちによって，(j)これまでの伝統文化を独自に発展させた新しい文化が花開いた。	F　(k)大正時代 就学率が高まり，各種のメディアが発達し，文化は大衆の間に広まっていった。新聞は急速に発行部数を伸ばし，歌謡曲や野球などのスポーツは，［　X　］放送が始まったことで，茶の間の人気を集めた。

⑴　下線部(a)に関して，下の〈資料1〉は，飛鳥時代に建てられた，現存する世界最古の木造建築物がある寺院である。この寺院の名称を答えなさい。

〈資料 1〉

⑵　下線部(b)に関して，9世紀の末にわが国から中国への派遣が中止された使節を何というか，答えなさい。

⑶　下線部(c)に関して，この時代の文化をあらわすものとして正しいものを次のページの**ア**～**エ**より一つ選び，記号で答えなさい。

ア

イ

ウ

エ

⑷　下線部(d)に関して，下の〈資料２〉は，当時の戦いにおける鎌倉武士の活躍を描いたものである。この戦いの時，執権であった人物名を答えなさい。

〈資料 2〉

⑸　下線部(e)に関して，下の〈資料３〉の建物の所在地として正しいものを，地図上のア～エより一つ選び，記号で答えなさい。

〈資料 3〉

(6) 下線部(f)に関して，右の〈資料４〉は鎌倉時代のある僧の伝記を描いた絵巻物の一部である。この資料に関係の深い仏教の宗派を**ア**～**エ**より一つ選び，記号で答えなさい。

〈資料４〉

ア 日蓮宗
イ 天台宗
ウ 時　宗
エ 真言宗

(7) 下線部(g)に関して，江戸幕府の８代将軍徳川吉宗は，江戸の町人に対して，目安箱を設けて意見を求め，政治の参考とした。これ以外にこの将軍が行った政策として正しいものを**ア**～**エ**より一つ選び，記号で答えなさい。

ア 風紀や出版を統制し，ぜいたくを禁じたほか，株仲間を解散させ，江戸に流入した人々を農村に帰らせた。

イ 新田開発を進め，豊作や不作に関係なく一定の年貢を取り立てるなどして，財政の立て直しをはかった。

ウ 商工業者の同業者の組合である株仲間を認めて営業を独占させ，その代わりに一定の税を納めさせた。

エ 孔子をまつる聖堂を江戸の湯島に建て，武士に学問を奨励し，政治の安定をはかろうとした。

(8) 下線部(h)に関して，明治時代の対外関係について述べたＡ～Ｄを，時代の古いものから順に並べなさい。

Ａ 樺太と千島の帰属について，樺太・千島交換条約を結び，樺太をロシア領，千島列島の全島を日本領と定めた。

Ｂ 朝鮮での甲午農民戦争をしずめるために，朝鮮政府の求めに応じて清が軍隊を送ると，日本も出兵し，日清戦争が始まった。

Ｃ 不平等条約の改正を目的として，岩倉具視を大使とする政府の使節団が，欧米諸国に派遣された。

Ｄ ロシアとの対立を深めた日本と，東アジアでのロシアの勢力拡大を警戒したイギリスは，日英同盟を結んだ。

(9) 下線部(i)に関して，近代日本の教育制度について述べた次の文中［Ｙ］にあてはまる語句を答えなさい。

> 政府は，近代化の基礎は教育による国民意識の向上にあると考え，［Ｙ］を発布し，６歳以上の男女はすべて小学校に通うように定めた。

(10) 下線部(j)に関して，明治時代の文化について述べた文として誤っているものを**ア**～**エ**より一つ選び，記号で答えなさい。

ア 夏目漱石が，『坊ちゃん』や『吾輩ハ猫デアル』など，著名な作品を残した。

イ 小林多喜二らによって，労働者や農民の立場で社会問題を描く，プロレタリア文学が登場した。

ウ　津田梅子が，女子英学塾（現在の津田塾大学）を設立するなど，女子教育が始められた。

エ　正岡子規は，物事を見たままに表現することをとなえ，俳句と短歌の近代化に努めた。

(11)　下線部(k)に関して，大正時代を中心として，政治や社会に広まった民主主義を求める風潮や動きを何というか，答えなさい。

(12)　Ｆのカードの文中 X にあてはまる語句を答えなさい。

4　Ａ～Ｃの班が「日本の民主政治」について調べ学習をし，次のようにまとめた。あとの(1)～(7)の各問いに答えなさい。

Ａ班	日本国憲法と民主政治について 日本国憲法は，国の最高法規です。この憲法は，国民主権，（　Ａ　），基本的人権の尊重を３つの基本原則としています。前文では「再び戦争の惨禍がおこることのないようにすることを決意」し，主権は国民にあること，「国政は国民の厳粛な信託によるもの」であることを述べています。(a)この憲法を改正するためには特別な手続きが必要です。民主的な政治の実現には，国民が自由に考え，意見を発表する場が保障されることが大切です。
Ｂ班	国民の権利と義務 日本国憲法では，国民の自由や権利について，(b)自由権，平等権，社会権などの基本的人権を尊重し，国民が健康で人間らしい生活を営む権利を保障しています。しかし憲法では，国民は自由や権利を濫用してはならず，「常に公共の福祉のためにこれを利用する責任」があると定めています。また日本国憲法は，自由や権利の保障と併せて国民が国家の一員として果たさなければならない義務として(c)三大義務を明らかにしています。
Ｃ班	地方自治とその仕組みについて 地方の政治は，その地域に住む住民の意思を代表する地方議会と首長によって運営されています。地方議会は条例の制定や予算の議決などを，首長は予算や条例案を地方議会に提案したり，議決された予算を執行するなどの仕事を行っています。また，住民には(d)直接請求権が認められています。(e)地方議会と国会の仕組みは似ていますがやや異なり，内閣総理大臣が国会での（　Ｄ　）によって選出されるのに対して，地方公共団体の首長は，住民による（　Ｅ　）によって選ばれます。

(1)　（Ａ）にあてはまる語句を漢字４文字で答えなさい。

(2)　下線部(a)に関して，改正の発議に必要な国会議員の賛成票数として正しいものを**ア**～**エ**より一つ選び，記号で答えなさい。

ア　各議院の総議員の過半数

イ　各議院の総議員の３分の２以上

ウ　各議院の出席議員の３分の２以上

エ　各議院の出席議員の過半数

⑶　下線部(b)に関して，この権利に含まれるものを**ア**～**エ**より一つ選び，記号で答えなさい。

ア　教育を受ける権利

イ　裁判を受ける権利

ウ　国民が代表を選挙する権利

エ　財産を築く権利

⑷　下線部(c)に関して，次の（Ｂ）にあてはまる語句を答えなさい。

国民には，①子どもに教育を受けさせる義務，②（　Ｂ　）の義務，③納税の義務が課されています。

⑸　下線部(d)に関して，次の（Ｃ）にあてはまるものを**ア**～**エ**より一つ選び，記号で答えなさい。

町の有権者が7000人の場合，140名の署名を集めれば町長に（　Ｃ　）を請求できます。

ア　議員の解職　　**イ**　議会の解散　　**ウ**　条例の制定　　**エ**　首長の解職

⑹　下線部(e)に関して，地方議会と国会の仕組みについて述べた文として正しいものを**ア**～**エ**より一つ選び，記号で答えなさい。

ア　国会議員の被選挙権が25歳以上であるのに対して，地方議会議員の被選挙権は30歳以上である。

イ　国会は衆議院と参議院の二院制をとっているが，地方議会は一院制をとっている。

ウ　国会議員は予算の審議を行うことができるが，地方議会議員は予算の審議はできず，決算の承認を行うだけである。

エ　国会では内閣不信任決議を行うことができるが，地方議会は首長に対して不信任決議を行うことはできない。

⑺　（Ｄ）（Ｅ）にあてはまる語句の組合せとして正しいものを**ア**～**カ**より一つ選び，記号で答えなさい。

ア　Ｄ　国民審査　　Ｅ　指名

イ　Ｄ　党首討論　　Ｅ　住民投票

ウ　Ｄ　任命　　Ｅ　直接選挙

エ　Ｄ　指名　　Ｅ　住民投票

オ　Ｄ　国民審査　　Ｅ　直接選挙

カ　Ｄ　指名　　Ｅ　直接選挙

5　次の文章を読み，あとの⑴～⑶の各問いに答えなさい。

日本では(a)1950年代半ばから1973年の石油ショックまでの間，経済成長率が年平均10パーセントを超える急速な経済成長をとげ，社会は大きく変化した。21世紀を迎えた今，私たちの身の回りでも，(b)グローバル化や技術革新にともなって次々と新しいモノやサービスが生まれ，販売方法や支払い方法も多様化している。サービスや商品を購入するときの支払いは，現金で行われる他，(c)クレジットカードや電子マネーを利用する方法もある。

⑴　下線部(a)に関して，あとの各問いに答えなさい。

①　この経済成長を何と呼ぶか，漢字６文字で答えなさい。

② 次のグラフの**ア**～**エ**は，1960年から2000年までの乗用車，白黒テレビ，カラーテレビ，電気冷蔵庫のいずれかの普及率を示している。カラーテレビの普及率の推移を示しているものを**ア**～**エ**より一つ選び，記号で答えなさい。

グラフ

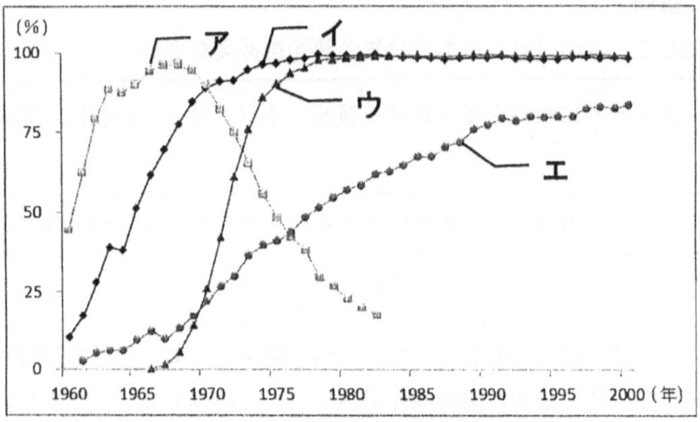

③ 県内では四日市ぜんそくを例として，国内の急速な重学工業化は各地で生活環境を破壊し多くの人々に肉体的，精神的，経済的な被害を与えたが，このような問題を総称して何というか，答えなさい。

⑵ 下線部(b)に関して，グローバル化や技術革新に伴う様々な問題の例が次のA～Dに示されており，a～dにはそれらを引き起こす要因が示されている。問題と要因の組合せとして正しいものを**ア**～**カ**より一つ選び，記号で答えなさい。

問題
A 産業の空洞化
B 外国人労働者問題
C 知的所有権の侵害
D 為替相場の乱高下

要因
a インターネットの普及
b 海外での現地生産の増加
c 短期的な資金の移動
d 所得格差と労働移動の自由化

ア A－a　B－c　C－d　D－b　　**イ** A－a　B－c　C－b　D－d
ウ A－b　B－d　C－c　D－a　　**エ** A－b　B－d　C－a　D－c
オ A－c　B－b　C－d　D－a　　**カ** A－c　B－b　C－a　D－d

⑶ 下線部(c)に関して，右の図はクレジットカードを使って商品を購入するときの商品とカネの流れをあらわしている。図中A～Cにあてはまる語句の組合せとして正しいものを**ア**～**ウ**より一つ選び，記号で答えなさい。

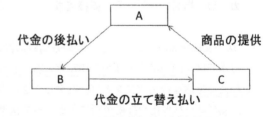

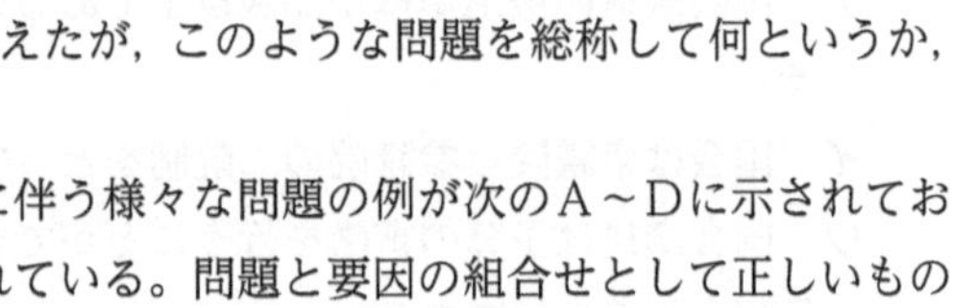

ア A 小売店　B 消費者　C クレジットカード発行会社
イ A クレジットカード発行会社　B 小売店　C 消費者
ウ A 消費者　B クレジットカード発行会社　C 小売店

ウ　北海道は　私の　祖母の　故郷です。

問二　次の文に関して、単語の区切りとして最も適切なものを後のア～オの中から一つ選び、記号で答えなさい。

ア　美しい　景色　を　見ると　心が　なごむ。

イ　彼　は　数学　が　得意　だ。

ウ　あの　赤い　花　は　チューリップです。

エ　父　は　男らしい　性格　だ。

オ　地球　の　自然　破壊　が　すすむ。

問三　次の①～③の文の傍線部分の語の品詞名として最も適切なものを後のア～エの中からそれぞれ一つずつ選び、記号で答えなさい。

①　そこにペンがある。

②　わが輩は猫である。

③　ある日、買い物にでかけた。

〔ア　連体詞　イ　動詞　ウ　補助動詞　エ　副詞〕

問四　次の①・②の文の傍線部分に用いられている敬語の分類として最も適切なものを後のア～ウの中からそれぞれ一つずつ選び、記号で答えなさい。

①　旅行のお土産をさしあげる。

②　先生が今からいらっしゃる。

〔ア　尊敬語　イ　丁寧語　ウ　謙譲語〕

問五　次の古文の傍線部分を現代仮名遣いに改め、すべてひらがなで書きなさい。

弥生の末の事なれば、藤がさねのじふにひとへの御衣を召され

（「源平盛衰記」による。）

問六　次の漢文を書き下し文にしなさい。

低《た》レテレ頭《こうべ》ヲ思フ二故郷《こきやう》ヲ一。

問三　傍線部①「彼の手と指はすっかり傷んでいた。きっと段ボール箱のふちで切ったのだろう、真新しい切り傷も残っていた」とありますが、この男の様子からどのようなことが読み取れるか。最も適切なものを次のア～エの中から一つ選び、記号で答えなさい。

ア　男の仕事ぶりが徐々に雑になってきていること。

イ　男がまだ、この仕事に不慣れであること。

ウ　男がこの仕事に全くやりがいを感じていないこと。

エ　男の生活が貧乏で厳しい状況にあること。

問四　傍線部②「幸子は何かをごまかすように」とありますが、幸子の発言の中には、健一に本心ではないことを告げていると思われるものがあります。その発言を本文から抜き出しなさい。

問五　傍線部③「所詮、中途半端な優しさだったのかもしれない」とありますが、ここでの健一の「中途半端な優しさ」を具体的に説明した文として最も適切なものを次のア～エの中から一つ選び、記号で答えなさい。

ア　幸子に迷惑をかけないよう、マンションを売り払うのを我慢していたこと。

イ　幸子のことを怒らせてしまったため、新しい食洗機を購入してあげたこと。

ウ　幸子の発した言葉がごまかしだということに、気づいていないふりをしたこと。

エ　幸子を心配させないよう、店がうまくいっていないことを黙っていたこと。

問六　傍線部④「そして健一は店を畳む決心をした」とありますが、健一は何を感じ、店を畳む決心をしたのですか。健一が感じたこととして最も適切なものを次のア～エの中から一つ選び、記号で答えなさい。

ア　幸子が、健一を想ってくれているということ。

イ　健一が、幸子に愛想をつかされたということ。

ウ　幸子が、健一を頼りにしているということ。

エ　健一が、幸子に迷惑をかけているということ。

問七　本文から読み取れる健一の気持ちとして最も適切なものを次のア～エの中から一つ選び、記号で答えなさい。

ア　店の売り上げが悪いことが幸子に知られた以上、店を畳むしかないと絶望している。

イ　自分のために幸子が働きに出てくれることに対して、申し訳ないと思っている。

ウ　幸子の自立は喜ばしいが、世間知らずの彼女が本当に外で働けるのかと心配している。

エ　店のことを黙っていたことを反省し、幸子とともに新たな気持ちで生きようとしている。

三　次の問一～六の各問いに答えなさい。

問一　次の文に関して、文節の区切りとして最も適切なものを後のア～ウの中から一つ選び、記号で答えなさい。

北海道は私の祖母の故郷です。

ア　北海道　は　私の祖母　の　故郷　です。

イ　北海道　は私の祖母　の故郷です。

開けたら火傷《やけど》するよ。」

「サッチは初めて食洗機使うのに、どうしてくわしいの」

「そりゃ、しっかり調べたからね。衝動買いじゃないもん」

これで少しは時間の節約ができるでしょう。そうしたら私また外で働こうかなと思って。②幸子は何かをごまかすように、じっと、水飛沫《みずしぶき》のかかるコーヒーカップを見つめたまま言った。

「私だけ家にいるの暇だから」

「へん」

健一はわざと気づかないふりをした。彼女は注5『グレープ』の売り上げがどうなっているのか、とっくに知っていたのだ。だから数年ぶりに、働きに出ることに決めたらしい。反省した。幸子を心配させたくないと思い、ずっと売り上げについては黙っていたのに。

③所詮《しょせん》、中途半端な優しさだったのかもしれない。

「だったら、うちの店でアルバイトしてくれたほうがずっと助かるってのに」

「やだよ。『グレープ』は時給が安いもん」

「次の店が儲《もう》かったら、どーんと出してやる」

④そして健一は店を畳む決心をした。d潮時だ。マンションを売ることになったって構うものか。アルバイトをしてでも、生きてやる。そして再び新しい店を作ってやるさ。

だって、風はまだ吹いている。

幸子こそ健一の風だった。これが吹いている限りは、何だってやれる。

「よし、それじゃあ食洗機のついでに掃除機も買おうぜ。あるだろ、外国の。吸引力の衰えないe唯一の掃除機ですってやつ」

「吸引力が上がったって、時間の節約にはならないじゃん」

無駄遣いは駄目だとA一蹴《いっしゅう》されたのだった。

幸子の風はシビアで、気まぐれで、読みづらかった。けれど、再確認した。このかわいい風を捉《とら》えようとあくせくすることで、男というのはようやく正しくなれるようだ。

世界も社会も人生も戦争も年金も、ありとあらゆる問題より、この風を乗りこなすほうが難しい。

なのに、この風にあおられるのが、もっとも心地よかった。

（伊藤たかみ「誰かと暮らすということ」より）

注1　男……食器洗浄機の取り付け工事にやってきた、中年の男

注2　あの若造……男と一緒に工事に来た若者。仕事のうえでは、男の先輩にあたる。

注3　またマンション買えますよ……男は健一に、以前マンションを持っていたと話していた。

注4　彼女は自転車のショップに……幸子は父親の経営する自転車ショップで店員として働いていた。

注5　『グレープ』……健一が経営する店

問一　傍線部a「ジュウマン」b「ゲンカン」c「ビンボウ」のカタカナをそれぞれ漢字で書き、d「潮時」e「唯一」の漢字の読み方をひらがなで書きなさい。

問二　二重傍線部A「一蹴された」の意味として最も適切なものを次のア～エの中から一つ選び、記号で答えなさい。

ア　相手を見下す　　イ　発言を無視する

ウ　要求をはねつける　　エ　依頼を快諾する

二　次の文を読んで、後の問一～七に答えなさい。

店の経営がうまくいかない健一は、妻の幸子と些細《ささい》なことで喧嘩してしまう。幸子は家を飛び出してしまうが、二週間後、彼女が健一に内緒で購入した食器洗浄機が届いた朝に、突然帰ってきた。

彼女はシンクから汚れたコーヒーカップを取り上げた。洗うものがそれしかないのが不満なようだ。さっそく洗浄力を試してみたいらしいが、弁当の空容器や納豆のパックなど、キッチンに散らばっているのは不燃ゴミばかりだった。健一の不摂生を濾《こ》して投げ捨てたようなものばかりである。

そこで幸子は、うしろの戸棚から汚れてもいない食器を取り出し、食器洗浄機にねじ込んだ。さっそく練習してみるよとスイッチを入れた。

「奥様、操作はわかります?」

注1男はキッチンカウンターから身を乗り出すようにして、食洗機の操作を説明し始めた。①彼の手と指はすっかり傷んでいた。きっと段ボール箱のふちで切ったのだろう、真新しい切り傷も残っていたが、しかし動きは優雅だった。

「今、洗浄機の中にスチームがaジュウマンしています。もうすぐ洗浄が始まります」

「洗濯機みたいな音がする」

「仕組みは同じようなものです。衣類が回るんじゃなくて、洗浄液が回るだけの違いです」

「私にはよくわからないけど、すごいのね!」

「あ、すみません。もう大丈夫ですから。ご苦労様でした」

話を打ち切った。男はもう少し説明がしたいようだったが、あまり遅くなって注2あの若造にどやされるのもかわいそうだ。

健一はbゲンカンまで男を見送ってやった。作業着の襟に脂染みがひどかった。背中に無言で「注3またマンション買えますよ」と声をかけたかった。そういう中途半端な優しさがいけないと幸子は怒るかもしれないけれども。

「それでは、毎度ありがとうございました」

ぺこりと頭を下げ、男はエレベーターに乗り込んだ。厳しい地上へと引き戻されていった。

キッチンで、幸子は食洗機をのぞき込んでいた。どこか滑稽《こっけい》だった。

cビンボウだった健一の実家に、ようやく全自動洗濯機がやってきた日を思い出す。本当に機械の力だけで最初から終わりまで洗濯ができるのかと、健一と父は、洗濯機をじっとのぞき込んでいたのだ。母はその横で、あなたたちは馬鹿ねと笑いながら、やはり嬉しそうに夕食を作っていた。

幸子の隣に割り込んで、一緒に食洗機の中をのぞき込む。窓は小さいしスモーク色をしていたのでよく見えなかったが、強い水流の音がして、よくわからないけれども皿が綺麗になっていくらしかった。

「本当にこれで洗えてるのかな。ちょっと開けて確かめてみようか。」

扉に手を伸ばすと、幸子が慌てて止める。指と指が重なった。結婚して以来、注4彼女は自転車のショップに出なくなった。かつてはオイル落としの洗浄液で手を洗うのでいつもかさついていたが、今は吸いつくようにしっとりとした手触りをしている。

「駄目だって。今、スチームがジュウマンしているから、無理にドアを

人を鏡にして自己を知るのである。

他人がこちらのことをどう思うかが自己だなんて納得いかないという人もいるだろう。では、あなた自身の性格について考えてみよう。あなたが抱いている④性格的特徴について、それが自分の特徴だということは、どうしてわかるようになったのだろうか。小さいころから、親から「あなたはB優柔不断な子だね。」と言われる。学校で先生から「あなたは迷いながらじっくり考えるタイプね。」と言われる。友達から「早く決めろよ、お前は決断力がないから一緒にいていらいらする。」と言われる。そうした経験を通して、「自分は優柔不断であれこれ迷う決断力のない性格だ」という自己理解ができあがっていく。かかわりのある周囲の人たちから突きつけられたコメントから自己像が組み立てられていく。そんな感じなのではないだろうか。

（榎本博明「『上から目線』の構造」より一部改）

問一　傍線部a「挟」　b「麻酔」　d「隔離」の漢字の読み方をそれぞれひらがなで書き、c「センリョウ」　e「ゼンテイ」のカタカナをそれぞれ漢字で書きなさい。

問二　空欄【Ⅰ】～【Ⅲ】に入る語として最も適切なものを次のア～エの中から一つずつ選び、記号で答えなさい。

ア　つまり　　イ　だが　　ウ　すると　　エ　さらに

問三　二重傍線部A「威嚇」B「優柔不断」の意味として最も適切なものを次のア～エの中からそれぞれ一つずつ選び、記号で答えなさい。

A「威嚇」

ア　大声で叫びほえること　　イ　強くにらみつけること

ウ　攻撃を加えようとすること　　エ　威力を示して脅すこと

B「優柔不断」

ア　意志が弱いさま

イ　理解が遅いさま

ウ　決断が早いさま

エ　移り気なさま

問四　傍線部①「そのような反応は2～3日で急減し」とありますが、それはなぜだと考えられていますか。次の空欄に当てはまる言葉を本文中から七字で抜き出しなさい。

鏡像が［　　］だと理解したから。

問五　傍線部②「チンパンジーの鏡像実験」とありますが、この実験によりわかったことが具体的に述べられている部分を四十五字以内で抜き出し、初めと終わりの五字をそれぞれ答えなさい。

問六　傍線部③「『人からどのように見られているか』を知る」とありますが、それを「知る」ためにどのような経験が必要だと筆者は述べていますか。二十五字以内で説明しなさい。

問七　傍線部④「性格的特徴」とありますが、私たちは何からそれを知ることになるのですか。本文中から二十字以内で抜き出しなさい。

問八　本文に述べられている筆者の考えとして最も適切なものを次のア～エの中から一つ選び、記号で答えなさい。

ア　人は他者の視線にとらわれずに内面を成長させていく。

イ　人は他者との関係の中で自己像を理解していく。

ウ　人は自己を理解することで他者との関係を築いていく。

エ　人は他者の意見に従って自己を形成していく。

【国　語】（四五分）　〈満点：五〇点〉

一　次の文を読んで、後の問一～八に答えなさい。

　心理学者ギャラップは、チンパンジーのいる部屋に鏡を置いてみた。【　Ⅰ　】、チンパンジーは、鏡の中に映る自分の姿を他者と見なしているかのような反応を示した。鏡像に向かって飛びはねたり、声を出したり、A威嚇《いかく》したりした。【　Ⅱ　】、①そのような反応は2～3日で急減し、それに代わって直接見えない自分の身体の部分の毛づくろいをしたり、歯の間にa挟まった食べかすをほじくったり、泡を吹いてふくらませたり、鏡に向かっていろんな顔つきをするなどの反応が急速に増えていった。鏡に映る姿が自分の映しだということを理解しているかのような反応だった。

　チンパンジーが自分の鏡像をほんとうに理解しているのかどうかを確認するために、ギャラップは、十日間鏡に慣れさせた後の十一日目に、チンパンジーをb麻酔で眠らせておいて眉毛や耳の上に無臭のcセンリョウを塗り、目が覚めてから、鏡がないときと鏡を入れてからの反応を比較した。

　その結果、鏡を入れることによって、赤いしるしのついた自分の身体の部分を触る反応が二十五倍に増えることがわかった。このことは、鏡像が自分の姿の映しだということを理解している証拠といえる。チンパンジーともなると、自分の鏡像を理解し、利用することができるのである。

　ところが、生後間もなくd隔離して育てられたチンパンジーは、仲間と一緒に育てられたチンパンジーと違って、自分の鏡像を理解できないことがわかった。鏡を入れても、赤いしるしのついた自分の身体の部分を触る反応は増えないのだ。ここからわかるのは、自分の鏡像を理解するためには、他者とのやりとりを十分に経験しておく必要があるということである。

　自己像を認知するということは、他者がこちらを見るように自分自身を見ることである。【　Ⅲ　】、他者のまなざしを取り入れることだ。「他の人たちから見ると、自分はこんなふうに見えるんだ」ということがわかるということである。

　それができるようになるには、他者に向ける自分のまなざしと自分に向けられる他者のまなざしのやりとりを十分に経験しておくことがeゼンテイとなる。それがあって初めて、「自分が他者を見るように、他者も自分を見ている」ということが実感をもって理解できるようになるのだ。自分の姿は、自分の目に映る他者の姿のように、他者の目には映っている。そのことを理解するのである。

　②チンパンジーの鏡像実験は、私たちの自己理解に関して、有益なヒントを与えてくれる。私たちは、いろんな人とのやりとりを通して、「他の人たちから見ると、自分はこんなふうに見えるんだ」ということがわかるようになる。これは、身体像だけにあてはまるものではない。自分がどんな性格かといった内面の自己像も、③「人からどのように見られているか」を知ることによってつかんでいくものなのである。

　このことを社会学者クーリーは、「他者の目に映ったものが自己である」と表現している。「人からどのように見られているか」が自己だというのである。他人を鏡にして映し出された姿が自己であるという意味で、クーリーは、「鏡映自己」という捉え方をしている。私たちは、他

2019年度

解　答　と　解　説

《2019年度の配点は解答欄に掲載してあります。》

＜数学解答＞ 《学校からの正答の発表はありません。》

1　(1)　5　　(2)　$\frac{a+2b}{12}$　　(3)　$x:y=9:1$　　(4)　$x=-3$　　(5)　$(a,\ b)=(7,\ 2)$

(6)　216π(cm^2)　　(7)　$\frac{1}{4}$　　(8)　5　　(9)　$b=6,\ -2$　　(10)　36(cm^3)　　(11)　5

(12)　$\frac{1}{9}$　　(13)　72(点)　　(14)　2(cm)　　(15)　2時$10\frac{10}{11}$分

2　(1)　12(通り)　　(2)　330

3　(1)　2.4(点)　　(2)　2(点)　　(3)　3(点)

4　(1)　$-18\leqq y\leqq 0$　　(2)　$3\sqrt{7}$(cm^2)　　(3)　$-\frac{5}{4}\leqq a\leqq \frac{5}{2}$

5　(1)　AE：EC＝2：7　　(2)　$\frac{7}{9}$(倍)

○推定配点○

1　各2点×15　　2　各2点×2　　3　各2点×3　　4　各2点×3　　5　各2点×2　　計50点

＜数学解説＞

1　(数・式の計算，比例式，1次方程式，連立方程式，円と球の表面積，反比例，平方根，2次方程式，正多面体の体積，式の利用，確率，平均，円と三平方の定理，時計の針の動き)

基本　(1)　$-54\div(-3)^3+(-5)\times6\div(-10)=-54\div(-27)+(-5)\times6\div(-10)=54\div27+5\times6\div10=2+3=5$

基本　(2)　$\frac{a+b}{6}-\frac{3a-4b}{4}+\frac{2a-3b}{3}=\frac{2(a+b)-3(3a-4b)+4(2a-3b)}{12}=\frac{2a+2b-9a+12b+8a-12b}{12}=\frac{a+2b}{12}$

(3)　$5(2x+3y)=3(4x-y)$　　$10x+15y=12x-3y$　　$2x=18y$　　$x=9y$　　$x:y=9:1$

基本　(4)　$\frac{13}{10}x-\frac{6}{5}\left(x-\frac{3}{2}\right)=\frac{3}{2}$　　両辺を10倍して$13x-12\left(x-\frac{3}{2}\right)=15$　　$13x-12x+18=15$　　$x=-3$

重要　(5)　$4x+3y=11$に$x=b$，$y=1$を代入して$4b+3=11$　　$4b=8$　　$b=2$　　このとき連立方程式の解は$(x,\ y)=(2,\ 1)$となるので，$2x-ay=-3$に$x=2$，$y=1$を代入して$4-a=-3$　　$a=7$　よって，$(a,\ b)=(7,\ 2)$

(6)　2つの半球の表面積の合計は，鉄球の表面積と断面の円の面積の2倍の和に等しい。鉄球の表面積は$4\times\pi\times6^2$，断面の円の面積の2倍は$6^2\times\pi\times2$と表せるので，合計は$4\times\pi\times6^2+6^2\times\pi\times2=(4+2)\times6^2\times\pi=216\pi$　　よって，2つの半球の表面積の合計は216π(cm^2)

(7)　$y=-\frac{3}{x}$に$x=-6$を代入すると$y=\frac{3}{6}=\frac{1}{2}$となり，$x=-2$を代入すると$y=\frac{3}{2}$となるので，$y$の

増加量は$\frac{3}{2}-\frac{1}{2}=\frac{2}{2}=1$　さらにxの増加量は$-2-(-6)=4$なので，xの値が-6から-2まで増加するときの変化の割合は$\frac{1}{4}$

重要　(8)　$a=\sqrt{2}+\sqrt{3}$，$b=\sqrt{2}-\sqrt{3}$より$a+b=2\sqrt{2}$　このとき$a^2+b^2-c^2+2ab=a^2+2ab+b^2-c^2=(a+b)^2-c^2$　ここで$a+b=2\sqrt{2}$，$c=\sqrt{3}$を代入して，$(2\sqrt{2})^2-(\sqrt{3})^2=8-3=5$

重要　(9)　2次の係数が1で，$x=b$，$4-b$を解に持つ2次方程式は$(x-b)\{x-(4-b)\}=0$と表せる。左辺を展開すると$x^2-(4-2b)x+b(4-b)=0$となり，この式を$x^2+ax-12=0$と比較すると，定数項について$b(4-b)=-12$　$4b-b^2=-12$　$b^2-4b-12=0$　$(b-6)(b+2)=0$　$b=6,\ -2$

やや難　(10)　立方体の各面の対角線の交点6個を結んで作られる立体は正八面体となる。さらに正八面体は，同じ正方形を底面に持つ合同な正四角錐2つが底面どうしで接している立体とみることができる。この正四角錐1つ分の体積は，底面が対角線の長さ6cmの正方形，高さ3cmなので，$6\times6\div2\times3\div3=18(\text{cm}^3)$　よって，立方体の各面の対角線の交点6個を結んで作られる立体の体積は$18\times2=36(\text{cm}^3)$

やや難　(11)　$x^2-2x-3=(x-3)(x+1)$とすると，素数は「1とその数自身だけを約数に持つ自然数」なので，$x-3$または$x+1$のどちらかが1に等しくなる。ここで$x-3=1$とすると$x=4$となり，このときx^2-2x-3の値は$4^2-2\times4-3=16-8-3=5$で素数となる。また，$x+1=1$とすると$x=0$となり，このときx^2-2x-3の値は$0^2-2\times0-3=-3$で素数ではない。よって，$x^2-2x-3=$が表す素数は5

(12)　大，小2つのさいころの目の出方を$(x,\ y)$のように表すと，$y=x+2$となるのは(1，3)，(2，4)，(3，5)，(4，6)の4通り。大，小2つのさいころの目の出方は全部で$6\times6=36$(通り)なので，$y=x+2$となる確率は$\frac{4}{36}=\frac{1}{9}$

基本　(13)　男子の合計点数は$52\times18=936$(点)，クラスの合計点数は$63\times(18+22)=2520$(点)なので，女子の合計点数は$2520-936=1584$(点)となる。よって，女子生徒の平均点は$1584\div22=72$(点)

重要　(14)　3辺の長さが6cm，8cm，10cmの直角三角形は，直角をはさむ2辺の長さが6cm，8cmとなるので，面積は$6\times8\div2=24(\text{cm}^2)$　また，直角三角形の内接円の中心から直角三角形の各頂点を通る線分をひくと，直角三角形は3つの三角形に分けることができ，内接円の半径を$r(r>0)$とすると，3つの三角形の面積の合計は$6\times r\div2+8\times r\div2+10\times r\div2=12r$と表せる。このとき，$12r=24$となり，$r=2$　よって，内接円の半径は2cm

やや難　(15)　長針は60分で360°回るので，1分あたり6°回る。また，短針は60分で30°回るので，1分あたり0.5°回る。ここで，長針と短針の針が重なる時刻を2時t分と表すと，2時以降，長針と短針が重なるまで，長針は$6t$(°)，短針は$0.5t$(°)回る。このとき，2時における長針と短針の角度差は60°なので，$0.5t+60=6t$と表せる。これを解いて$t=\frac{120}{11}=10\frac{10}{11}$(分)　よって，時計の長針と短針が2時と3時のあいだで重なる時刻は2時$10\frac{10}{11}$分

2 (場合の数)

基本　(1)　2けたの整数を十の位の数，一の位の数の順に決定すると，十の位の数は4つの数字から選び，一の位の数は残りの3つの数字から選ぶので，全部で$4\times3=12$(通り)

やや難　(2)　できたすべての2けたの整数について，一の位の数に着目すると1，2，3，4が3回ずつ使われるので，一の位の数の総和は$3(1+2+3+4)=30$　また十の位の数に着目すると，こちらも1，2，3，4が3回ずつ使われるので，$3(10+20+30+40)=300$　よって，2けたの整数の総和は$30+300=330$

基本 **3** （資料の整理）

(1)　$(0\times3+1\times5+2\times5+3\times6+4\times3+5\times3)\div25=(5+10+18+12+15)\div25=60\div25=2.4$となるので，平均点は2.4点となる。

(2)　表より，25人を点数が少ない方から順にならべたときの13番目の生徒の点数は2点なので，中央値は2点となる。

(3)　表より，最も人数の多い点数は3点なので，最頻値は3点となる。

4 （2次関数，1次関数，グラフの利用）

基本 (1)　グラフより，放物線①は$x=-6$のとき最小値，$x=0$のとき最大値をとる。$y=-\frac{1}{2}x^2$に$x=-6$を代入して$y=-\frac{1}{2}\times(-6)^2=-18$　　$x=0$を代入して$y=0$　　よって，yの範囲は$-18\leqq y\leqq0$

重要 (2)　放物線①と直線②の2つの交点のうち，x座標が正の方を点A，負の方を点Bとする。ここで，$y=-\frac{1}{2}x^2$…①と$y=x-3$…②からyを消去して$-\frac{1}{2}x^2=x-3$　　両辺を-2倍して$x^2=-2x+6$　　$x^2+2x-6=0$　　解の公式より$x=\frac{-2\pm\sqrt{2^2-4\times1\times(-6)}}{2\times1}=\frac{-2\pm\sqrt{4+24}}{2}=\frac{-2\pm\sqrt{28}}{2}=\frac{-2\pm2\sqrt{7}}{2}=-1\pm\sqrt{7}$　　となることから，点Aのx座標は$-1+\sqrt{7}$，点Bのx座標は$-1-\sqrt{7}$となるので，線分OAの長さは$-1+\sqrt{7}$，線分OBの長さは$-(-1-\sqrt{7})=1+\sqrt{7}$となる。また，直線②と$y$軸の交点を点Cとすると，点Cの座標はC$(0,\ -3)$なので，線分OCの長さは3となる。このとき，△OACと△OBCをそれぞれ底辺OCの三角形とみると，△OACの面積は$3\times(-1+\sqrt{7})\div2$，△OBCの面積は$3\times(1+\sqrt{7})\div2$と表せ，さらに△OABの面積は△OACの面積と△OBCの面積の和に等しいので，$3\times(-1+\sqrt{7})\div2+3\times(1+\sqrt{7})\div2=3\times\{(-1+\sqrt{7})+(1+\sqrt{7})\}\div2=3\times2\sqrt{7}\div2=3\sqrt{7}$　　よって，直線②と放物線①の2つの交点と原点Oとでできる三角形の面積は$3\sqrt{7}$

(3)　放物線①のグラフにおいて，左端の点を点P，右端の点を点Qとすると，$x=4$のとき$y=-\frac{1}{2}\times4^2=-8$，$x=-6$のとき$y=-\frac{1}{2}\times(-6)^2=-18$となるので，点P，Qの座標はそれぞれP$(-6,\ -18)$，Q$(4,\ -8)$となる。ここで，直線②は$a$の値に関係なく，必ずC$(0,\ -3)$を通るので，C$(0,\ -3)$を中心にして回転する直線とみなせる。さらに$a$の値は直線②の傾きを表すので，放物線①と直線②が2点で交わるとき，グラフよりaが最大となるのは直線②が点Pを通るとき，aが最小となるのは点Qを通るときとなる。このとき，$y=ax-3$に$x=-6$，-18を代入して$-18=a\times(-6)-3$より$a=\frac{15}{6}=\frac{5}{2}$，$y=ax-3$に$x=4$，$-8$を代入して$-8=a\times4-3$より$a=-\frac{5}{4}$　　よって，$-\frac{5}{4}\leqq a\leqq\frac{5}{2}$

重要 **5** （相似，面積比）

(1)　点Eを通りBCに平行な直線とBFの交点を点Gとすると，△FGEと△FBDにおいて，GE//BDより平行線の同位角は等しいので∠FGE＝∠FBD，∠FEG＝∠FDBとなり，2組の角がそれぞれ等しいので△FAE∽△FBD　　このときDE：EF＝1：2より，GE：BD＝FE：FD＝FE：FE＋ED＝2：(1＋2)＝2：3…①　　さらにBD：DC＝1：2よりBD：BC＝BD：BD＋DC＝1：(1＋2)＝1：3＝3：9…②　　①，②よりGE：BC＝2：9…③　　また，△AGEと△ABCにおいて，GE//BCより平行線の同位角は等しいので∠AGE＝∠ABC，∠AEG＝∠ACBとなり，2組の角がそれぞれ等しいので△AGE∽△ABC　　このとき③より，AE：AC＝GE：BC＝2：9　　よって，AE：EC＝AE：(AC−AE)＝2：(9−2)＝2：7

(2) 高さが等しい三角形の面積比は底辺の長さの比に等しいので，BD：DC＝1：2より△ABD：△ACD＝1：2となり，△ABC＝k(k>0)とすると，△ABD＝$\frac{1}{3}k$，△ADC＝$\frac{2}{3}k$と表せる。また，(1)よりAE：EC＝2：7なので△DAE：△DCE＝2：7となり，△ADC＝$\frac{2}{3}k$のとき，△DAE＝$\frac{2}{9}$△ADC＝$\frac{4}{27}k$，△DCE＝$\frac{7}{9}$△ADC＝$\frac{14}{27}k$と表せる。さらに，DE：EF＝1：2より△DAE：△FAE＝1：2となるので，△DAE＝$\frac{4}{27}k$のとき，△FAE＝$\frac{8}{27}k$と表せる。よって，△BDF＝△ABD＋△DAE＋△FAE＝$\frac{1}{3}k+\frac{4}{27}k+\frac{8}{27}k=\frac{9}{27}k+\frac{4}{27}k+\frac{8}{27}k=\frac{21}{27}k=\frac{7}{9}k=\frac{7}{9}$△ABC　よって，△BDFの面積は△ABCの面積の$\frac{7}{9}$倍となる。

★ワンポイントアドバイス★

問題数が多いので，取り組んで時間がかかりそうだと思った問題は後回しにし，一つでも多くの正解を得られるようにしよう。そのためにも，教科書の例題レベルまでの問題は，素早く解けるように鍛えよう。

<英語解答> 《学校からの正答の発表はありません。》

1 (1) ウ　(2) イ　(3) イ　(4) ア　(5) ウ

2 (1) has been　(2) better　(3) Women　(4) were used　(5) flying

3 (1) 2番目 ア　4番目 イ　(2) 2番目 ウ　4番目 カ

(3) 2番目 ア　4番目 オ　(4) 2番目 オ　4番目 ア

(5) 2番目 エ　4番目 カ

4 (1) (例) A 大きな文字　B 最初　C 雑誌　(2) イ　(3) ウ

(4) ウ，エ

5 (1) (It also) gives her time to think(.)

(2) 彼女は鳥のさえずりを聞き，野生の美しい花を見て楽しんだ

(3) (例) 山の頂上　(4) ウ　(5) エ　(6) ウ

○推定配点○

1，5(3) 各1点×6　2，3，4，5(1)～(2)・(4)～(6) 各2点×22　計50点

<英語解説>

基本 **1** (語句選択補充問題：前置詞，不定詞，関係代名詞)

(1) 「彼はこの前の日曜日に私の犬の世話をしてくれた」 take care of ～ で「～の世話をする」という意味を表す。

(2) 「この少女は4人の中で最も小さい」 最上級を使った文。「(複数)の中で」は of で表す。

(3) 「私はすぐにあなたに会いたい」 hope は目的語に不定詞〈to ＋動詞の原形〉をとる。

(4) 「彼女は大きな庭のある家に住んでいる」 先行詞 a house は「もの」を表し，後の hasに対して主語の働きをしているので，関係代名詞は which が適切。

(5) 「この本はあまりに難しすぎて弟には読めない」〈too ～ for ＋人＋ to ＋動詞の原形〉で「あまりに～なので(人)には…できない」という意味を表す。

2 (語形変化問題：現在完了，比較，名詞の複数形，受動態，分詞)

(1) 「彼は先週からずっと忙しい」 since 「～から(ずっと)」があるので，「先週」という過去から今現在も忙しい状況であると考え，現在完了〈have [has]＋過去分詞〉にする。主語 He は3人称単数なので，has を用いる。

(2) 「あなたのコンピューターは私のよりもよい」 than ～ があるので，「あなたのコンピューター」と「私のコンピューター」を比べた文。good を比較級にする。

(3) 「あそこに座っている女性たちは美しい」 who の後の動詞が are なので，対応する主語は複数形。

(4) 「これらの辞書は1980年に母によって使われていた」 主語が「辞書」で，〈by ＋人〉があるので受動態〈be動詞＋過去分詞〉の文。主語が複数形で，過去のことを言っているので，be動詞は were。

(5) 「木の上を飛んでいる鳥をごらんなさい」 fly 「飛ぶ」は鳥が行う動作。「飛んでいる鳥」という意味にすると文意が成り立つ。「～している」の意味になるのは ～ing形(現在分詞)。

重要 3 (語句整序問題：受動態，不定詞，現在完了，関係代名詞)

(1) What language is spoken in (Australia?) what language「何語」を主語とする受動態の文。疑問文だが，疑問詞がつく部分が主語なので，肯定文と同じ〈主語＋be動詞＋過去分詞〉の語順になる。

(2) Do you know what to cook (for dinner?) 「あなたは～を知っていますか」という文。「～を」に当たる「何を作ればよいか」は〈疑問詞＋ to ＋動詞の原形〉で表す。

(3) Mr. Green has taught us English (since 2016.) 「(過去のあるときからずっと)～している」は現在完了〈have [has]＋過去分詞〉で表す。「(人)に(もの・こと)を～する」は〈動詞＋人＋もの・こと〉の語順で表す。

(4) I want something hot to eat. 「私は～がほしい」という文。「何か温かい食べ物」は something の後に形容詞 hot と形容詞的用法の不定詞を続けて表す。

(5) The girl I was talking with is (Lisa.) 「私が(一緒に)話していた」が後ろから The girl を修飾する形。The girl の後に関係代名詞が省略されている。

4 (会話文問題：語句解釈，文選択補充，語句選択補充，内容吟味)

(全訳) K：スミス先生，今日の授業で息子さんは雑誌の編集者だとおっしゃいましたね。／S：そうだよ。／K：彼は何をしているのですか。／S：彼は著者のつづりや文法を確認しているんだよ。headlines も書いている。／K：headlines とは何ですか。／S：文章の前に大きな言葉が見えるかい？ それが headlines だよ。人が雑誌を読むとき，普通は最初に headlines を読むね。headlines が良さそうだと彼らは文章を読む。headlines は雑誌にとってとても重要なんだ。／K：おもしろい仕事のようですね。きつい仕事なのですか。／S：うん，息子はとても熱心に働いているよ。彼は毎日コンピューターで仕事をしているから，しょっちゅう疲れている。でも彼は言葉を使って仕事をするのが好きだから，彼にとっては最高の仕事なんだ。／K：彼はどうやって雑誌の編集者になったのですか。日本でどうやって編集者になれるのかわかりません。／S：うーん，彼は英語と報道の仕事を勉強したんだ。きみは日本語と文章を書くことを勉強するのは好きかい？／K：はい，好きです。ぼくは本や雑誌を読むことも好きです。／S：息子は本よりも雑誌を読む方が好きなんだ。彼は写真と言葉を一緒に見て楽しんでいるんだ。／K：なるほど。その仕事についてもっと知りたいです。／S：きみは息子を訪ねるといいよ。彼が何をしているかを見ることができる。彼に頼んで，明日きみに伝えるよ。いい考えかな？／K：はい，ありがとうございます，スミス先生！

(1)　スミス先生は3番目の発言でheadlineについて説明している。第1文「文章の前に大きな字が見えますか」，第3文「人は雑誌を読むときに普通は最初にheadlineを読む」，第4文「headlineが良ければ人は文章を読む」から空所に入る語を考える。headlineは「見出し」のこと。

(2)　空所の前は「息子は毎日コンピューターを使っているから疲れています。でも，彼は言葉を使って仕事をすることが好きで，だから～」という意味。好きなことを仕事にしていることが理由となるものを選ぶと，イ「それは彼にとって最高の仕事だ」が適切。アは「彼はそれらを読みたがっている」，ウは「彼は病気だった」，エは「それは人気の職業ではない」という意味。

(3)　空所を含む文では，その前の「あなたは息子を訪ねるといいでしょう。あなたは彼がしていることを見ることができます。彼に頼んで明日あなたに教えましょう」という案について，「それは良い～ですか」とケンに尋ねている。この空所に合うのはウ「考え」。スミス先生は自分の考えがケンにとって良いものかどうかを尋ねている。アは「夢」，イは「例」，エは「人生，生活」という意味。

(4)　ア「ケンはしばしばスミス先生の息子に会っている」(×)　ケンの最初の発言から，ケンはこの日の授業でスミス先生の息子が雑誌の編集者であることを知ったことがわかる。また，スミス先生が最後の発言で，ケンが息子に会うことを提案していることから，ケンがスミス先生の息子にしばしば会っているというのは不自然。　イ「スミス先生の息子は毎日コンピューターを使っているわけではない」(×)　スミス先生は4番目の発言の第2文で，「彼は毎日コンピューターで仕事をしている」と言っている。　ウ「ケンは編集者になる方法を知りたがっている」(○)　ケンの4番目の発言から，ケンは編集の仕事に興味を感じていることがわかる。さらに，5番目の発言で，ケンはスミス先生に，彼の息子がどうやって編集者になったのかを尋ねているので，ケンは編集者になる方法を知りたがっていると考えられる。　エ「スミス先生は，ケンは息子の仕事を見るべきだと考えている」(○)　スミス先生は最後の発言で，ケンが息子に会うことを提案している。　オ「ケンは読書は好きだが，文章を書くことは好きではない」(×)　スミス先生が5番目の発言の第2文で，「あなたは日本語を勉強することと文章を書くことが好きですか」と尋ねたのに対し，ケンはYesで答えている。

5　**(長文読解問題・物語文：語句整序，英文和訳，指示語，内容吟味，語句選択補充)**

(大意)　彩はときどき母親と山登りをする。彼女は山を登りながら母親といろいろな話を，大切な教訓をたくさん学んだ。母親はいつも，「登山と同じように，目標を持って我慢強くなりなさい」と言う。自然についてだけでなく，我慢強く挑戦し続けることを学べるので，彩は登山は本当に良いものだと思っている。登山は自分に考える時間も与えてくれる。彩は頂上に着いたときの感覚と，都会の騒々しさと汚染から逃れることが大好きだ。この前の秋に山に登ったときは頂上まで時間がかかったので，彩にとっては大変だった。最初は鳥のさえずりを聞いたり野生の美しい花を見て楽しんでいたが，途中，足が痛くなった。彼女は登るのをやめたいと思ったが，母親が，頂上に行けば川，谷，村，他の山々，空全体が見えるが，あきらめたらそれらは見ることができないと言って，あきらめるのか，頂上を目指すのか彩に尋ねた。彩は登山を続けることにして，ついに頂上にたどり着いた。彩は，空気が新鮮で，今までに見たことのない美しい景色だと思った。

やや難　(1)　(It also) gives her time to think(.)「それはまた，彼女に考えるための時間を与えてくれる」　主語のItはclimbing「登山」を指す。〈give＋人＋もの・こと〉で「(人)に(もの・こと)を与える」という意味を表すのでgives her timeとし，timeの後に形容詞的用法の不定詞to thinkを置いて「考えるための時間」とする。

(2)　enjoy ～ing形(動名詞)で「～して楽しむ，～することを楽しむ」という意味。ここでは～

ing形が listening と looking の2つある。

(3) there は「そこに」という意味で，下線部を含む文は，「そこに着く前にあきらめれば，それらを見ることはできない」という意味。この前の文では，「山の頂上では様々な美しい景色を見ることができる」と言っているので，「そこ」とは山の頂上を指す。

(4) 下線部は「それは人生のようでしょう？」という意味。この直前で，母親は，我慢強く頂上まで行けば，様々な美し景色を見ることができるが，途中であきらめれば見ることができないと，つらい登山について言っている。母親は登山を，目標を目指して我慢強く努力すれば，良い結果が得られる人生に例えているのである。この内容に合うのはウ「登山のように，人生は辛いときもあるが，あきらめなければより多くのことを経験し，学ぶことができる」。アは「たくさんの自然があり，鳥のさえずりを聞くことができるので，山での生活は良い」，イは「登山のように，人生は最初は楽なもので，若いときにはそれを楽しむことができる」，エは「登山のように，人生で道を選択するのは難しいので，何かをするときには注意深くしなければならない」という意味。

(5) 母親に，登山をあきらめれば美しい景色を見ることはできないと言われたときのこと。この後，彩は山の頂上まで登っているので，空所にはエを入れて，「努力し続けることに決めた」とすると文脈に合う。keep on ~ing「～し続ける」。アは「あきらめる」，イは「登山をやめる」，ウは「新鮮な空気を吸う」という意味。

(6) 第3段落第2，3文から，このときの登山はそれまでの登山と違い，時間がかかるうえに，彩は途中で足を痛め，登山をあきらめたいと思ったことがわかる。この状況で頂上に立ったときの気持ちとして，下線部のように「ここからの眺めは今までに見たすべての眺めの中で最も美しい」と言っているので，これまでになかった辛さを乗り越えたことで，頂上からの眺めもこれまでにないほど美しく感じられたと考えられる。したがって，ウ「彼女は足を痛め，登山をやめたいと思ったが，ついにそこに到着することができたから」が適切。アは「彼女は山の頂上に立つことができなかったので」，イは「彼女は都会の騒々しさと汚染から逃れたので」，エは「秋は最も美しい季節で，そのころは1年で空気が最も新鮮だから」という意味。

★ワンポイントアドバイス★

2の語形変化の問題では，語形を1語で変えるとは限らないことに注意が必要だ。(1)は現在完了形，(4)は受動態で答えは2語になる。問題の指示文に書かれていなくても，語形変化の問題では1語になるとは限らないことを覚えておこう。

＜理科解答＞ 《学校からの正答の発表はありません。》

1 (1) (例) 細胞を1つ1つ離れやすくするため。 (2) 酢酸カーミン液[酢酸オルセイン液／酢酸ダーリア液] (3) D(→)A(→)B(→)C (4) (部分) d (名称) 成長点
(5) 128(個)

2 (1) 20(g) (2) 44.4(%) (3) 50(g) (4) 23.1(%) (5) 硝酸カリウム
(6) 11.6(g)

3 (1) A (2) ウ (3) 硫化鉄 (4) (反応) イ (物質名) 硫化水素
(5) ウ

4 (1) (例) 地球が自転しているから。 (2) 黒点 (3) (例) 太陽が東から西へ自転しているから。 (4) 球形 (5) 2.2(倍) (6) エ

5 (1) 電磁誘導 (2) 右 (3) 右 (4) ウ (5) (例) 棒磁石を速く動かす。／コイルの巻き数を増やす。[棒磁石を磁力の強いものにかえる。]

6 (1) C (2) A, E (3) 力学的エネルギーの保存 (4) 0.3(J) (5) 1.5(倍) (6) エ (7) イ

○推定配点○

1 各1点×6　2 各2点×6　3 各1点×6　4 各1点×6　5 各1点×6
6 各2点×7　計50点

＜理科解説＞

1 (生殖と遺伝ー細胞分裂)

重要 (1) うすい塩酸にひたすと，細胞壁どうしを結びつける物質がとけ，細胞どうしが離れやすくなる。

基本 (2) 酢酸カーミン液や酢酸オルセイン液，酢酸ダーリア液は，細胞の核や染色体を染める。

重要 (3) まず，核に染色体が見えはじめ(D)，染色体が中央に集まる(A)。染色体が両端に移動していき(B)，中央にしきりができて(C)，やがて2つの細胞になる。

重要 (4) 細胞分裂は根の先端付近で盛んに行われていて，その部分を成長点という。成長点を覆う部分は根冠と呼ばれ，成長点を保護している。

やや難 (5) 1回の細胞分裂で1個の細胞が2倍になるので，7回細胞分裂を行うと，2×2×2×2×2×2×2(＝2^7)＝128(個)になる。

2 (溶液とその性質ーもののとけ方)

基本 (1) グラフより，60℃の水100gにミョウバンは60gまでとけるので，40g入れると，あと60－40＝20(g)とける。

重要 (2) グラフより，50℃の水100gに硝酸カリウムは80gまでとけるので，飽和水溶液の質量パーセント濃度は，80(g)÷(80＋100)(g)×100＝44.44…より44.4％

重要 (3) グラフより，20℃の水100gに硝酸カリウムは30gまでしかとけないので，固体として出てくる硝酸カリウムは，80－30＝50(g)

(4) 30(g)÷(30＋100)(g)×100＝23.07…より23.1％

(5) グラフより，30℃の水100gに溶ける量が最も多いのは硝酸カリウムなので，質量パーセント濃度が最も大きいのは硝酸カリウムである。

やや難 (6) 7％の食塩水の密度は1.1g/cm^3なので，150cm^3の質量は，150(cm^3)×1.1(g/cm^3)＝165(g)である。よって，含まれる食塩の質量は，165(g)×7(％)÷100＝11.55より11.6g

重要 3 (化合ー鉄と硫黄の化合)

(1) 鉄と硫黄の混合物を加熱するときは，試験管の上部を加熱する。

(2)・(3) 加熱を始めてしばらくすると，加熱していた場所が赤熱し，加熱をやめても反応によって発生した熱で反応が進み，硫化鉄という黒色の固体ができる。

(4)・(5) 加熱後にできた硫化鉄は鉄の性質はもたないため，磁石にはつかない。また，硫化鉄に塩酸を加えると硫化水素という腐卵臭のする気体が発生する。

4 (天体ー太陽の観察)

(1) 地球が自転しているため，太陽の見かけの位置が変わり，太陽の像が投影板からはずれる。

基本 (2)　太陽表面の周囲よりも温度が低く，黒く見える部分を黒点という。

(3)　太陽も東から西へ自転している。これは，黒点が移動していることからわかる。

重要 (4)　中心付近で円形に見えていた黒点が，周辺部でだ円形に見えたことから太陽が球形をしていることがわかる。

やや難 (5)　太陽の直径は地球の直径の109倍，黒点の直径は太陽の直径の2(mm)÷10(cm)＝2÷100＝$\frac{2}{100}$(倍)であることから，黒点の直径は地球の直径の109×$\frac{2}{100}$＝2.18より2.2倍

(6)　太陽は気体でできた天体で，ほとんどが水素で，次にヘリウムが多い。また，黒点の動きから，約28日の周期で自転していることがわかる。

5 (電流のはたらき－電磁誘導)

基本 (1)　磁界が変化することで，コイルに電流を流そうとする電圧が生じる現象を電磁誘導という。

(2)　図1の状態で，棒磁石を静止させたまま，コイルを棒磁石を遠ざけるとき，磁界の変化は，図1のように棒磁石のS極がコイルの上側から遠ざかるのと同じであるから，検流計の針は右に振れる。

(3)　棒磁石の極，動かし方のどちらか一方を逆にすると，検流計の針の振れ方は逆になるが，図2のように棒磁石の極と動かし方の両方を逆にすると，検流計の針の振れ方は変わらない。

やや難 (4)　コイルの上側に注目すると，棒磁石のN極が近づいて，その後離れていくと考えることができる。よって，検流計の針は，右に振れてから左に振れる。

重要 (5)　電磁誘導によって流れる電流を大きくするには，コイルの巻き数をふやす，棒磁石を速く動かす，棒磁石を磁力の強いものにかえるという方法がある。

6 (仕事とエネルギー－ふり子と力学的エネルギーの保存)

重要 (1)　運動エネルギーは，質量が大きいほど，速さが速いほど大きくなる。ふり子の運動では，最も低い位置にあるときの速さが最も大きいので，運動エネルギーが最大になる位置は点Cである。

重要 (2)　位置エネルギーは，質量が大きいほど，高い位置にあるほど大きくなる。よって，位置エネルギーが最大になるのは点Aと点Eである。

重要 (3)　摩擦などがはたらかないとき，位置エネルギーと運動エネルギーの和である力学的エネルギーが一定に保たれることを力学的エネルギーの保存という。

重要 (4)　おもりにはたらく重力は2Nなので，15cm＝0.15mの高さまで移動させたときの仕事の大きさは，2(N)×0.15(m)＝0.3(J)である。

やや難 (5)　ある高さまで持ち上げられた物体がもつ位置エネルギーは，物体がされた仕事の大きさと等しいので，点Aでのおもりのもつ位置エネルギーは0.3Jである。点Aでは速さは0なので，運動エネルギーも0となる。よって，点Aにおける力学的エネルギーの大きさは，位置エネルギーと等しい0.3Jとわかる。また，点Cは最下点なので，点Cにおける位置エネルギーは0となる。よって，力学的エネルギーの保存より，点Cでにおける運動エネルギーは0.3Jとわかる。点Dは点Cより5cm高いので，位置エネルギーは，2(N)×0.05(m)＝0.1(J)である。力学的エネルギーの保存より，点Cでの運動エネルギーは，0.3－0.1＝0.2(J)とわかる。よって，点Dでの運動エネルギーは，点Cでの運動エネルギーの0.3(J)÷0.2(J)＝1.5(倍)である。

やや難 (6)　点Eは点Aと同じ高さなので，点Eでのおもりの速さは0である。よって，おもりの運動は重力だけに影響されるので，重力の向きの真下に向かって動く。

やや難 (7)　点Dの位置では，おもりは速さをもっている。糸が切れたあとも右向きには一定の速さが残るので，最高点に達しても運動エネルギーが0にならないため，最高点での位置エネルギーは点Aでもっていたものよりも小さくなる。したがって，おもりは点Aの高さよりも低いところまでしか

上昇しない。

★ワンポイントアドバイス★

基礎～標準レベルの問題を中心だが，問題文をしっかりと読む必要がある問題も出題されるので，ていねいに問題を解く習慣をつけておこう。また，漢字指定の問題もあるので，用語は正しく漢字で書けるようになっておこう。

＜社会解答＞ 《学校からの正答の発表はありません。》

1　(1)　イ　(2)　シリコンアイランド　(3)　液状化(現象)　(4)　琵琶(湖)　(5)　ウ
　(6)　B　(7)　A

2　(1)　イ　(2)　国際連合　(3)　距離，方位　(4)　①　ア　②　エ　(5)　エ

3　(1)　法隆寺　(2)　遣唐使　(3)　エ　(4)　北条時宗　(5)　ウ　(6)　ウ
　(7)　イ　(8)　C→A→B→D　(9)　学制　(10)　イ　(11)　大正デモクラシー
　(12)　ラジオ

4　(1)　平和主義　(2)　イ　(3)　エ　(4)　勤労　(5)　ウ　(6)　イ　(7)　カ

5　(1)　①　高度経済成長　②　ウ　③　四大公害　(2)　エ　(3)　ウ

○推定配点○

1　(2)～(4)　各2点×3　他　各1点×4　2　(2)　2点　他　各1点×5((3)完答)

3　(1)・(2)・(4)・(9)・(11)　各2点×5　他　各1点×7

4　(1)・(4)　各2点×2　他　各1点×5

5　(1)①・③　各2点×2　他　各1点×3　計50点

＜社会解説＞

1　(日本の地理―諸地域の特色，気候)

(1)　下線部の地区とは，八幡地区のことをさしている。

重要　(2)　シリコンアイランドは九州地方の別名である。この地方は半導体産業が盛んで最盛期には生産量が全世界の約10%にも達し，アメリカ合衆国のシリコンバレーにならってこの名称が生まれたのである。

(3)　地震が発生した際に，地盤が液体状になる現象のことを，液状化現象という。

(4)　日本最大の湖は琵琶湖である。

(5)　Aは北九州市，Bは札幌市，Cは横浜市，Dは京都市である。横浜市は大阪大都市圏には属していないのでウが誤りである。

(6)　この雨温図から，冬の寒さがきびしく，夏も涼しい北海道の気候とわかる。したがって，B(札幌市)が答えとなる。

(7)　Aの北九州市が該当する。

2　(日本と世界の地理―諸地域の特色，貿易)

(1)　東京から南に向かうとオーストラリア大陸を通過して南極大陸に到達する。東京から西に向かうとユーラシア大陸を通過してアフリカ大陸に到達する。

(2)　国際連合の旗は，淡い青の地に白い図柄で，北極を中心として描かれた南緯60度までの正距

方位図法の世界地図とその両側を囲む平和の象徴・オリーブの葉で構成されている。

(3) 正距方位図法は，中心点からの距離と方位が正確な図法である。

やや難 (4) この国はオーストラリアである。オーストラリアの国旗には，イギリスの国旗が小さく描かれている。オーストラリアの内陸部はほとんどが砂漠で，人口密度は低い。

(5) 大西洋北部などで発生した熱帯低気圧をハリケーンという。

3 (日本の歴史ー各時代の特色)

基本 (1) 資料1は奈良県にある法隆寺である。

(2) 菅原道真の建議により遣唐使は廃止された。

(3) 当時の文化をあらわすものは，エの平等院鳳凰堂である。

(4) 資料2は元寇をあらわしている。当時の執権は北条時宗である。

(5) 資料3は東大寺南大門であり，その所在地はウである。

(6) 資料4は「一遍上人絵伝」である。したがって，答えはウとなる。

(7) イは吉宗の享保の改革での政策である，定免法のことである。

(8) C岩倉使節団出発(1871年)→A樺太千島交換条約(1875年)→B日清戦争勃発(1894年)→D日英同盟(1902年)である。

(9) 明治政府は1871年学制を公布し，小学校から大学までの学校制度を定めた。特に，初等教育が重視され，6歳以上男女全てに小学校で教育を受けさせることにしたため，全国各地で小学校がつくられた。

(10) 小林多喜二らのプロレタリア文学は，大正時代に生まれた。

重要 (11) 政党政治が発展し，普通選挙法が成立した大正時代は，デモクラシーが唱えられ，自由主義の風潮が高まった時代であった。

(12) 当時はラジオ放送が全国に普及し，新聞とならぶ情報源となった。

4 (公民ー政治のしくみ)

基本 (1) 日本国憲法の三大基本原則は，国民主権，基本的人権の尊重，平和主義である。

(2) 憲法改正の国会発議に必要なのは，各議院の総議員の3分の2以上の賛成票数である。

(3) 選択肢の中で，自由権に属するのは，経済活動の自由としての「財産を築く権利」である。

(4) 日本国憲法は，子どもに普通教育を受けさせる義務，勤労の義務，納税の義務の三つの国民の義務をあげている。

重要 (5) 条例の制定は有権者の50分の1の署名で，首長(町長)に請求できる。

(6) 地方議会は一院制である。

(7) 内閣総理大臣は，国会の指名で決まる。地方公共団体の首長は，住民の直接選挙で決まる。

5 (公民ー経済生活，日本経済，国際経済)

(1) ① 下線部(a)は高度経済成長をあらわした文である。 ② アは白黒テレビ，イは電気冷蔵庫，ウはカラーテレビ，エは乗用車である。 ③ 日本が急速な経済発展をとげる中で四大公害が発生した。

やや難 (2) A産業の空洞化は，日本企業の海外進出に伴う現地生産の増加が原因である。B外国人労働者問題は，日本人と外国人の所得格差と外国人労働者の労働移動の自由化から起こっている。C知的財産権の侵害はインターネットの普及に伴って増加する情報犯罪の1つである。D為替相場の乱高下は短期的な資金の移動が原因として起こっている。

(3) Aは消費者，Bはクレジットカード会社，Cは小売店である。

★ワンポイントアドバイス★

2 (2)この旗の構成は，国際連合が全世界の平和を目的として活動する組織であることを示している。3 (2)894年に遣唐使に任命された菅原道真は，唐の衰えと往復の危険を理由に派遣停止を訴え，それが認められて以後，派遣されていない。

＜国語解答＞ 《学校からの正答の発表はありません。》

一　問一　a　せば　b　ますい　d　かくり　c　染料　e　前提　問二　Ⅰ　ウ
Ⅱ　イ　Ⅲ　ア　問三　A　エ　B　ア　問四　自分の姿の映し
問五　（初め）自分の鏡像　（終わり）ということ(43字)　問六　（例）他者へのまなざしと他者からのまなざしのやりとり。(24字)　問七　周囲の人たちから突きつけられたコメント(19字)　問八　イ

二　問一　a　充満　b　玄関　c　貧乏　d　しおどき　e　ゆいいつ　問二　ウ
問三　イ　問四「そりゃ，しっかり調べたからね。衝動買いじゃないもん」　問五　エ
問六　ア　問七　エ

三　問一　ウ　問二　エ　問三　①　イ　②　ウ　③　ア　問四　①　ウ　②　ア
問五　じゅうにひとえ　問六　頭を低れて故郷を思ふ

○推定配点○
一　問一～問三　各1点×10　問六　3点　他　各2点×4
二　問一・問二　各1点×6　他　各2点×5
三　問三・問四　各1点×5　他　各2点×4　計50点

＜国語解説＞

一 （論説文一漢字の読み書き，空欄補充，接続語，語句の意味，内容理解，要旨）

問一　a「狭」には「せま(い)」という訓読みもある。　b「麻酔」は，薬品などを使って一時的に知覚を失わせること。　c「染料」は，布・糸などに色を染めつけるための材料。　d「隔離」は，他からから離して一定の場所に置くこと。　e「前提」は，ある事が成り立つための前置きとなる条件のこと。

基本　問二　Ⅰ　空欄の前が原因，あとが結果となっているので，順接の接続語が入る。　Ⅱ　空欄の前後が逆の内容になっているので，逆接の接続語が入る。　Ⅲ　空欄の前の事柄を，空欄のあとで別の言葉で説明しているので，説明・補足の接続語が入る。

問三　A「いかく」という読みもおさえておく。　B「優柔不断」は，ぐずぐずしていて決断力に乏しいこと。

問四　傍線部①を含む段落の最後に「鏡に映る姿が自分の映しだということを理解しているかのような反応だった」とあるが，「自分の映し」は解答の指定字数七字に合わないので，同じ意味を表す七字の言葉をさがす。

問五　第一段落～第三段落までにある最初の実験と，第四段落にある二つめの実験の両方を合わせてわかったことが，第四段落にまとめられている。

やや難　問六　直前の二つの段落に「自己像を認知」できるようになるためには「他者に向ける自分のまなざしと自分に向けられる他者のまなざしのやりとりを十分に経験しておくことが前提となる」と

あり，これは「私たちの自己理解に関して，有益なヒントを与えてくれる」「これは，身体像だけにあてはまるものではない。自分がどんな性格かといった内面の自己像も，『人からどのように見られているか』を知ることによってつかんでいく」とある。これをふまえて解答をまとめる。

問七　私たちが自分の「性格的特徴」を知るプロセスについて，傍線部④以降で「親」や「先生」・「友達」からの言葉を具体例に挙げて説明したあと，段落の最後で，「周囲の人たちから突きつけられたコメントから自己像が組み立てられていく」とまとめている。

重要　問八　問六・問七で考えた内容をふまえると，イが正しい。

二　(小説一漢字の読み書き，語句の意味，内容理解，心情理解，主題)

問一　a「充満」は，空間に，あるものがいっぱいに満ちること。　b「玄」を「亥」と書かないように注意。　c「乏」の字形に注意する。　d「潮時」は，ものごとを始めたり終えたりするのに最も良いチャンスのこと。　e「唯一」は，ただ一つで，それ以外にはないこと。

問二　「一蹴する」は，問題にもせずはねつけること。

問三　仕事に慣れていれば「段ボール箱のふちで切っ」たりはしないと予想できる。また，「あの若造」が「男」よりも年下でありながら，「男」の先輩にあたるということから考えても，「男」がまだ，この仕事に不慣れであることがわかる。

問四　食洗機の説明を受けているときに「私にはよくわからないけど，すごいのね！」と言っており，幸子が食洗機を購入する前に「しっかり調べ」ていて「衝動買いじゃない」というのは，疑わしいことになる。

問五　直前の内容にエが合致している。

重要　問六　店がうまくいっていないことに幸子は気づいていた。また，そのために幸子は再び働く決意をしていた。これらのことから健一は，幸子が自分を想ってくれていることがわかった。「風はまだ吹いている」「幸子こそ健一の風だった。これが吹いている限りは，何だってやれる」とあるが，ここでの「風」という言葉は，幸子から健一に対する想いがあることを表している。

重要　問七　健一は，幸子に対する「中途半端な優しさ」を反省し，「店を畳む決心をした」。そして，「幸子こそ健一の風だった。これが吹いている限りは，何だってやれる」「この風にあおられるのが，もっとも心地よかった」とあることに注目。健一は，幸子とともに新たな気持ちで生きようとしているのである。

三　(文節，単語，品詞識別，敬語，歴史的仮名遣い，書下し文)

問一　「北海道は(ネ)私の(ネ)祖母の(ネ)故郷です(ネ)」のように「ネ」をつけて区切るとよい。

重要　問二　アは「見る・と」「心・が」の部分がそれぞれ二単語である。イは「得意だ」が形容動詞であり，一単語である。ウは「チューリップ・です」の部分が二単語である。オは「自然破壊」が一単語である。

問三　①　存在する，という意味の動詞。　②「……である」の「ある」，「……ている」の「いる」などは，動詞の本来の意味が薄れて，付属的な意味を添える「補助動詞」と呼ばれる。
③「ある日」の「ある」は体言「日」を修飾しており，活用しない。

問四　①「さしあげる」は，「先生に私がお土産をさしあげる」のように，話し手がへりくだって言う言葉であり，謙譲語である。　②「いらっしゃる」は「先生」の動作であり，尊敬語である。

問五　「じふ」を「じゅう」に，「ひとへ」を「ひとえ」に直す。

基本　問六　「頭→低→故郷→思」の順番で読む。

★ワンポイントアドバイス★

論説文はキーワードに注目して，論理の展開をとらえよう。小説は場面に注目して話の展開や人物の考えをとらえることが必要。文法そして，古文や漢文の知識問題も出題されるので，いろいろな問題にあたり，基礎力を保持しよう！

解答用紙集

○月×日　△曜日　天気（合格日和）

◆ご利用のみなさまへ

＊解答用紙の公表を行っていない学校につきましては、弊社の責任において、解答用紙を制作いたしました。

＊編集上の理由により一部縮小掲載した解答用紙がございます。

＊編集上の理由により一部実物と異なる形式の解答用紙がございます。

人間の最も偉大な力とは、その一番の弱点を克服したところから生まれてくるものである。──カール・ヒルティ──

※データのダウンロードは 2024 年 3 月末日まで。

東京学参株式会社

津田学園高等学校　2023年度

◇数学◇

※解答欄は実物大です。

1

(1)	
(2)	
(3)	
(4)	点
(5)	$x=$
(6)	$(a, b)=($　　,　　$)$
(7)	
(8)	個
(9)	
(10)	$x=$
(11)	度
(12)	
(13)	
(14)	

2

(1)	cm
(2)	cm
(3)	倍

3

(1)	
(2)	$y=$
(3)	
(4)	
(5)	CA : AB =

4

(1)	度
(2)	
(3)	cm

津田学園高等学校　2023年度　◇英語◇

※103％に拡大していただくと，解答欄は実物大になります。

1

(1)		(2)		(3)		(4)		(5)	

2

(1)		(2)	
(3)		(4)	

3

(1)	2番目	5番目	(2)	2番目	5番目
(3)	2番目	5番目	(4)	2番目	5番目
(5)	2番目	5番目	(6)	2番目	5番目

4

(1)	
(2)	
(3)	
(4)	

5

(1)		(2)	
(3)			
(4)		(5)	

◇理科◇

※解答欄は実物大です。

1.

(1)		(2)	
(3)		(4)	
(5)		(6)	

2.

(1)			
(2)			
(3)		(4)	
(5)			
(6)			
(7)			
(8)			

3.

(1)			
(2)	①	②	③
(3)	①	②	
(4)	図 3		

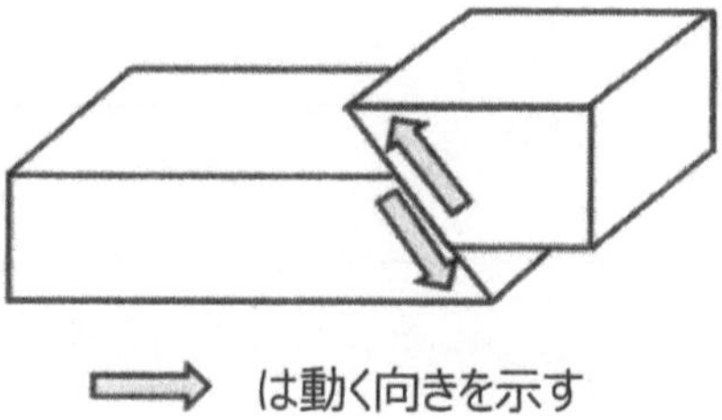

4.

(1)		(2)	
(3)		(4)	
(5)		(6)	

津田学園高等学校　2023年度

◇社会◇

※137%に拡大していただくと，解答欄は実物大になります。

1

(1)a	(1)b	(2)	(3)A	(3)B
(4)				

2

(1)A	(1)B	(2)	(3)	(4)
(5)				

3

(1)	(2)	(3)	(4)
(5)	(6)		

4

(1)	(2)	(3)	(4)
(5)	(6)	(7)	

5

(1)	(2)	(3)A	(3)B
(4)	(5)		

6

(1)A	(1)B	(2)	(3)A 決済
(3)B	(3)C 歳		

◇国語◇

津田学園高等学校　２０２３年度

※１４７％に拡大していただくと，解答欄は実物大になります。

一

問一　漢字　a　b　読み方　c　d

問二　Ⅰ　Ⅱ　Ⅲ

問三

問四　……ということ。

問五

問六

問七

二

問一　a　b　c　d

問二

問三　A　B　C　D

問四

問五

問六

問七　(1)　(2)

問八

問九

三

問一　①　②　③

問二　①　②

問三　①　②

問四

問五　(1)　(2)

津田学園高等学校　2022年度

◇数学◇

※解答欄は実物大です。

1

(1)		
(2)		
(3)		
(4)		点
(5)	$x=$	
(6)	$(x, y)=($　　　,　　　$)$	
(7)		g
(8)		
(9)		
(10)	$a=$	
(11)	$n=$	
(12)		
(13)		個
(14)		cm

2

(1)		
(2)	$y=$	
(3)		
(4)		cm^2

3

(1)	
(2)	
(3)	

4

(1)		個
(2)		個
(3)		個
(4)		個

津田学園高等学校　2022年度

◇英語◇

※104％に拡大していただくと，解答欄は実物大になります。

1

(1)	(2)	(3)	(4)	(5)

2

(1)		(2)	
(3)		(4)	

3

(1)	2番目	5番目	(2)	2番目	5番目
(3)	2番目	5番目	(4)	2番目	5番目
(5)	2番目	5番目	(6)	2番目	5番目

4

(1)						
(2)	ア		イ		ウ	
(3)						

5

(1)	
(2)	
(3)	
(4)	

津田学園高等学校　2022年度

◇理科◇

※103％に拡大していただくと，解答欄は実物大になります。

1．

(1)	a　名称	a　働き	b　名称	b　働き
	c　名称	c　働き	d　名称	d　働き
(2)	②の生物		生物例	
(3)			(4)	

2．

(1)					
(2)					
(3)		(4)		(5)	
(6)					

3．

(1)		(2)		(3)	
(4)		(5)		(6)	

4.

(1)	図1		図2		(2)	
(3)						
(4)		(5)	①	②	(6)	

5.

(1)		(2)		(3)	
(4)		(5)			

6.

(1)	①	②		③	
(2)		(3)			

津田学園高等学校　2022年度

◇社会◇

※解答欄は実物大です。

1

(1)	(2)	(3)	(4)
(5)	(6)		

2

(1)	(2)	(3)	(4)
(5)①	(5)②	(6) 1月　日　時	

3

(1)	(2)	(3)	(4)
(5)	(6)	(7)	

4

(1)	(2)①	(2)②	(3)
(4)	(5)	(6)	

5

(1)	(2) 条	(3)	
(4)	(5)	(6)	(7) 班

6

(1)	(2)① 議席	(2)②	(3)
(4)			

◇国語◇

津田学園高等学校　2022年度

※147%に拡大していただくと，解答欄は実物大になります。

一

問一　漢字　a　c　d　読み方　b

問二　A　B　C

問三

問四

問五

問六　初め　終わり　こと。

問七

問八　という点。

問九

二

問一　a　b　c　読み方　d

問二

問三

問四

問五　から。

問六　こと。

問七

問八

問九

問十

三

問一　①　②　③

問二　①　②　③　④　⑤　⑥

問三　①　②　③　④　⑤

問四　①　文節　単語　②　文節　単語　③　文節　単語

問五

問六　温　故　而　知　新

津田学園高等学校　2021年度

◇数学◇

※解答欄は実物大です。

1

(1)	
(2)	
(3)	
(4)	
(5)	$(x,\ y) =$
(6)	
(7)	$x =$
(8)	℃
(9)	
(10)	$x =$
(11)	$a =$

2

(1)	
(2)	△AOB : △OEF ＝

3

(1)	cm^2
(2)	cm^2
(3)	秒後

4

(1)	
(2)	$a =$
(3)	

津田学園高等学校　2021年度　◇英語◇

※106％に拡大していただくと，解答欄は実物大になります。

1

(1)	(2)	(3)	(4)	(5)

2

(1)		(2)
(3)		

3

(1)	2番目	5番目	(2)	2番目	5番目
(3)	2番目	5番目	(4)	2番目	5番目
(5)	2番目	5番目			

4

(1)	ア		イ		ウ		エ	
(2)								
(3)								

5

(1)		
(2)		
(3)		
(4)		
(5)		

津田学園高等学校　2021年度　◇理科◇

※105％に拡大していただくと，解答欄は実物大になります。

1．

(1)		(2)	管の名称	茎の断面の模式図 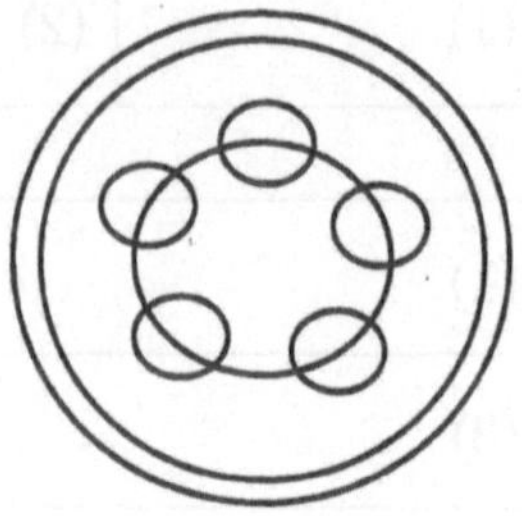
(3)				
(4)		(5)		
(6)	B　　cm^3	D　　cm^3		

2．

(1)		(2)		(3)	
(4)					

3．

(1)		(2)			
(3)		(4)		(5)	

4．

(1)		(2)		(3)	
(4)				(5)	

5．

(1)		(2)	①	②
③				(3)

6．

(1)	①		②		
(2)		(3)		(4)	

◇社会◇

※解答欄は実物大です。

1

(1)	(2)	(3)	(4)
(5)	(6)		

2

(1)	(2)	(3)
(4)	(5)	(6)

3

(1) 条約	(2)	(3) 政策		
(4)A	(4)B	(4)C	(4)D	(4)E

4

(1)	(2)	(3)	(4)①	(4)②

5

(1)	(2)	(3)	(4)
(5)	(6)	(7)	(8)

6

(1)	(2)	(3)
(4)B	(4)C	(5) 城

◇国語◇

津田学園高等学校　２０２１年度

※１５４％に拡大していただくと、解答欄は実物大になります。

一

問一　漢字 a　b　読み方 c　d

問二

問三

問四

問五　A　B　C

問六

問七

問八

問九

二

問一　a　b　c　d

問二　A　B

問三

問四

問五　(一)　(二)

問六

三

問一

問二　①　②　③　④

問三　(一)　①　②　③　④
(二)　①　②　③　④

問四　①　②　③　④

問五　こはいとたふときをしへにて、わが師のよにすぐれたまへる一つなり

問六　故言事不合格者為杜撰。

津田学園高等学校　2020年度

◇数学◇

※解答欄は実物大になります。

1

(1)
(2)
(3)
(4)
(5)
(6)
(7)
(8)
(9)
(10)

2

(1)
(2)　A 君の得点 中央値

3

(1)
(2)

4

(1)
(2)

5

(1)
(2-ア)
(2-イ)
(3)

津田学園高等学校　2020年度　◇英語◇

※106％に拡大していただくと，解答欄は実物大になります。

1

(1)	(2)	(3)	(4)	(5)

2

(1)	
(2)	
(3)	

3

(1)	2番目	5番目	(2)	2番目	5番目
(3)	2番目	5番目	(4)	2番目	5番目
(5)	2番目	5番目			

4

(1)		
(2)		
(3)	Ⓐ	Ⓑ
	Ⓒ	

5

(1)			
(2)	Ⓐ	Ⓑ	Ⓒ
(3)			
(4)			

津田学園高等学校　2020年度　◇理科◇

※解答欄は実物大になります。

1.

(1)		(2)	ア		イ		ウ	
(3)	(　)→(　)→(　)→(　)→(　)→(　)							
(4)	cm^3							

2.

(1)	ア		イ	
(2)	A	と	B	と
(3)	C		D	

3.

(1)		(2)			
(3)	方法		結果		
(4)		(5)		(6)	g

4.

(1)		(2)	分	(3)	度
(4)		(5)			

5.

(1)		(2)		(3)		(4)		(5)	

6.

(1)	Pa	(2)	g	(3)	Pa
(4)	cm	(5)	N	(6)	

津田学園高等学校　　2020年度

◇社会◇

※解答欄は実物大になります。

1

(1)	(2)	(3)	
(4)	(5)	(6)①	(6)②
(7)			

2

(1)①	(1)②		(1)③
(2)	(3)	(4)	(5)

3

(1)	(2)	(3)	(4)	(5)
(6)				

4

(1)	(2)	(3)	
(4)	(5)	(6)	(7)

5

(1)		(2)	(3)	
(4)	(5)	(6)	(7)	(8)

6

(1)	(2)	(3)	(4)
(5)	(6)		

◇国語◇

津田学園高等学校　２０２０年度

※１６６％に拡大していただくと、解答欄は実物大になります。

一

問一　読み方　a　d　漢字　b　c　e

問二　Ⅰ　Ⅱ　Ⅲ

問三　A　B

問四

問五

問六

問七

問八

二

問一　読み方　a　d　漢字　b　c　e

問二

問三　こと。

問四

問五

問六　(一)　(二)

問七

三

問一

問二　①　②　③　④

問三　(一)　①　②　③　④

(二)　①　②　③　④

問四　①　②　③　④

問五

物におそはるるやうにて、あひ戦はむ心もなかりけり。

問六

津田学園高等学校　2019年度

◇数学◇

※この解答用紙は，実物大になります。

1

(1)	
(2)	
(3)	$x:y=$
(4)	$x=$
(5)	$(a, b)=($　　　,　　　$)$
(6)	cm^2
(7)	
(8)	
(9)	$b=$
(10)	cm^3
(11)	
(12)	
(13)	点
(14)	cm
(15)	

2

(1)	通り
(2)	

3

(1)	点
(2)	点
(3)	点

4

(1)	
(2)	cm^2
(3)	

5

(1)	AE : EC =
(2)	倍

津田学園高等学校　2019年度　◇英語◇

※この解答用紙は106％に拡大していただくと，実物大になります。

1

(1)	(2)	(3)	(4)	(5)

2

(1)	(2)
(3)	(4)
(5)	

3

(1)	2番目	4番目	(2)	2番目	4番目
(3)	2番目	4番目	(4)	2番目	4番目
(5)	2番目	4番目			

4

(1)	A	B	C
(2)	(3)	(4)	

5

(1)		
(2)		
(3)		
(4)	(5)	(6)

津田学園高等学校　2019年度　◇理科◇

※この解答用紙は103％に拡大していただくと，実物大になります。

1.

(1)				
(2)		(3)	→ → →	
(4)	適している部分	部分の名称	(5)	個

2.

(1)	g	(2)	%	(3)	g
(4)	%	(5)		(6)	g

3.

(1)		(2)		(3)	
(4)	磁石への反応	加熱後の物質名		(5)	

4.

(1)		(2)	
(3)		(4)	
(5)	倍	(6)	

5.

(1)		(2)		(3)		(4)	
(5)							

6.

(1)		(2)		(3)			
(4)	J	(5)	倍	(6)		(7)	

津田学園高等学校　2019年度

◇社会◇

※この解答用紙は，実物大になります。

1

(1)	(2)	(3) 現象	
(4) 湖	(5)	(6)	(7)

2

(1)	(2)	(3)E	(3)F
(4)①	(4)②	(5)	

3

(1)	(2)	(3)	(4)
(5)	(6)	(7)	(8) →　→　→
(9)	(10)	(11)	(12)

4

(1)		(2)	(3)
(4)	(5)	(6)	(7)

5

(1)①	(1)②	(1)③
(2)	(3)	

津田学園高等学校　２０１９年度

※この解答用紙は１４９％に拡大していただくと、実物大になります。

◇国語◇

一

問一　読み方　a　b　d
漢字　c　e

問二　I　II　III

問三　A　B

問四

問五　初め　終わり

問六

問七

問八

二

問一　漢字　a　b　c
読み方　d　e

問二

問三

問四

問五

問六

問七

三

問一

問二

問三　①　②　③

問四　①　②

問五

問六

実力判定テスト10　改訂版

POINT 1　全10回の入試を想定したテスト形式

入試本番を想定した実戦形式　回を重ねるごとに難易度が上がり着実なレベルアップへ

POINT 2　自己採点と合格判定を活用しよう

自分の学力の把握だけではなく　これまでの勉強方法の振り返り・これからの改善へ

POINT 3　最新入試問題に対応

2020年改訂　最新入試問題を厳選して収録

POINT 4　志望校のレベルに合わせて選択できる

最難関校を目指す

▶ 偏差値70シリーズ 数学/国語/英語

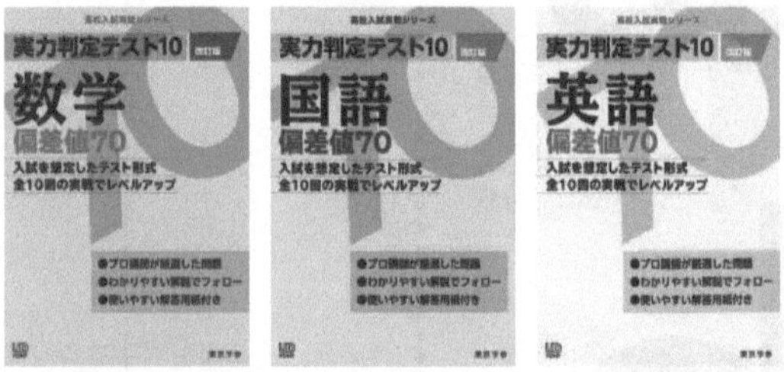

偏差値68以上の高校の受験生向け

高度な思考力や**応用力**（数学）

高度な読解力や**語彙**　**記述力**（国語・英語）

これらを要求される問題が多数収録

定価：¥1,100（税込）

難関校を目指す

▶ 偏差値65シリーズ 数学/国語/英語

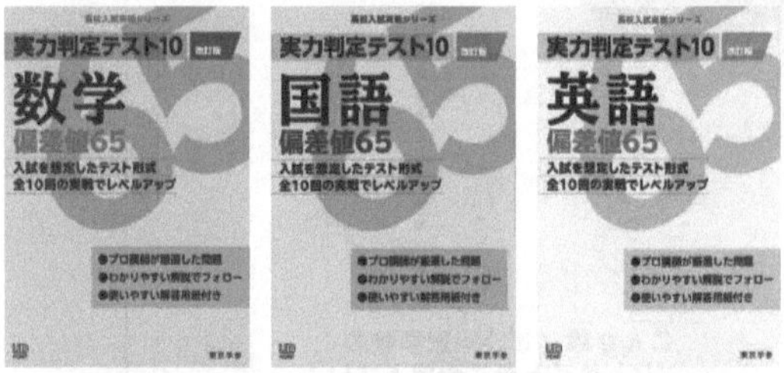

偏差値63～68の高校の受験生向け

- 量と質　ともにしっかりとした内容を収録
- **難関校突破に必須の問題**を厳選
- 一定時間内に素早く解く力が問われる

定価：¥1,100（税込）

準難関校を目指す

▶ 偏差値60シリーズ 数学/国語/英語

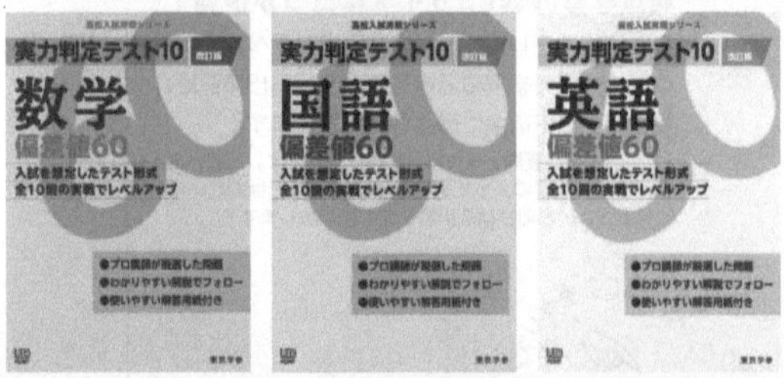

偏差値58～63の高校の受験生向け

- 標準以上レベルの問題を中心に収録
- 平易な問題は少なく　問題量も比較的多い
- 初めの**力試し**に最適

定価：¥1,100（税込）

東京学参株式会社
〒153-0043　東京都目黒区東山2-6-4
TEL.03-3794-3154　FAX.03-3794-3164

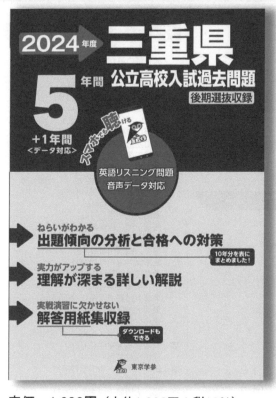

〈リスニング問題の音声について〉

本問題集掲載のリスニング問題の音声は、弊社ホームページでデータ配信しております。

現在お聞きいただけるのは「2024年度受験用」に対応した音声で、2024年3月末日までダウンロード可能です。弊社ホームページにアクセスの上、ご利用ください。

※本問題集を中古品として購入された場合など、配信期間の終了によりお聞きいただけない年度がございますのでご了承ください。

高校別入試過去問題シリーズ

津田学園高等学校　2024年度

ISBN978-4-8141-2669-9

発行所　東京学参株式会社
〒153-0043　東京都目黒区東山2-6-4
URL　https://www.gakusan.co.jp

編集部　E-mail　hensyu@gakusan.co.jp
※本書の編集責任はすべて弊社にあります。内容に関するお問い合わせ等は、編集部まで、メールにてお願い致します。なお、回答にはしばらくお時間をいただく場合がございます。何卒ご了承くださいませ。

営業部　TEL　03 (3794) 3154
FAX　03 (3794) 3164
E-mail　shoten@gakusan.co.jp
※ご注文・出版予定のお問い合わせ等は営業部までお願い致します。

2023年9月8日　初版